에듀윌과 함께 시작하면,
당신도 합격할 수 있습니다!

오랜 직장 생활을 마감하며 찾아온 앞날에 대한 막연한 두려움
에듀윌만 믿고 공부해 합격의 길에 올라선 50대 은퇴자

출산한지 얼마 안돼 독박 육아를 하며 시작한 도전!
새벽 2~3시까지 공부해 8개월 만에 동차 합격한 아기엄마

만년 가구기사 보조로 5년 넘게 일하다, 달리는 차 안에서도
포기하지 않고 공부해 이제는 새로운 일을 찾게 된 합격생

누구나 합격할 수 있습니다.
시작하겠다는 '다짐' 하나면 충분합니다.

마지막 페이지를 덮으면,

**에듀윌과 함께
공인중개사 합격이 시작됩니다.**

공인중개사 1위

15년간 베스트셀러 1위
에듀윌 공인중개사 교재

탄탄한 이론 학습! 기초입문서/기본서/핵심요약집

기초입문서(2종)

기본서(6종)

1차 핵심요약집+기출팩(1종)

출제경향 파악, 실전 엿보기! 단원별/회차별 기출문제집

단원별 기출문제집(6종)

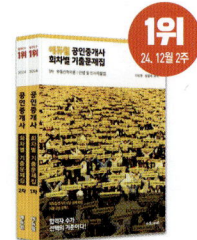
회차별 기출문제집(2종)

다양한 문제로 합격점수 완성! 기출응용 예상문제집/실전모의고사

기출응용 예상문제집(6종)

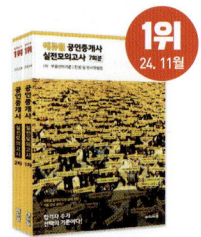
실전모의고사(2종)

* 2023 대한민국 브랜드만족도 공인중개사 교육 1위 (한경비즈니스)
* YES24 수험서 자격증 공인중개사 베스트셀러 1위 (2011년 12월, 2012년 1월, 12월, 2013년 1월~5월, 8월~12월, 2014년 1월~5월, 7월~8월, 12월, 2015년 2월~4월, 2016년 2월, 4월, 6월, 12월, 2017년 1월~12월, 2018년 1월~12월, 2019년 1월~12월, 2020년 1월~12월, 2021년 1월~12월, 2022년 1월~12월, 2023년 1월~12월, 2024년 1월~12월, 2025년 1월~3월 월별 베스트, 매월 1위 교재는 다름)
* YES24 국내도서 해당분야 월별, 주별 베스트 기준

에듀윌 공인중개사

합격을 위한 비법 대공개! 합격서&부교재

이영방 합격서	심정욱 합격서	임선정 합격서	김민석 합격서	한영규 합격서
부동산학개론	민법 및 민사특별법	공인중개사법령 및 중개실무	부동산공시법	부동산세법

오시훈 합격서	신대운 합격서	심정욱 핵심체크 OX	오시훈 키워드 암기장
부동산공법	쉬운민법	민법 및 민사특별법	부동산공법

핵심 테마를 빠르게 공략하는 단기서

이영방 합격패스 계산문제	심정욱 합격패스 암기노트	임선정 그림 암기법	김민석 테마별 한쪽정리	오시훈 테마별 비교정리
부동산학개론	민법 및 민사특별법	공인중개사법령 및 중개실무	부동산공시법	부동산공법

시험 전, 이론&문제 한 권으로 완벽 정리! 필살키

이영방 필살키	심정욱 필살키	임선정 필살키	오시훈 필살키	김민석 필살키	한영규 필살키	신대운 필살키

더 많은 공인중개사 교재

* 해당 교재의 이미지는 변경될 수 있습니다.

eduwill

공인중개사 1위

공인중개사, 에듀윌을 선택해야 하는 이유

9년간 아무도 깨지 못한 기록
합격자 수 1위

합격을 위한 최강 라인업
1타 교수진

공인중개사

합격만 해도 연 최대 300만원 지급
에듀윌 앰배서더

업계 최대 규모의 전국구 네트워크
동문회

* 2023 대한민국 브랜드만족도 공인중개사 교육 1위 (한경비즈니스)
* KRI 한국기록원 2016, 2017, 2019년 공인중개사 최다 합격자 배출 공식 인증 (2025년 현재까지 업계 최고 기록) * 에듀윌 공인중개사 과목별 온라인 주간반 강사별 수강점유율 기준 (2024년 11월)
* 앰배서더 가입은 에듀윌 공인중개사 수강 후 공인중개사 최종 합격자이면서, 에듀윌 공인중개사 동문회 정회원만 가능합니다. (상세 내용 홈페이지 유의사항 확인 필수)
* 에듀윌 공인중개사 동문회 정회원 가입 시, 가입 비용이 발생할 수 있습니다.   * 앰배서더 서비스는 당사 사정 또는 금융당국의 지도 및 권고에 의해 사전 고지 없이 조기종료될 수 있습니다.

에듀윌 공인중개사

1위 에듀윌만의
체계적인 합격 커리큘럼

합격자 수가 선택의 기준, 완벽한 합격 노하우
온라인 강의

① 전 과목 최신 교재 제공
② 업계 최강 교수진의 전 강의 수강 가능
③ 합격에 최적화 된 1:1 맞춤 학습 서비스

최고의 학습 환경과 빈틈 없는 학습 관리
직영학원

① 현장 강의와 온라인 강의를 한번에
② 시험일까지 온라인 강의 무제한 수강
③ 강의실, 자습실 등 프리미엄 호텔급 학원 시설

쉽고 빠른 합격의 첫걸음 **합격필독서 무료** 신청

COUPON 당일 등록 회원 **시크릿 할인 혜택**

설명회 참석 당일 등록 시 **특별 수강 할인권** 제공

친구 추천 이벤트

" **친구 추천**하고 한 달 만에
920만원 받았어요 "

친구 1명 추천할 때마다 현금 10만원 제공
추천 참여 횟수 무제한 반복 가능

※ *a*o*h**** 회원의 2021년 2월 실제 리워드 금액 기준
※ 해당 이벤트는 예고 없이 변경되거나 종료될 수 있습니다.

친구 추천 이벤트
바로가기

자세한 내용이 궁금하다면 1600-6700
* 2023 대한민국 브랜드만족도 공인중개사 교육 1위 (한경비즈니스)

공인중개사 1위

합격자 수 1위 에듀윌
7만 건이 넘는 후기

고○희 합격생

부알못, 육아맘도 딱 1년 만에 합격했어요.

저는 부동산에 관심이 전혀 없는 '부알못'이었는데, 부동산에 관심이 많은 남편의 권유로 공부를 시작했습니다. 남편 지인들이 에듀윌을 통해 많이 합격했고, '합격자 수 1위'라는 광고가 좋아 에듀윌을 선택하게 되었습니다. 교수님들이 커리큘럼대로만 하면 된다고 해서 믿고 따라갔는데 정말 반복 학습이 되더라고요. 아이 둘을 키우다 보니 낮에는 시간을 낼 수 없어서 밤에만 공부하는 게 쉽지 않아 포기하고 싶을 때도 있었지만 '에듀윌 지식인'을 통해 합격하신 선배님들과 함께 공부하는 동기들의 위로가 큰 힘이 되었습니다.

이○용 합격생

군복무 중에 에듀윌 커리큘럼만 믿고 공부해 합격

에듀윌이 합격자가 많기도 하고, 교수님이 많아 제가 원하는 강의를 고를 수 있는 점이 좋았습니다. 또, 커리큘럼이 잘 짜여 있어서 잘 따라만 가면 공부를 잘 할 수 있을 것 같아 에듀윌을 선택했습니다. 에듀윌의 커리큘럼대로 꾸준히 따라갔던 게 저만의 합격 비결인 것 같습니다.

안○원 합격생

5개월 만에 동차 합격, 낸 돈 그대로 돌려받았죠!

저는 야쿠르트 프레시매니저를 하다 60세에 도전하여 합격했습니다. 심화 과정부터 시작하다 보니 기본이 부족했는데, 교수님들이 하라는 대로 기본 과정과 책을 더 보면서 정리하며 따라갔던 게 주효했던 것 같습니다. 합격 후 100만 원 가까이 되는 큰 돈을 환급받아 남편이 주택관리사 공부를 한다고 해서 뒷받침해 줄 생각입니다. 저는 소공(소속 공인중개사)으로 활동을 하고 싶은 포부가 있어 최대 규모의 에듀윌 동문회 활동도 기대가 됩니다.

다음 합격의 주인공은 당신입니다!

더 많은
합격 비법

* 에듀윌 홈페이지 게시 건수 기준 (2025년 3월 기준)
* 2023 대한민국 브랜드만족도 공인중개사 교육 1위 (한경비즈니스)

에듀윌이
너를
지지할게
ENERGY

시작하는 방법은
말을 멈추고
즉시 행동하는 것이다.

– 월트 디즈니(Walt Disney)

합격할 때까지 책임지는 개정법령 원스톱 서비스!

법령 개정이 잦은 공인중개사 시험. 일일이 찾아보지 마세요!
에듀윌에서는 필요한 개정법령만을 빠르게! 한번에! 제공해 드립니다.

에듀윌 도서몰 접속
(book.eduwill.net) ▶ 우측 정오표
아이콘 클릭 ▶ 카테고리 공인중개사
설정 후 교재 검색

개정법령
확인하기

2025
에듀윌 공인중개사

기출응용 예상문제집 2차

부동산공법

왜 기출응용 예상문제를 풀어야 할까요?

기출지문에만 익숙해지면 안 됩니다. 개념을 정확하게 이해했는지 예상문제를 풀어보면서 점검해야 완전히 내 것이 됩니다.

합격생A

응용문제와 고난도 문제를 반복적으로 충분히 연습하고 가시면 본 시험에서 문제 없이 푸실 수 있습니다.

합격생B

그래서 에듀윌 기출응용 예상문제집은?

1 | 익숙한 기출문제를 기출응용문제로 새롭게 점검!

핵심 기출문제를 변형한 문제로 학습하면서 약점을 파악하고 응용력을 기를 수 있습니다.

제35회 부동산공법 기출문제 → 2025 에듀윌 기출응용 예상문제집 부동산공법 p.227

30. 주택법령상 입주자저축에 관한 설명으로 틀린 것은?

① 입주자저축정보를 제공하는 입주자저축취급기관의 장은 입주자저축정보의 명의인이 요구하더라도 입주자저축정보의 제공사실을 통보하지 아니할 수 있다.
② 국토교통부장관으로부터 「주택법」에 따라 입주자저축정보의 제공 요청을 받은 입주자저축취급기관의 장은 「금융실명거래 및 비밀보장에 관한 법률」에도 불구하고 입주자저축정보를 제공하여야 한다.
③ '입주자저축'이란 국민주택과 민영주택을 공급받기 위하여 가입하는 주택청약종합저축을 말한다.
④ 국토교통부장관은 입주자저축의 납입방식·금액 및 조건등에 필요한 사항에 관한 국토교통부령을 제정하거나 개정할 때에는 기획재정부장관과 미리 협의해야 한다.
⑤ 입주자저축은 한 사람이 한 계좌만 가입할 수 있다.

22. 주택법령상 입주자저축에 관한 설명으로 옳은 것은?

① '입주자저축'이란 국민주택과 민영주택을 공급받기 위하여 가입하는 주택청약종합저축을 말한다.
② 입주자저축은 한 사람이 두 계좌까지만 가입할 수 있다.
③ 입주자저축정보를 제공하는 입주자저축취급기관의 장은 입주자저축정보의 명의인이 요구하더라도 입주자저축정보의 제공사실을 통보하지 아니할 수 있다.
④ 국토교통부장관으로부터 「주택법」에 따라 입주자저축정보의 제공 요청을 받은 입주자저축취급기관의 장은 「금융실명거래 및 비밀보장에 관한 법률」에도 불구하고 입주자저축정보를 제공하지 아니할 수 있다.
⑤ 국토교통부장관은 입주자저축의 납입방식·금액 및 조건등에 필요한 사항에 관한 국토교통부령을 제정하거나 개정할 때에는 행정안전부장관과 미리 협의해야 한다.

저는 문제를 많이 풀면서 모르는 문제, 처음 보는 문제에 대한 두려움을 없애보고자 노력했던 것이 도움이 되었습니다.

합격생 C

최근 단어나 말을 살짝 바꾼 함정문제가 나오는 과목도 있어 정확하게 연습하는 것이 중요합니다.

합격생 D

2 | 실제 시험 유형·지문과 유사한 예상문제로 학습!

공인중개사 시험의 출제경향에 맞추어 실전감각을 키우는 연습이 가능합니다.

제35회 부동산공법 기출문제

2024 에듀윌 기출응용 예상문제집 부동산공법 p.163

34. 건축법령상 공개공지등에 관한 설명으로 옳은 것은? (단, 건축법령상 특례, 기타 강화·완화조건은 고려하지 않음)

① 노후 산업단지의 정비가 필요하다고 인정되어 지정·공고된 지역에는 공개공지등을 설치할 수 없다.
② 공개공지는 필로티의 구조로 설치할 수 없다.
③ 공개공지등을 설치할 때에는 모든 사람들이 환경친화적으로 편리하게 이용할 수 있도록 긴 의자 또는 조경시설 등 건축조례로 정하는 시설을 설치해야 한다.
④ 공개공지등에는 건축조례로 정하는 바에 따라 연간 최장 90일의 기간 동안 주민들을 위한 문화행사를 열거나 판촉활동을 할 수 있다. (×)
⑤ 울타리나 담장 등 시설의 설치 또는 출입구의 폐쇄 등을 통하여 공개공지등의 출입을 제한한 경우 지체 없이 관할 시장·군수·구청장에게 신고하여야 한다.

지문 유사

06. 건축법령상 공개공지등에 관한 내용으로 틀린 것은?

① 공개공지등을 설치하는 경우 해당 지역에 적용하는 용적률의 1.2배 이하에서 이를 완화할 수 있다.
② 종교시설로서 해당 용도로 쓰는 바닥면적의 합계가 5,000m² 이상인 건축물은 공개공지 확보대상이다.
③ 공개공지등에는 연간 60일 이내의 기간 동안 건축조례로 정하는 바에 따라 주민들을 위한 문화행사를 열거나 판촉활동을 할 수 있다. (×)
④ 제2종 일반주거지역은 공개공지의 확보대상지역에 해당한다.
⑤ 공개공지등의 면적은 건축면적의 100분의 10 이하의 범위에서 건축조례로 정한다.

이 책의 구성 및 활용법

❶ 정답만 확인하고 싶다면?
'빠른 정답 CHECK!(본책)',
해설까지 확인하고 싶다면?
'정답 및 해설(책속의 책)' 페이지
로 바로 확인!

❷ 대표문제를 풀면서
핵심 출제키워드, 문제 유형을
한번에 파악!

❸ 최신 기출응용&예상문제로
약점 보완 및 응용력 강화!

❹ 상/중/하 난이도에 따른
문제풀이 학습 가능!

➕ 오답 노트가 되는 정답 및 해설(책속의 책)

· 문제와 정답/해설이 분리되어 있어 실전 대비 가능
· 함께 학습하면 좋은 이론 추가, 마지막 복습노트로 활용
· 어려운 문제, 보충개념 등은 오답 NOTE에 정리!
· 형광펜 표시로 주요 포인트만 빠르게 회독 가능

저자의 말

부동산공법은 방대한 양과 어려운 개념 때문에 많은 수험생들이 어렵다고 느끼는 경향이 있습니다. 또한 최근 시험에서는 간단한 지문이 아니라 법조문 그대로의 긴 지문이 출제되는 경향이 점차 강해지고 있을 뿐만 아니라, 학습해야 할 내용은 많은데 휘발성 또한 강하기 때문에 수험생 입장에서는 공부하기에 매우 힘든 과목에 해당합니다.

이에 대한 대책 없이는 합격 평균점수는커녕 과락을 피하는 것도 어려울 수 있습니다. 그러나 무조건 문제를 많이 풀어 본다고 고득점을 받을 수 있는 것은 절대 아닙니다. 어떤 문제를 어떻게 풀어보는지가 중요합니다.
공인중개사 부동산공법의 학습에서 가장 좋은 문제는 기출문제이고, 그보다 더 좋은 문제는 기출응용 문제입니다.

〈2025 에듀윌 공인중개사 2차 기출응용 예상문제집 부동산공법〉은 기존 16개년 기출문제를 면밀히 분석하여 중복된 선지를 하나로 합치고, 기출지문 하나하나를 모두 응용하여 문제를 재가공했습니다. 수험생들이 기출문제를 풀고 난 뒤에 다시 한 번 기출문제를 완벽하게 숙지할 수 있도록 만든 교재입니다.
또한 새롭게 출제되고 있는 최신 경향의 기출문제는 예상문제로 수록하여 고난도 문제도 대비할 수 있도록 하였습니다.

끝으로 에듀윌 공인중개사 수험생 여러분들이 이 교재를 통하여 합격에 한 걸음 더 다가가기를 응원하겠습니다.

저자 오시훈

약력
- 現 에듀윌 부동산공법 전임 교수
- 現 경기도 농어촌시설 평가위원
- 現 대한전문건설협회 시험출제위원
- 前 한국산업인력공단 시험검토위원
- 前 서울시 노후공동주택 안전진단위원

저서
에듀윌 공인중개사 부동산공법 기초입문서,
기본서, 합격서, 단원별/회차별 기출문제집,
기출응용 예상문제집, 실전모의고사, 필살키,
테마별 비교정리, 키워드 암기장 등 집필

차례

PART 1 국토의 계획 및 이용에 관한 법률

CHAPTER 01	총칙	12
CHAPTER 02	광역도시계획	16
CHAPTER 03	도시·군계획	20
CHAPTER 04	용도지역·용도지구·용도구역	27
CHAPTER 05	도시·군계획시설사업의 시행	38
CHAPTER 06	지구단위계획	49
CHAPTER 07	개발행위의 허가 등	53

PART 2 도시개발법

CHAPTER 01	도시개발계획 및 구역 지정	68
CHAPTER 02	도시개발사업	76
CHAPTER 03	비용부담 등	97

PART 3 도시 및 주거환경정비법

CHAPTER 01	총칙	102
CHAPTER 02	기본계획 수립 및 정비구역 지정	105
CHAPTER 03	정비사업	111

PART 4 건축법

CHAPTER 01	총칙	140
CHAPTER 02	건축물의 건축	148
CHAPTER 03	건축물의 대지와 도로	162
CHAPTER 04	건축물의 구조 및 재료	167
CHAPTER 05	지역 및 지구 안의 건축물	171
CHAPTER 06	특별건축구역 · 건축협정 및 결합건축	178

PART 5 주택법

CHAPTER 01	총칙	186
CHAPTER 02	주택의 건설	191
CHAPTER 03	주택의 공급	215
CHAPTER 04	주택의 리모델링	228

PART 6 농지법

| CHAPTER 01 | 농지의 소유 | 234 |
| CHAPTER 02 | 농지의 이용 및 보전 | 242 |

책속의 책 오답 노트가 되는 정답 및 해설

국토의 계획 및 이용에 관한 법률

CHAPTER 01 총칙
CHAPTER 02 광역도시계획
CHAPTER 03 도시·군계획
CHAPTER 04 용도지역·용도지구·용도구역
CHAPTER 05 도시·군계획시설사업의 시행
CHAPTER 06 지구단위계획
CHAPTER 07 개발행위의 허가 등

최근 5개년 출제경향 분석

최근 5개년 PART 1 출제비중 **31.1%**

CHAPTER	문항 수					비중	⭐ 빈출 키워드
	31회	32회	33회	34회	35회		
CH.01	0	0	0	0	1	1.7%	용어정의
CH.02	1	1	1	0	0	5%	광역도시계획
CH.03	2	2	1	1	2	13.3%	도시·군기본계획, 도시·군관리계획
CH.04	3	2	3	3	4	25%	용도지역·용도지구·용도구역, 용도지역의 지정절차의 특례, 용도지역에서의 건축제한, 용도구역의 지정, 용도지구에서의 건축제한, 건폐율과 용적률의 최대한도
CH.05	1	3	1	1	1	11.7%	도시·군계획시설, 도시·군계획시설사업, 도시·군계획시설부지의 매수청구
CH.06	0	1	0	2	0	5%	지구단위계획, 지구단위계획구역
CH.07	5	3	6	5	4	38.3%	기반시설설치비용 및 기반시설유발계수, 개발행위허가, 개발밀도관리구역 및 기반시설부담구역

* 복합문제이거나, 법률이 개정 및 제정된 경우 분류 기준에 따라 위 수치와 달라질 수 있습니다.

01 총칙

빠른 정답 CHECK!(본책) p.250 / 정답 및 해설(책속의 책) p.2

테마 1 | 용어정의

대표문제 국가계획 / 도시·군계획 / 기반시설부담구역 / 도시·군계획시설

국토의 계획 및 이용에 관한 법령의 내용으로 옳은 것은? 기출응용 15회·21회

① '국가계획'이란 중앙행정기관이 법률에 따라 수립하거나 국가의 정책적인 목적을 이루기 위하여 수립하는 계획 중 도시·군기본계획의 내용이나 도시·군관리계획으로 결정하여야 할 사항이 포함된 계획을 말한다.
② '도시·군계획'이란 특별시·광역시·특별자치시·특별자치도·시 또는 광역시 관할 구역 안의 군에 대하여 수립하는 도시·군기본계획과 도시·군관리계획을 말한다.
③ 용도지역·용도지구의 지정 또는 변경에 관한 계획은 도시·군기본계획으로 결정한다.
④ '기반시설부담구역'이란 개발밀도관리구역 안에서 개발로 인하여 기반시설의 설치가 필요한 지역을 대상으로 특별시장·광역시장·특별자치시장·특별자치도지사·시장 또는 군수에 의해 지정되는 구역을 말한다.
⑤ 기반시설은 도시·군계획시설 중 도시·군관리계획으로 결정된 시설을 말한다.

> **POINT**
> 용어에 관한 기본적인 문제로, 국토의 계획 및 이용에 관한 법령의 용어에 대한 이해가 필요합니다.
>
> **해설**
> ② '도시·군계획'이란 특별시·광역시·특별자치시·특별자치도·시 또는 군(광역시의 관할 구역 안에 있는 군은 제외)의 관할 구역에 대하여 수립하는 공간구조와 발전방향에 대한 계획으로서 도시·군기본계획과 도시·군관리계획으로 구분한다.
> ③ 용도지역·용도지구의 지정 또는 변경에 관한 계획은 도시·군관리계획으로 결정한다.
> ④ '기반시설부담구역'이란 개발밀도관리구역 외의 지역으로서 개발로 인하여 기반시설의 설치가 필요한 지역을 대상으로 특별시장·광역시장·특별자치시장·특별자치도지사·시장 또는 군수에 의해 지정되는 구역을 말한다.
> ⑤ 도시·군계획시설은 기반시설 중 도시·군관리계획으로 결정된 시설을 말한다.
>
> 정답 ①

기출응용 30회

01 「국토의 계획 및 이용에 관한 법률」상 용어의 정의에 관한 조문이다. (   ) 안에 들어갈 내용을 바르게 나열한 것은?

> '(㉠)'(이)란 토지의 이용 및 건축물의 용도·건폐율·용적률·높이 등에 대한 (㉡)의 제한을 강화하거나 완화하여 따로 정함으로써 시가지의 무질서한 확산방지, 계획적이고 단계적인 토지이용의 도모, 혁신적이고 복합적인 토지활용의 촉진, 토지이용의 종합적 조정·관리 등을 위하여 도시·군관리계획으로 결정하는 지역을 말한다.

	㉠	㉡
①	용도지구	용도지역
②	용도지구	용도구역
③	용도지역	용도지구
④	용도구역	용도지역 및 용도지구
⑤	용도지구	용도구역 및 용도지구

기출응용 25회

02 국토의 계획 및 이용에 관한 법령상 기반시설 중 공간시설에 해당하지 않는 것은?

① 광장
② 녹지
③ 유원지
④ 공공공지
⑤ 유수지

기출응용 26회·28회·32회

03 국토의 계획 및 이용에 관한 법령상 기반시설의 종류와 그 해당 시설의 연결이 옳은 것은?

① 교통시설 – 폐차장
② 유통·공급시설 – 하수도
③ 공간시설 – 궤도
④ 공공·문화체육시설 – 학교
⑤ 환경기초시설 – 도축장

CHAPTER 01 총칙 **13**

기출응용 29회

04 국토의 계획 및 이용에 관한 법령상 도시·군관리계획을 시행하기 위한 사업으로서 도시·군계획사업에 해당하는 것을 모두 고른 것은?

> ㉠ 기반시설사업
> ㉡ 「도시개발법」에 따른 도시개발사업
> ㉢ 「도시 및 주거환경정비법」에 따른 정비사업

① ㉠
② ㉠, ㉡
③ ㉠, ㉢
④ ㉡, ㉢
⑤ ㉠, ㉡, ㉢

기출응용 15회·21회

05 국토의 계획 및 이용에 관한 법령상의 용어에 관한 설명으로 틀린 것은?

① '도시·군계획시설사업'이란 도시·군계획시설을 설치·정비 또는 개량하는 사업을 말한다.
② '지구단위계획'이란 도시·군계획 수립대상지역 전부에 대하여 체계적 관리를 위해 수립하는 도시·군관리계획을 말한다.
③ 도시·군계획은 도시·군기본계획과 도시·군관리계획으로 구분한다.
④ 지구단위계획은 도시·군관리계획으로 결정한다.
⑤ 도시·군관리계획을 시행하기 위한 「도시개발법」에 따른 도시개발사업은 도시·군계획사업에 포함된다.

예상문제

06 국토의 계획 및 이용에 관한 법령의 내용으로 옳은 것은?

① '용도지역'이란 토지의 이용 및 건축물의 용도·건폐율·용적률·높이 등을 제한함으로써 토지를 경제적·효율적으로 이용하고 공공복리의 증진을 도모하기 위하여 서로 중복되게 도시·군관리계획으로 결정하는 지역을 말한다.

② '공간재구조화계획'이란 토지의 이용 및 건축물이나 그 밖의 시설의 용도·건폐율·용적률·높이 등을 강화하는 용도구역의 효율적이고 계획적인 관리를 위하여 수립하는 계획을 말한다.

③ '성장관리계획'이란 지구단위계획구역에서의 난개발을 방지하고 계획적인 개발을 유도하기 위하여 수립하는 계획을 말한다.

④ '광역시설'이란 기반시설 중 광역적인 정비체계가 필요한 시설을 말한다.

⑤ '개발밀도관리구역'이란 개발로 인하여 기반시설이 부족할 것으로 예상되나 기반시설을 설치하기 곤란한 지역을 대상으로 건폐율이나 용적률을 완화하여 적용하기 위하여 지정하는 구역을 말한다.

02 광역도시계획

빠른 정답 CHECK!(본책) p.250 / 정답 및 해설(책속의 책) p.3

테마 2 | 광역도시계획

대표문제 광역계획권의 지정

국토의 계획 및 이용에 관한 법령상 광역계획권에 관한 설명으로 옳은 것은?

기출응용 33회

① 중앙행정기관의 장, 시·도지사, 시장 또는 군수는 국토교통부장관이나 도지사에게 광역계획권의 지정 또는 변경을 요청할 수 없다.
② 국토교통부장관은 광역계획권을 지정하거나 변경하려면 관계 시·도지사, 시장 또는 군수의 의견을 들은 후 지방도시계획위원회의 심의를 거쳐야 한다.
③ 광역계획권이 하나의 도의 관할 구역에 속하여 있는 경우, 도지사는 국토교통부장관과 공동으로 광역계획권을 지정 또는 변경하여야 한다.
④ 도지사가 광역계획권을 지정하거나 변경하려면 관계 중앙행정기관의 장, 관계 시·도지사, 시장 또는 군수의 의견을 들은 후 지방도시계획위원회의 심의를 거쳐야 한다.
⑤ 광역계획권이 둘 이상의 도의 관할 구역에 걸쳐 있는 경우, 해당 도지사들은 공동으로 광역계획권을 지정하여야 한다.

> **POINT**
> 광역도시계획에 관한 종합적인 문제로, 광역계획에 대한 전반적인 이해가 필요합니다.
>
> **해설**
> ① 중앙행정기관의 장, 시·도지사, 시장 또는 군수는 국토교통부장관이나 도지사에게 광역계획권의 지정 또는 변경을 요청할 수 있다.
> ② 국토교통부장관은 광역계획권을 지정하거나 변경하려면 관계 시·도지사, 시장 또는 군수의 의견을 들은 후 중앙도시계획위원회의 심의를 거쳐야 한다.
> ③ 광역계획권이 하나의 도의 관할 구역에 속하여 있는 경우, 국토교통부장관과 공동으로 광역계획권을 지정 또는 변경하는 것이 아니라 도지사가 지정할 수 있다.
> ⑤ 광역계획권이 둘 이상의 도의 관할 구역에 걸쳐 있는 경우, 해당 도지사들이 공동으로 광역계획권을 지정하는 것이 아니라 국토교통부장관이 지정할 수 있다.
>
> 정답 ④

기출응용 16회·19회

01 국토의 계획 및 이용에 관한 법령상 광역도시계획에 관한 설명으로 옳은 것은?

① 시·도지사는 광역도시계획을 수립하거나 변경하려면 국토교통부장관의 승인을 받아야 한다.
② 광역도시계획을 변경하고자 하는 때에는 공청회를 생략할 수 있다.
③ 광역도시계획을 시·도지사가 공동으로 수립하는 경우 그 내용에 관하여 서로 협의가 되지 아니하면 공동 또는 단독으로 국토교통부장관에게 조정을 신청할 수 없다.
④ 광역도시계획을 수립할 때에는 시·군·구 의회의 의견을 들어야 한다.
⑤ 광역도시계획을 수립한 때에는 이를 공고하여 관계 서류를 14일 이상 일반인이 열람할 수 있도록 하여야 한다.

기출응용 26회·28회

02 국토의 계획 및 이용에 관한 법령상 광역도시계획에 관한 설명으로 옳은 것은?

① 동일 지역에 대하여 수립된 광역도시계획의 내용과 도시·군기본계획의 내용이 다를 때에는 광역도시계획의 내용이 우선한다.
② 광역계획권은 광역시장이 지정할 수 있다.
③ 시장 또는 군수는 광역도시계획을 수립하려면 국토교통부장관의 승인을 받아야 한다.
④ 국토교통부장관은 시·도지사가 요청하는 경우에도 시·도지사와 공동으로 광역도시계획을 수립할 수 없다.
⑤ 국토교통부장관이 조정의 신청을 받아 광역도시계획의 내용을 조정하는 경우 지방도시계획위원회의 심의를 거쳐야 한다.

기출응용 29회·31회

03 국토의 계획 및 이용에 관한 법령상 광역도시계획에 관한 설명으로 옳은 것은?

① 광역도시계획의 수립을 위한 공청회는 광역계획권 단위로 개최하되, 필요한 경우에도 광역계획권을 여러 개의 지역으로 구분하여 개최할 수는 없다.
② 둘 이상의 특별시·광역시·특별자치시·특별자치도·시 또는 군의 공간구조 및 기능을 상호 연계시키고 환경을 보전하며, 광역시설을 체계적으로 정비하기 위하여 필요한 경우에는 광역계획권을 지정할 수 있다.
③ 국가계획과 관련된 광역도시계획의 수립이 필요한 경우 광역도시계획의 수립권자는 시·도지사이다.
④ 광역계획권이 둘 이상의 시·도의 관할 구역에 걸쳐 있는 경우에는 관할 시·도지사가 공동으로 광역계획권을 지정하여야 한다.
⑤ 국토교통부장관이 광역도시계획을 수립하였을 때에는 직접 그 내용을 공고하고 일반이 열람할 수 있도록 하여야 한다.

기출응용 32회

04 국토의 계획 및 이용에 관한 법령상 광역도시계획에 관한 설명으로 틀린 것은?

① 시장 또는 군수가 기초조사정보체계를 구축한 경우에는 등록된 정보의 현황을 5년마다 확인하고 변동사항을 반영하여야 한다.
② 광역도시계획의 수립기준은 국토교통부장관이 정한다.
③ 광역계획권을 지정한 날부터 1년이 지날 때까지 관할 시장 또는 군수로부터 광역도시계획의 승인 신청이 없는 경우 관할 도지사가 광역도시계획을 수립하여야 한다.
④ 광역계획권이 같은 도의 관할 구역에 속하여 있는 경우 관할 시장 또는 군수가 공동으로 광역도시계획을 수립하여야 한다.
⑤ 시·도지사, 시장 또는 군수는 광역도시계획을 수립하거나 변경하려면 미리 관계 시·도, 시 또는 군의 의회와 관계 시장 또는 군수의 의견을 들어야 한다.

예상문제

05 국토의 계획 및 이용에 관한 법령상 광역도시계획에 관한 설명으로 옳은 것은?

① 도지사는 시장 또는 군수가 협의를 거쳐 요청하는 경우 관할 시장 또는 군수와 공동으로 광역도시계획을 수립할 수 있지만, 단독으로 광역도시계획을 수립할 수는 없다.
② 광역도시계획을 공동으로 수립하는 시장 또는 군수는 그 내용에 관하여 서로 협의가 되지 아니하면 공동으로 도지사에게 조정을 신청할 수 있으며, 단독으로는 신청할 수 없다.
③ 광역계획권을 지정한 날부터 5년이 지날 때까지 관할 시·도지사로부터 광역도시계획의 승인 신청이 없는 경우에는 국토교통부장관이 수립하여야 한다.
④ 광역도시계획을 공동으로 수립하는 시·도지사는 그 내용에 관하여 서로 협의가 되지 아니하면 공동이나 단독으로 국토교통부장관에게 조정을 신청할 수 있다.
⑤ 국토교통부장관은 단독 또는 공동으로 조정의 신청을 받은 경우에 기한을 정하여 당사자 간에 다시 협의를 하도록 권고할 수 있으며, 기한까지 협의가 이루어지지 아니하는 경우에는 직접 조정할 수 있다.

CHAPTER 03 도시·군계획

빠른 정답 CHECK!(본책) p.250 / 정답 및 해설(책속의 책) p.5

테마 3 | 도시·군기본계획

대표문제 도시·군기본계획

국토의 계획 및 이용에 관한 법령상 도시·군기본계획에 관한 설명으로 <u>틀린</u> 것은?

기출응용 20회

① 「수도권정비계획법」에 의한 수도권에 속하지 아니하고 광역시와 경계를 같이하지 아니한 인구 7만명의 군은 도시·군기본계획을 수립하지 아니할 수 있다.
② 광역도시계획의 내용과 도시·군기본계획의 내용이 다를 때에는 광역도시계획의 내용이 우선한다.
③ 도시·군기본계획의 수립 시 미리 공청회를 열어 주민과 관계 전문가 등으로부터 의견을 들어야 한다.
④ 도시·군기본계획의 내용과 국가계획의 내용이 다를 때에는 국가계획의 내용이 우선한다.
⑤ 시장·군수는 관할 구역에 대해서만 도시·군기본계획을 수립할 수 있으며, 인접한 시 또는 군의 관할 구역을 포함하여 계획을 수립할 수 없다.

> **POINT**
> 도시·군기본계획에 관한 기본적인 문제로 각 절차에 대한 전반적인 이해가 필요합니다.
>
> **해설**
> 시장·군수는 인접한 시·군의 시장·군수와 협의를 거쳐 그 인접 시·군의 관할 구역 전부 또는 일부를 포함하는 도시·군기본계획을 수립할 수 있다.
>
> 정답 ⑤

기출응용 27회

01 「국토의 계획 및 이용에 관한 법률」상 도시·군기본계획의 수립 및 정비에 관한 조문의 일부이다. (   ) 안에 들어갈 숫자를 옳게 연결한 것은?

> • 「수도권정비계획법」에 의한 수도권에 속하지 아니하고 광역시와 경계를 같이하지 아니한 시 또는 군으로서 인구 (㉠)만명 이하인 시 또는 군은 도시·군기본계획을 수립하지 아니할 수 있다.
> • 시장 또는 군수는 (㉡)년마다 관할 구역의 도시·군기본계획에 대하여 그 타당성을 전반적으로 재검토하여 정비하여야 한다.

	㉠	㉡
①	5	5
②	5	10
③	10	2
④	10	5
⑤	10	10

기출응용 22회

02 국토의 계획 및 이용에 관한 법령상 도시·군기본계획에 관한 설명으로 옳은 것은?

① 이해관계자를 포함한 주민은 지구단위계획구역의 지정 및 변경에 관한 사항에 대하여 도시·군기본계획의 입안을 제안할 수 있다.
② 특별시장·광역시장·특별자치시장·특별자치도지사·시장 또는 군수는 10년마다 관할 구역의 도시·군기본계획에 대하여 그 타당성을 전반적으로 재검토하여 정비하여야 한다.
③ 특별시장·광역시장이 수립한 도시·군기본계획의 승인은 국토교통부장관이 하고, 시장·군수가 수립한 도시·군기본계획의 승인은 도지사가 한다.
④ 특별시장·광역시장·특별자치시장·특별자치도지사·시장 또는 군수는 도시·군기본계획을 수립할 때 주민의 의견청취를 위한 공청회를 개최하여야 한다.
⑤ 도시·군기본계획의 내용이 광역도시계획의 내용과 다를 때에는 국토교통부장관이 결정하는 바에 따른다.

기출응용 24회·31회

03 국토의 계획 및 이용에 관한 법령상 도시·군기본계획에 관한 설명으로 옳은 것은?

① 시장 또는 군수는 도시·군기본계획을 변경할 경우 미리 그 시 또는 군 의회의 의견을 듣지 않아도 된다.
② 도시·군기본계획을 변경하는 경우에는 공청회를 개최하지 아니할 수 있다.
③ 시장 또는 군수는 인접한 시 또는 군의 관할 구역을 포함하여 도시·군기본계획을 수립하려면 미리 그 시장 또는 군수와 협의하여야 한다.
④ 시장 또는 군수는 도시·군기본계획을 변경하려면 도지사와 협의한 후 지방도시계획위원회의 심의를 거쳐야 한다.
⑤ 도시·군기본계획 입안일부터 10년 이내에 토지적성평가를 실시한 경우에는 토지적성평가를 하지 아니할 수 있다.

예상문제

04 국토의 계획 및 이용에 관한 법령상 도시·군기본계획에 관한 설명으로 옳은 것은?

① 특별시장·광역시장·특별자치시장 또는 특별자치도지사는 도시·군기본계획을 수립하거나 변경하려면 관계 행정기관의 장과 협의한 후 지방도시계획위원회의 심의를 거쳐 확정한다. 따라서 국토교통부장관의 승인을 받지 아니한다.
② 특별시장·광역시장·특별자치시장·특별자치도지사·시장 또는 군수는 생활권역별 개발·정비 및 보전 등에 필요한 경우 대통령령으로 정하는 바에 따라 생활권계획을 따로 수립할 수 없다.
③ 국토교통부장관은 특별시장·광역시장·특별자치시장 또는 특별자치도지사의 의견을 들은 후에 도시·군기본계획을 수립할 수 있다.
④ 도시·군기본계획은 특별시·광역시·특별자치시·특별자치도·시 또는 군의 관할 구역에 대하여 10년 단위로 수립하는 종합계획이다.
⑤ 시장·군수는 관할 구역에 대해서만 도시·군기본계획을 수립할 수 있으며, 인접한 시 또는 군의 관할 구역을 포함하여 계획을 수립할 수 없다.

테마 4 | 도시·군관리계획

대표문제 도시·군관리계획

국토의 계획 및 이용에 관한 법령상 도시·군관리계획으로 결정하여야 하는 사항을 모두 고른 것은?

기출응용 26회

> ㉠ 시가화조정구역의 지정 ㉡ 기반시설부담구역의 지정
> ㉢ 정비사업에 관한 계획 ㉣ 기반시설의 개량에 관한 계획
> ㉤ 지구단위계획구역의 변경

① ㉡
② ㉢, ㉣
③ ㉠, ㉡, ㉢
④ ㉠, ㉡, ㉣
⑤ ㉠, ㉢, ㉣, ㉤

POINT
도시·군관리계획의 결정사항에 관한 기본적인 문제로 암기가 필요합니다.

해설
㉡ 기반시설부담구역의 지정은 도시·군관리계획의 결정사항에 해당하지 않는다.

정답 ⑤

기출응용 30회

05 국토의 계획 및 이용에 관한 법령상 주민이 도시·군관리계획의 입안을 제안하는 경우에 관한 설명으로 **틀린** 것은?

① 도시·군관리계획의 입안을 제안하려는 자가 토지소유자의 동의를 받아야 하는 경우 국·공유지는 동의대상 토지면적에 포함된다.
② 제안서에는 도시·군관리계획도서뿐만 아니라 계획설명서도 첨부하여야 한다.
③ 산업·유통개발진흥지구의 지정 및 변경에 관한 사항은 입안제안의 대상에 해당한다.
④ 도시·군관리계획의 입안을 제안받은 자는 제안자와 협의하여 제안된 도시·군관리계획의 입안 및 결정에 필요한 비용의 전부 또는 일부를 제안자에게 부담시킬 수 있다.
⑤ 도시·군관리계획의 입안을 제안받은 자는 그 처리 결과를 제안자에게 알려야 한다.

기출응용 22회·27회

06 국토의 계획 및 이용에 관한 법령상 도시·군관리계획을 입안할 때 환경성 검토를 실시하지 <u>않아도</u> 되는 경우에 해당하는 것을 모두 고른 것은?

> ㉠ 개발제한구역 안에 기반시설을 설치하는 경우
> ㉡ 「도시개발법」에 따른 도시개발사업의 경우
> ㉢ 해당 지구단위계획구역 안의 나대지 면적이 구역 면적의 2%에 미달하는 경우
> ㉣ 해당 지구단위계획구역의 지정 목적이 해당 구역을 정비하고자 하는 경우로서 지구단위계획의 내용에 너비 12m 이상 도로의 설치계획이 있는 경우
> ㉤ 기존의 용도지구를 폐지하고 지구단위계획을 수립 또는 변경하여 그 용도지구에 따른 건축물이나 그 밖의 시설의 용도·종류 및 규모 등의 제한을 그대로 대체하려는 경우

① ㉠
② ㉢, ㉤
③ ㉠, ㉡, ㉣
④ ㉡, ㉢, ㉤
⑤ ㉠, ㉡, ㉢, ㉤

기출응용 23회

07 국토의 계획 및 이용에 관한 법령상 도시·군관리계획의 수립절차 등에 관한 설명으로 틀린 것은?

① 도시·군관리계획의 입안의 제안을 받은 자는 제안일로부터 45일 이내에 도시·군관리계획 입안에의 반영 여부를 제안자에게 통보하여야 한다.
② 주민으로부터 도시·군관리계획의 입안을 제안받은 자는 제안된 도시·군관리계획의 입안 및 결정에 필요한 비용의 전부 또는 일부를 제안자에게 부담시킬 수 있다.
③ 도시·군관리계획 결정은 고시가 된 날부터 그 효력이 발생한다.
④ 시장 또는 군수는 5년마다 관할 구역의 도시·군관리계획에 대하여 그 타당성을 전반적으로 재검토하여 정비하여야 한다.
⑤ 입안권자가 용도지역·용도지구 또는 용도구역의 지정에 관한 도시·군관리계획을 입안하려면 해당 지방의회의 의견을 들어야 한다.

기출응용 24회

08 국토의 계획 및 이용에 관한 법령상 도시·군관리계획에 관한 설명으로 옳은 것은?

① 공원·녹지·유원지 등의 환경기초시설의 설치에 관한 계획은 도시·군관리계획으로 결정한다.
② 도시지역의 축소에 따른 용도지역의 변경을 내용으로 하는 도시·군관리계획을 입안하는 경우에는 주민의 의견청취를 하여야 한다.
③ 주민은 기반시설의 설치에 관한 사항에 대하여 도시·군관리계획의 입안권자에게 그 입안을 제안할 수 없다.
④ 국가계획과 관련되어 국토교통부장관이 입안한 도시·군관리계획은 국토교통부장관이 결정한다.
⑤ 도시혁신구역의 지정 또는 변경에 관한 계획과 도시혁신계획은 도시·군관리계획으로 결정하지 않는다.

기출응용 28회·32회

09 국토의 계획 및 이용에 관한 법령상 도시·군관리계획에 관한 설명으로 틀린 것은?

① 국가계획과 연계하여 시가화조정구역의 지정이 필요한 경우 국토교통부장관이 직접 그 지정을 도시·군관리계획으로 결정할 수 있다.
② 주민은 산업·유통개발진흥지구의 지정에 관한 사항에 대하여 도시·군관리계획의 입안권자에게 도시·군관리계획의 입안을 제안할 수 있다.
③ 도시·군관리계획으로 입안하려는 지구단위계획구역이 도심지(상업지역)에 위치하는 경우에는 재해취약성분석을 하지 아니할 수 있다.
④ 도지사가 지구단위계획을 결정하는 때에는 도에 두는 도시계획위원회의 심의만 거치면 된다.
⑤ 인접한 특별시·광역시·특별자치시·특별자치도·시 또는 군의 관할 구역에 대한 도시·군관리계획은 관계 특별시장·광역시장·특별자치시장·특별자치도지사·시장 또는 군수가 협의하여 공동으로 입안하거나 입안할 자를 정한다.

10 국토의 계획 및 이용에 관한 법령상 도시·군관리계획 등에 관한 설명으로 옳은 것은?

① 도시·군관리계획의 입안을 제안받은 자는 도시·군관리계획의 입안 및 결정에 필요한 비용의 일부만 제안자에게 부담시켜야 한다.
② 산업·유통개발진흥지구의 지정을 입안 제안할 수 있는 대상지역은 지정대상지역의 전체 면적에서 계획관리지역의 면적이 차지하는 비율이 100분의 50 이상이어야 한다.
③ 도시·군관리계획을 조속히 입안할 필요가 있다고 인정되더라도 도시·군기본계획을 수립할 때에 도시·군관리계획을 함께 입안할 수 없다.
④ 지구단위계획구역의 지정 및 변경과 지구단위계획의 수립 및 변경에 관한 사항에 대하여 입안을 제안하려는 자는 국·공유지를 제외한 대상토지 면적의 5분의 4 이상의 동의를 받아야 한다.
⑤ 시가화조정구역의 지정에 관한 도시·군관리계획 결정 당시 승인받은 사업이나 공사에 이미 착수한 자는 신고하지 않고 그 사업이나 공사를 계속할 수 있다.

04 용도지역·용도지구·용도구역

빠른 정답 CHECK!(본책) p.250 / 정답 및 해설(책속의 책) p.8

테마 5 | 용도지역

대표문제 도시지역

국토의 계획 및 이용에 관한 법령상 용도지역 중 도시지역에 해당하지 <u>않는</u> 것은?

기출응용 28회

① 준주거지역 ② 보전녹지지역 ③ 유통상업지역
④ 생산관리지역 ⑤ 자연녹지지역

POINT
용도지역 중 도시지역에 관한 기본적인 문제로 도시지역의 분류를 암기할 필요가 있습니다.

해설
생산관리지역은 도시지역에 해당하지 않고, 관리지역에 해당한다.

정답 ④

기출응용 20회

01 국토의 계획 및 이용에 관한 법령상 용도지역 및 공유수면(바다로 한정함)매립지의 용도지역 지정에 관한 설명으로 <u>틀린</u> 것은?

① 매립구역이 둘 이상의 용도지역과 이웃하고 있는 경우 그 매립구역이 속할 용도지역은 둘 이상의 용도지역 중 가장 큰 면적을 가진 용도지역으로 지정된 것으로 본다.
② 매립구역이 둘 이상의 용도지역에 걸쳐 있는 경우 그 매립구역이 속할 용도지역은 도시·군관리계획 결정으로 지정하여야 한다.
③ '용도지역'이란 도시지역(세분지역), 관리지역, 농림지역, 자연환경보전지역을 말한다.
④ 매립 목적이 그 매립구역과 이웃하고 있는 용도지역의 내용과 같은 경우 도시·군관리계획의 입안 및 결정절차 없이 그 매립준공구역은 그 매립의 준공인가일부터 이와 이웃하고 있는 용도지역으로 지정된 것으로 본다.
⑤ 매립 목적이 그 매립구역과 이웃하고 있는 용도지역의 내용과 다른 경우 그 매립구역이 속할 용도지역은 도시·군관리계획 결정으로 지정하여야 한다.

기출응용 20회

02 국토의 계획 및 이용에 관한 법령상 도시지역으로 결정·고시된 것으로 볼 수 있는 경우를 모두 고른 것은?

> ㉠ 「택지개발촉진법」에 따라 택지개발지구로 지정·고시된 지역
> ㉡ 취락지구로서 「도시개발법」에 따라 도시개발구역으로 지정·고시된 지역
> ㉢ 「산업입지 및 개발에 관한 법률」에 따라 일반산업단지로 지정·고시된 지역
> ㉣ 「어촌·어항법」에 따른 어항구역으로서 농림지역에 연접한 공유수면으로 지정·고시된 지역
> ㉤ 「항만법」에 따른 항만구역으로서 계획관리지역에 연접한 공유수면으로 지정·고시된 지역

① ㉠
② ㉠, ㉢
③ ㉡, ㉣
④ ㉣, ㉤
⑤ ㉢, ㉣, ㉤

기출응용 22회·29회

03 국토의 계획 및 이용에 관한 법령상 아파트를 건축할 수 있는 용도지역은?

① 자연환경보전지역
② 농림지역
③ 계획관리지역
④ 제1종 일반주거지역
⑤ 준공업지역

기출응용 24회·25회

04 국토의 계획 및 이용에 관한 법령상 건폐율의 최대한도가 큰 용도지역부터 나열한 것으로 옳은 것은? (단, 조례는 고려하지 않음)

> ㉠ 주거지역
> ㉡ 유통상업지역
> ㉢ 중심상업지역
> ㉣ 생산관리지역

① ㉠ − ㉡ − ㉣ − ㉢
② ㉡ − ㉠ − ㉢ − ㉣
③ ㉡ − ㉢ − ㉣ − ㉠
④ ㉢ − ㉠ − ㉣ − ㉡
⑤ ㉢ − ㉡ − ㉠ − ㉣

기출응용 27회

05 국토의 계획 및 이용에 관한 법령상 용도지역별 건폐율의 최대한도가 낮은 지역부터 높은 지역 순으로 옳게 나열한 것은? (단, 조례 등 기타 강화·완화조건은 고려하지 않음)

① 자연녹지지역 - 일반상업지역 - 준주거지역
② 계획관리지역 - 제3종 일반주거지역 - 근린상업지역
③ 일반상업지역 - 준공업지역 - 제2종 일반주거지역
④ 전용공업지역 - 중심상업지역 - 제1종 전용주거지역
⑤ 보전녹지지역 - 유통상업지역 - 준공업지역

기출응용 29회

06 국토의 계획 및 이용에 관한 법령상 도시·군계획조례로 정할 수 있는 건폐율의 최대한도가 가장 낮은 지역은?

① 자연녹지지역에 지정된 개발진흥지구
② 도시지역 외의 지역에 지정된 개발진흥지구
③ 자연환경보전지역에 있는 「자연공원법」에 따른 자연공원
④ 계획관리지역에 있는 「산업입지 및 개발에 관한 법률」에 따른 농공단지
⑤ 수산자원보호구역

기출응용 28회·32회

07 국토의 계획 및 이용에 관한 법령상 용도지역별 용적률의 최대한도가 높은 지역부터 낮은 지역 순으로 올바르게 나열한 것은? (단, 조례 등 기타 강화·완화조건은 고려하지 않음)

㉠ 유통상업지역	㉡ 일반공업지역
㉢ 준주거지역	㉣ 자연녹지지역
㉤ 제2종 일반주거지역	

① ㉠ - ㉡ - ㉢ - ㉣ - ㉤   ② ㉠ - ㉢ - ㉡ - ㉤ - ㉣
③ ㉡ - ㉤ - ㉠ - ㉣ - ㉢   ④ ㉢ - ㉠ - ㉣ - ㉡ - ㉤
⑤ ㉢ - ㉡ - ㉠ - ㉤ - ㉣

기출응용 30회

08 국토의 계획 및 이용에 관한 법령상 용도지역별 용적률의 최대한도가 가장 큰 것은? (단, 조례 등 기타 강화·완화조건은 고려하지 않음)

① 제2종 전용주거지역
② 준주거지역
③ 일반상업지역
④ 보전녹지지역
⑤ 계획관리지역

기출응용 33회

09 국토의 계획 및 이용에 관한 법령상 용도지역별 건폐율과 용적률의 최대한도에 관한 내용이다. ( ) 안에 들어갈 숫자를 바르게 나열한 것은? (단, 조례 등 기타 강화·완화조건은 고려하지 않음)

- 상업지역: 건폐율 (㉠)% 이하, 용적률 (㉡)% 이하
- 계획관리지역: 건폐율 (㉢)% 이하, 용적률 (㉣)% 이하
- 자연환경보전지역: 건폐율 (㉤)% 이하, 용적률 (㉥)% 이하

	㉠	㉡	㉢	㉣	㉤	㉥
①	70	1,300	20	100	40	80
②	70	1,500	20	80	20	100
③	90	1,300	40	80	40	80
④	90	1,500	20	100	20	100
⑤	90	1,500	40	100	20	80

예상문제

10 국토의 계획 및 이용에 관한 법령상 용도지역에 관한 설명으로 옳은 것은?

① 농림지역에 「택지개발촉진법」에 따른 택지개발지구로 지정·고시되었다가 택지개발사업의 완료로 택지개발지구의 지정이 해제되면 그 지역은 농림지역으로 환원된 것으로 본다.
② 관리지역이 세부 용도지역으로 지정되지 아니한 경우, 건폐율에 대하여는 계획관리지역에 관한 규정을 적용한다.
③ 관리지역의 산림 중 「산지관리법」에 따라 보전산지로 지정·고시된 지역은 농림지역 또는 자연환경보전지역으로 결정·고시된 것으로 본다.
④ 주거지역에서 공공임대주택 또는 임대의무기간이 8년 이상인 민간임대주택을 건설하는 경우에는 주거지역 용적률의 150% 이내의 범위에서 도시·군계획조례로 정하는 비율로 완화하여 적용한다.
⑤ 용도지역은 다른 용도지역과 중복하여 지정할 수 있다.

테마 6 | 용도지구

대표문제 | 용도지구의 분류

국토의 계획 및 이용에 관한 법령상 용도지구와 그 세분(細分)이 바르게 연결된 것을 모두 고른 것은? (단, 조례는 고려하지 않음)   기출응용 30회

㉠ 개발진흥지구 – 주거개발진흥지구, 산업·유통개발진흥지구, 관광·휴양개발진흥지구, 복합개발진흥지구, 특정개발진흥지구
㉡ 경관지구 – 자연경관지구, 시가지경관지구, 문화적 경관지구
㉢ 취락지구 – 자연취락지구, 집단취락지구
㉣ 보호지구 – 역사문화환경보호지구, 특별보호지구, 환경보호지구

① ㉠
② ㉣
③ ㉠, ㉢
④ ㉡, ㉣
⑤ ㉢, ㉣

POINT
용도지구의 세분에 관한 기본적인 문제로 세부항목을 암기하여야 합니다.

해설
㉡ 경관지구 – 자연경관지구, 시가지경관지구, 특화경관지구
㉣ 보호지구 – 역사문화환경보호지구, 중요시설물보호지구, 생태계보호지구

정답 ③

기출응용 22회·25회·31회

11 국토의 계획 및 이용에 관한 법령상 용도지구에 관한 내용으로 옳은 것은?

① 개발제한구역 안에서만 지정할 수 있는 용도지구는 특정용도제한지구이다.
② 4층인 정신병원은 자연취락지구 안에 건축할 수 없다.
③ 공업기능 및 유통·물류기능을 중심으로 개발·정비할 필요가 있는 용도지구는 복합용도지구이다.
④ 3층인 동물 전용의 장례식장은 자연취락지구 안에서 건축할 수 있는 건축물이다.
⑤ 주거기능, 공업기능, 유통·물류기능 및 관광·휴양기능 외의 기능을 중심으로 특정한 목적을 위하여 개발·정비할 필요가 있는 지구는 시가지개발진흥지구이다.

기출응용 29회

12 국토의 계획 및 이용에 관한 법령상 용도지구 안에서의 건축제한 등에 관한 설명으로 옳은 것은? (단, 건축물은 도시·군계획시설이 아니며, 조례는 고려하지 않음) 상중하

① 방재지구 안에서는 용도지역 안에서의 층수제한에 있어 1층 전부를 필로티 구조로 하는 경우 필로티 부분을 층수에서 제외한다.
② 자연취락지구 안에서는 4층 이하의 방송통신시설을 건축할 수 없다.
③ 지구단위계획 또는 관계 법률에 따른 개발계획을 수립하지 아니하는 개발진흥지구에서는 개발진흥지구의 지정 목적범위에서 해당 용도지역에서 허용되는 건축물을 건축할 수 없다.
④ 일반주거지역에 지정된 복합용도지구 안에서는 장례시설을 건축할 수 있다.
⑤ 고도지구 안에서는 도시·군계획조례로 정하는 높이를 초과하는 건축물을 건축할 수 없다.

예상문제

13 국토의 계획 및 이용에 관한 법령상 용도지구에 관한 설명으로 옳은 것은? 상중하

① 특정개발진흥지구는 주거기능, 공업기능, 유통·물류기능 및 관광·휴양기능을 중심으로 특정한 목적을 위하여 개발·정비할 필요가 있는 지구를 말한다.
② 자연취락지구 안에서는 층수가 3층인 제2종 근린생활시설 중 일반음식점을 건축할 수 없다.
③ 경관지구 안에서는 그 지구의 경관의 보전·관리·형성에 장애가 된다고 인정하여 도시·군관리계획으로 정하는 건축물을 건축할 수 없다.
④ 생산녹지지역에는 자연취락지구를 지정할 수 없다.
⑤ 자연취락지구 안에서의 건축제한에 관하여는 개발제한구역의 지정 및 관리에 관한 특별조치법령이 정하는 바에 의한다.

테마 7 | 용도구역

대표문제 시가화조정구역

국토의 계획 및 이용에 관한 법령상 시가화조정구역에 관한 설명으로 옳은 것은?

기출응용 20회·32회

① 시가화유보기간이 끝나면 국토교통부장관 또는 시·도지사는 이를 고시하여야 하고, 시가화조정구역의 지정 결정은 그 고시일 다음 날부터 그 효력을 잃는다.
② 공익상 그 구역 안에서의 사업시행이 불가피한 것으로서 관계 중앙행정기관의 장의 요청에 의하여 국토교통부장관이 시가화조정구역의 지정 목적 달성에 지장이 없다고 인정한 도시·군계획사업은 시가화조정구역에서 시행할 수 있다.
③ 시가화조정구역은 도시지역과 그 주변지역의 무질서한 시가화를 방지하고 계획적·단계적인 개발을 도모하기 위하여 시·도지사가 도시·군기본계획으로 결정하여 지정하는 용도구역이다.
④ 시가화유보기간은 도시·군관리계획에 의해 정해지며, 5년 이상 10년 이내의 기간이다.
⑤ 국방과 관련하여 보안상의 도시개발을 제한할 필요가 있을 경우 도시·군관리계획에 의해 시가화조정구역을 지정할 수 있다.

POINT
시가화조정구역에 대한 종합문제이며, 구역 지정조건을 중점적으로 정리하여야 합니다.

해설
① 시가화유보기간이 끝나면 국토교통부장관 또는 시·도지사는 이를 고시하여야 하고, 시가화조정구역의 지정 결정은 '시가화유보기간이 끝난 날'의 다음 날부터 그 효력을 잃는다.
③ 시가화조정구역은 도시지역과 그 주변지역의 무질서한 시가화를 방지하고 계획적·단계적인 개발을 도모하기 위하여 시·도지사가 도시·군'관리'계획으로 결정하여 지정하는 용도구역이다.
④ 시가화유보기간은 도시·군관리계획에 의해 정해지며, 5년 이상 20년 이내의 기간이다.
⑤ 국방과 관련하여 보안상의 도시개발을 제한할 필요가 있을 경우 도시·군관리계획에 의해 개발제한구역을 지정할 수 있다. 시가화조정구역은 도시지역과 그 주변지역의 무질서한 시가화를 방지하고 계획적·단계적인 개발을 도모하기 위하여 시가화를 유보할 필요가 있다고 인정되면 시가화조정구역의 지정 또는 변경을 도시·군관리계획으로 결정할 수 있다.

정답 ②

기출응용 22회

14 국토의 계획 및 이용에 관한 법령상 용도지역 및 용도구역에서의 행위제한에 관한 설명으로 틀린 것은?

① 시가화조정구역에서의 도시·군계획사업은 「도시개발법」에 의한 민간제안 도시개발사업만 시행할 수 있다.
② 시가화조정구역에서 도시·군계획사업의 경우 외에는 법 제81조 제2항에 규정된 행위에 한정하여 허가를 받아 그 행위를 할 수 있다.
③ 도시지역이 세부 용도지역으로 지정되지 아니한 경우에는 보전녹지지역에 관한 규정을 적용한다.
④ 도시지역, 관리지역, 농림지역 또는 자연환경보전지역으로 용도가 지정되지 아니한 지역에 대하여는 자연환경보전지역에 관한 규정을 적용한다.
⑤ 관리지역이 세부 용도지역으로 지정되지 아니한 경우에는 보전관리지역에 관한 규정을 적용한다.

기출응용 21회·28회

15 국토의 계획 및 이용에 관한 법령상 용도지역·용도지구·용도구역에 관한 설명으로 옳은 것은?

① 방재지구의 지정을 도시·군관리계획으로 결정하는 경우 도시·군관리계획의 내용에는 해당 방재지구의 재해저감대책을 포함하지 않아도 된다.
② 용도지역과 용도지구는 중첩하여 지정될 수 없지만, 녹지지역과 관리지역은 중첩하여 지정될 수 있다.
③ 시·도지사는 법률에서 정하고 있는 용도지구 외에 새로운 용도지구를 신설할 수 없다.
④ 관리지역이 세부 용도지역으로 지정되지 아니한 경우에 용적률과 건폐율은 생산관리지역에 관한 규정을 적용한다.
⑤ 시·도지사는 도시자연공원구역의 변경을 도시·군관리계획으로 결정할 수 있다.

기출응용 33회

16 국토의 계획 및 이용에 관한 법령상 용도지역·용도지구·용도구역에 관한 설명으로 <u>틀린</u> 것은? (단, 조례는 고려하지 않음)

① 「택지개발촉진법」에 따른 택지개발지구로 지정·고시된 지역은 「국토의 계획 및 이용에 관한 법률」에 따른 관리지역으로 결정·고시된 것으로 본다.
② 용도지역·용도지구의 건축제한에 관한 규정은 용도지역·용도지구 안에서의 도시·군계획시설에 대하여는 적용하지 아니한다.
③ 공유수면의 매립 목적이 그 매립구역과 이웃하고 있는 용도지역의 내용과 다른 경우 및 그 매립구역이 둘 이상의 용도지역에 걸쳐 있거나 이웃하고 있는 경우, 그 매립구역이 속할 용도지역은 도시·군관리계획 결정으로 지정하여야 한다.
④ 시·도지사 또는 대도시 시장은 재해의 반복 발생이 우려되는 지역에 대해서는 방재지구의 지정 또는 변경을 도시·군관리계획으로 결정하여야 한다.
⑤ 시·도지사 또는 대도시 시장은 일반주거지역·일반공업지역·계획관리지역에 복합용도지구를 지정할 수 있다.

기출응용 24회

17 국토의 계획 및 이용에 관한 법령상 용도지역에 관한 설명으로 <u>틀린</u> 것은? (단, 조례는 고려하지 않음)

① 공유수면의 매립 목적이 그 매립구역과 이웃하고 있는 용도지역의 내용과 다른 경우 및 그 매립구역이 둘 이상의 용도지역에 걸쳐 있거나 이웃하고 있는 경우 그 매립구역이 속할 용도지역은 도시·군관리계획 결정으로 지정하여야 한다.
② 도시지역에 대해 세부 용도지역이 지정되지 아니한 경우 건폐율에 대해서는 보전녹지지역에 관한 규정을 적용한다.
③ 저층주택 중심의 편리한 주거환경을 조성하기 위하여 필요한 지역은 제1종 일반주거지역으로 지정한다.
④ 하나의 대지가 녹지지역과 그 밖의 용도지역·용도지구 또는 용도구역에 걸쳐 있는 경우에는 대지 전부는 녹지지역의 건축물 및 토지에 관한 규정을 적용한다.
⑤ 환경을 저해하지 아니하는 공업의 배치를 위하여 필요한 지역은 일반공업지역으로 지정한다.

기출응용 15회·19회·20회·21회

18 A시에서 甲이 소유하고 있는 2,000m²의 대지는 제1종 일반주거지역에 1,700m², 제2종 일반주거지역에 300m²씩 걸쳐 있다. 甲이 대지 위에 건축할 수 있는 최대 연면적은? (단, 조례상 제1종 일반주거지역의 용적률은 120%이고, 제2종 일반주거지역의 용적률은 200%이며, 기타 건축제한은 고려하지 않음)

① 1,200m²
② 1,360m²
③ 1,860m²
④ 2,460m²
⑤ 2,640m²

예상문제

19 국토의 계획 및 이용에 관한 법령상 용도구역에 관한 설명으로 옳은 것은?

① 시·도지사 또는 대도시 시장은 도시자연공원구역의 지정 또는 변경을 광역도시계획으로 결정할 수 있다.
② 도시혁신계획은 창의적이고 혁신적인 도시공간의 개발을 목적으로 도시혁신구역에서의 토지의 이용 및 건축물의 용도·건폐율·용적률·높이 등의 제한에 관한 사항을 따로 정하기 위하여 공간재구조화계획으로 결정하는 도시·군기본계획을 말한다.
③ 산업구조 또는 경제활동의 변화로 복합적 토지이용이 필요한 지역은 공간재구조화계획으로 결정된 복합용도구역으로 지정할 수 있다.
④ 시가화조정구역에서 시가화유보기간은 20년 이내의 범위 안에서 도시·군관리계획에 의해 정해진다.
⑤ 도시의 무질서한 확산을 방지하고 도시민의 건전한 생활환경의 확보를 위하여 도시자연공원구역을 지정한다.

CHAPTER 05 도시·군계획시설사업의 시행

빠른 정답 CHECK!(본책) p.250 / 정답 및 해설(책속의 책) p.12

테마 8 | 도시·군계획시설

대표문제 기반시설의 설치

국토의 계획 및 이용에 관한 법령상 도시지역에서 미리 도시·군관리계획으로 결정하여 설치할 수 있는 시설을 모두 고른 것은?

기출응용 25회·33회

> ㉠ 옥외에 설치하는 변전시설
> ㉡ 「고등교육법」에 따른 방송대학·통신대학 및 방송통신대학
> ㉢ 전세버스운송사업용 여객자동차터미널
> ㉣ 광장(건축물부설광장은 제외)
> ㉤ 폐기물처리 및 재활용시설 중 재활용시설
> ㉥ 대지면적이 400m²인 도축장

① ㉠
② ㉠, ㉣
③ ㉡, ㉢
④ ㉡, ㉢, ㉣
⑤ ㉠, ㉡, ㉢, ㉣, ㉤, ㉥

> **POINT**
> 도시·군관리계획으로 결정하여 설치할 수 있는 시설과 그렇지 않은 시설을 구별하여 정리해야 합니다.
>
> **해설**
> 도시지역에서 미리 도시·군관리계획으로 결정하여 설치할 수 있는 시설은 ㉠, ㉣이다.
>
> **이론+** 기반시설의 설치
>
> 지상·수상·공중·수중 또는 지하에 기반시설을 설치하려면 그 시설의 종류·명칭·위치·규모 등을 미리 도시·군관리계획으로 결정하여야 한다. 다만, 용도지역·기반시설의 특성 등을 고려하여 대통령령으로 정하는 도시지역 또는 지구단위계획구역에서 다음의 기반시설을 설치하고자 하는 경우에는 그러하지 아니하다.
> 1. 주차장, 차량 검사 및 면허시설, 공공공지, 열공급설비, 방송·통신시설, 시장·공공청사·문화시설·공공필요성이 인정되는 체육시설·연구시설·사회복지시설·공공직업 훈련시설·청소년수련시설·저수지·방화설비·방풍설비·방수설비·사방설비·방조설비·장사시설·종합의료시설·빗물저장 및 이용시설·폐차장

2. 「도시공원 및 녹지 등에 관한 법률」의 규정에 의하여 점용허가대상이 되는 공원 안의 기반시설
3. 그 밖에 국토교통부령으로 정하는 다음의 시설
   (1) 공항 중 「공항시설법 시행령」의 규정에 의한 도심공항터미널
   (2) 여객자동차터미널 중 전세버스운송사업용 여객자동차터미널
   (3) 광장 중 건축물부설광장
   (4) 전기공급설비(발전시설, 옥외에 설치하는 변전시설 및 지상에 설치하는 전압 15만 4천 볼트 이상의 송전선로는 제외)
   (5) 다음의 학교
      • 「유아교육법」에 따른 유치원
      • 「장애인 등에 대한 특수교육법」에 따른 특수학교
      • 「초·중등교육법」에 따른 대안학교
      • 「고등교육법」에 따른 방송대학·통신대학 및 방송통신대학
   (6) 다음의 어느 하나에 해당하는 도축장
      • 대지면적이 500m² 미만인 도축장
      • 「산업입지 및 개발에 관한 법률」에 따른 산업단지 내에 설치하는 도축장
   (7) 폐기물처리 및 재활용시설 중 재활용시설

정답 ②

기출응용 25회·26회

01 국토의 계획 및 이용에 관한 법령상 공동구에 관한 설명으로 옳은 것은?

① 공동구가 설치된 경우 공동구에 열수송관, 가스관 및 하수도관을 수용하기 위하여 공동구협의회의 심의를 거쳐야 한다.
② 공동구관리자가 공동구의 안전 및 유지관리계획을 변경하려면 미리 공동구협의회의 심의를 거친 후 관계 행정기관의 장과 협의하여야 한다.
③ 공동구관리자는 1년에 2회 이상 공동구의 안전점검을 실시하여야 하며, 안전점검 결과 이상이 있다고 인정되는 때에는 지체 없이 정밀안전진단 등 필요한 조치를 하여야 한다.
④ 공동구 점용예정자는 공동구에 수용될 시설을 공동구에 수용함으로써 용도가 폐지된 종래의 시설은 지체 없이 철거하여야 하고, 도로는 원상으로 회복하여야 한다.
⑤ 사업시행자는 공동구의 설치가 포함되는 개발사업의 실시계획 인가 등이 있은 후 지체 없이 공동구 점용예정자에게 부담금의 납부를 통지하여야 한다.

기출응용 28회

02 국토의 계획 및 이용에 관한 법령상 광역계획권과 광역시설에 관한 설명으로 옳은 것은?

① 관계 특별시장·광역시장·특별자치시장·특별자치도지사는 협약을 체결하거나 협의회 등을 구성하여 광역시설을 설치·관리할 수 있다.
② 시·도지사는 인접한 둘 이상의 특별시·광역시·특별자치시의 관할 구역 전부 또는 일부를 광역계획권으로 지정할 수 있다.
③ 국가계획으로 설치하는 광역시설은 그 광역시설의 설치·관리를 사업목적 또는 사업종목으로 하여 다른 법률에 따라 설립된 법인이 설치·관리할 수 없다.
④ 광역시설의 설치 및 관리는 공동구의 설치에 관한 규정에 따른다.
⑤ 장사시설, 도축장은 광역시설이 될 수 없다.

기출응용 21회·26회

03 국토의 계획 및 이용에 관한 법령상 장기미집행 도시·군계획시설 부지인 토지에 대한 매수청구에 관한 설명으로 옳은 것은?

① 매수청구를 한 토지의 소유자는 매수의무자가 매수하지 아니하기로 결정한 경우에도 개발행위허가를 받아서 공작물을 설치할 수 없다.
② 한국토지주택공사인 매수의무자는 토지소유자가 원하는 경우 도시·군계획시설채권을 발행하여 토지매수대금을 지급할 수 있다.
③ 해당 부지 중 지목(地目)이 대(垈)인 토지의 소유자는 매수의무자에게 그 토지의 매수를 청구할 수 있다.
④ 매수의무자가 매수하기로 결정한 토지는 매수결정을 알린 날부터 1년 이내에 매수하여야 한다.
⑤ 지방자치단체가 아닌 도시·군계획시설사업의 시행자가 별도로 정하여진 경우에는 그 시행자에게 토지의 매수를 청구할 수 없다.

기출응용 22회

04 국토의 계획 및 이용에 관한 법령상 매수의무자인 지방자치단체가 매수청구를 받은 장기 미집행 도시·군계획시설 부지 중 지목이 대(垈)인 토지를 매수할 때에 관한 설명으로 틀린 것은?

① 도시·군계획시설채권의 상환기간은 10년 이내로 한다.
② 매수청구된 토지의 매수가격은 공시지가로 한다.
③ 토지소유자가 원하는 경우 지방자치단체인 매수의무자는 도시·군계획시설채권을 발행하여 그 대금을 지급할 수 있다.
④ 매수의무자는 매수청구를 받은 날부터 6개월 이내에 매수 여부를 결정하여 토지소유자에게 알려야 한다.
⑤ 매수청구를 받은 토지가 비업무용 토지로서 매수대금이 3천만원을 초과하여 그 초과하는 금액을 지급하는 경우 도시·군계획시설채권을 발행하여 그 대금을 지급할 수 있다.

기출응용 27회

05 甲 소유의 토지는 A광역시 B구에 소재한 지목이 대(垈)인 토지로서 한국토지주택공사를 사업시행자로 하는 도시·군계획시설 부지이다. 甲의 토지에 대해 국토의 계획 및 이용에 관한 법령상 도시·군계획시설 부지의 매수청구권이 인정되는 경우, 이에 관한 설명으로 옳은 것을 모두 고른 것은? (단, 도시·군계획시설의 설치의무자는 사업시행자이며, 조례는 고려하지 않음)

> ㉠ 매수의무자는 매수청구를 받은 날부터 6개월 이내에 매수 여부를 결정하여 甲과 B구청장에게 알려야 한다.
> ㉡ 매수청구에 대해 매수의무자가 매수하지 아니하기로 결정한 경우 甲은 자신의 토지에 3층의 단독주택을 건축할 수 있다.
> ㉢ 甲이 매수청구를 할 수 있는 대상은 토지이며, 그 토지에 있는 건축물도 포함된다.
> ㉣ 甲의 토지 매수의무자는 한국토지주택공사이다.
> ㉤ 甲이 원하는 경우 매수의무자는 도시·군계획시설채권을 발행하여 그 대금을 지급할 수 있다.

① ㉣
② ㉡, ㉣
③ ㉢, ㉤
④ ㉠, ㉢, ㉣
⑤ ㉡, ㉢, ㉣

기출응용 26회

06 국토의 계획 및 이용에 관한 법령상 도시·군계획시설에 관한 설명으로 <u>틀린</u> 것은?

① 용도지역 안에서의 건축물의 용도·종류 및 규모의 제한에 대한 규정은 도시·군계획시설에 대해서는 적용되지 않는다.
② 도시·군계획시설 결정의 고시일부터 20년이 지날 때까지 도시·군계획시설사업이 시행되지 아니하는 경우 그 고시일부터 20년이 되는 날의 다음 날에 그 효력을 잃는다.
③ 도지사가 시행한 도시·군계획시설사업으로 그 도에 속하지 않는 군이 현저히 이익을 받는 경우, 해당 도지사와 군수 간의 비용부담에 관한 협의가 성립되지 아니하는 때에는 국토교통부장관이 결정하는 바에 따른다.
④ 도시·군계획시설사업이 둘 이상의 지방자치단체의 관할 구역에 걸쳐 시행되는 경우, 사업시행자에 대한 협의가 성립되지 아니하는 때에는 같은 도의 관할 구역에 속하는 경우에는 관할 도지사가 시행자를 지정하고, 둘 이상의 시·도의 관할 구역에 걸치는 경우에는 국토교통부장관이 시행자를 지정한다.
⑤ 도시지역에서 사회복지시설을 설치하려면 미리 도시·군관리계획으로 결정하지 않아도 설치가 가능하다.

기출응용 28회·29회

07 국토의 계획 및 이용에 관한 법령상 도시·군계획시설에 관한 설명으로 <u>틀린</u> 것을 모두 고른 것은?

㉠ 공동구가 설치된 경우 열수송관은 공동구협의회의 심의를 거쳐 공동구에 수용할 수 있다.
㉡ 도시·군계획시설 부지로 되어 있는 토지의 소유자는 도시·군계획시설 결정의 실효시까지 그 토지의 도시·군계획시설 결정 해제를 위한 도시·군관리계획 입안을 신청할 수 없다.
㉢ 도시지역에서 장사시설·종합의료시설·폐차장 등의 기반시설을 설치하고자 하는 경우에는 미리 도시·군관리계획으로 결정하여야 한다.

① ㉠　　　　　　　　　　　② ㉠, ㉡
③ ㉠, ㉢　　　　　　　　　④ ㉡, ㉢
⑤ ㉠, ㉡, ㉢

기출응용 24회 · 26회

08 국토의 계획 및 이용에 관한 법령상 도시·군계획시설에 관한 설명으로 옳은 것을 모두 고른 것은?

> ㉠ 도시·군계획시설 부지에서 도시·군관리계획을 입안하는 경우에는 그 계획의 입안을 위한 토지적성평가를 실시하지 아니할 수 있다.
> ㉡ 도시·군계획시설사업의 시행자가 행정청인 경우, 시행자의 처분에 대해서는 행정심판을 제기할 수 없다.
> ㉢ 국가계획으로 설치하는 광역시설은 그 광역시설의 설치·관리를 사업종목으로 하여 다른 법에 따라 설립된 법인이 설치·관리할 수 있다.
> ㉣ 도시·군계획시설 부지의 매수의무자는 매수하기로 결정한 토지를 매수 결정을 알린 날부터 3년 이내에 매수하여야 한다.
> ㉤ 공동구관리자는 매년 해당 공동구의 안전 및 유지관리계획을 수립·시행하여야 한다.
> ㉥ 도시·군계획시설 부지의 매수의무자인 지방공사는 도시·군계획시설채권을 발행하여 그 대금을 지급할 수 있다.

① ㉠, ㉡
② ㉠, ㉢
③ ㉣, ㉥
④ ㉡, ㉢, ㉥
⑤ ㉠, ㉡, ㉢, ㉣, ㉤, ㉥

기출응용 23회·30회

09 국토의 계획 및 이용에 관한 법령상 도시·군계획시설 결정의 실효 등에 관한 설명으로 틀린 것은?

① 장기미집행 도시·군계획시설 결정의 해제를 권고받은 시장 또는 군수는 도지사가 결정한 도시·군계획시설의 해제가 필요한 경우에는 도지사에게 그 결정을 신청하여야 한다.
② 국토교통부장관, 시·도지사 또는 대도시 시장은 도시·군계획시설 결정이 효력을 잃으면 지체 없이 그 사실을 고시하여야 한다.
③ 도시·군계획시설 결정의 고시일부터 10년 이내에 그 도시·군계획시설의 설치에 관한 도시·군계획시설사업이 시행되지 아니한 경우로서, 단계별 집행계획상 해당 도시·군계획시설의 실효 시까지 집행계획이 없는 경우에는 그 도시·군계획시설 부지로 되어 있는 토지의 소유자는 해당 도시·군계획시설에 대한 도시·군관리계획 입안권자에게 그 토지의 도시·군계획시설 결정 해제를 위한 도시·군관리계획 입안을 신청할 수 있다.
④ 특별시장·광역시장·특별자치시장·특별자치도지사·시장 또는 군수는 도시·군계획시설 결정고시일부터 10년이 지날 때까지 해당 시설의 설치에 관한 사업이 시행되지 아니하는 경우에는 그 현황과 단계별 집행계획을 해당 지방의회에 보고하여야 한다.
⑤ 장기미집행 도시·군계획시설 결정의 해제를 신청받은 도지사는 특별한 사유가 없으면 신청을 받은 날부터 3년 이내에 해당 도시·군계획시설의 해제를 위한 도시·군관리계획 결정을 하여야 한다.

예상문제

10 국토의 계획 및 이용에 관한 법령상 도시·군계획시설에 관한 설명으로 **틀린** 것을 모두 고른 것은? (단, 도시·군관리계획이 의제되는 경우는 제외함)

> ㉠ 「공공주택 특별법」에 따른 공공주택지구의 규모가 300만m²인 경우, 해당 구역의 개발사업시행자는 공동구를 설치하여야 한다.
> ㉡ 도시·군계획시설 부지에 대한 매수청구에서 지방자치단체인 매수의무자는 비업무용 토지로서 매수대금이 2천만원을 초과하여 그 초과하는 금액을 지급하는 경우에 도시·군계획시설채권을 발행하여 지급할 수 있다.
> ㉢ 공동구의 설치비용을 부담하지 아니한 자가 공동구를 점용하거나 사용하려면 그 공동구를 관리하는 공동구관리자의 허가를 받아야 한다.
> ㉣ 용도지역 안에서의 건축물의 용도·종류 및 규모의 제한에 대한 규정은 도시·군계획시설에 대해서도 적용된다.
> ㉤ 공동구 설치에 필요한 비용은 공동구 점용예정자가 전부를 부담하되, 그 부담액은 사업시행자와 협의하여 정한다.
> ㉥ 도시·군계획시설 부지에 대한 매수청구의 대상은 지목이 대(垈)인 토지에 한정되며, 그 토지에 있는 건축물은 포함되지 않는다.

① ㉣, ㉥
② ㉤, ㉥
③ ㉠, ㉢, ㉤
④ ㉡, ㉣, ㉤, ㉥
⑤ ㉠, ㉡, ㉢, ㉣, ㉤, ㉥

테마 9 | 도시·군계획시설사업

대표문제　도시·군계획시설사업

국토의 계획 및 이용에 관한 법령상 도시·군계획시설사업의 시행에 관한 설명으로 옳은 것은?

기출응용 21회

① 국토교통부장관이 지정한 시행자는 도시·군계획시설사업 실시계획에 대해 국토교통부장관의 인가를 받지 않아도 된다.
② 사업구역경계의 변경이 있더라도 건축물의 연면적 10% 미만을 변경하는 경우에는 실시계획 변경인가를 받을 필요가 없다.
③ 사업의 준공예정일을 변경하는 실시계획 변경인가를 하는 경우에는 공고 및 열람을 하지 아니할 수 있다.
④ 「국토의 계획 및 이용에 관한 법률」 또는 다른 법률에 특별한 규정이 있는 경우 외에는 시·도지사가 관할 구역의 도시·군계획시설사업을 시행한다.
⑤ 시행자는 사업시행을 위하여 특히 필요하다고 인정되는 도시·군계획시설에 인접한 건축물을 일시 사용할 수 없다.

> **POINT**
> 도시·군계획시설사업의 시행에 필요한 내용을 우선하여 정리하여야 합니다.
>
> **해설**
> ① 국토교통부장관이 지정한 시행자는 도시·군계획시설사업 실시계획에 대해 국토교통부장관의 인가를 받아야 한다.
> ② 사업구역경계의 변경이 없는 범위 안에서 행하는 건축물의 연면적 10% 미만을 변경하는 경우에는 실시계획 변경인가를 받을 필요가 없다.
> ④ 「국토의 계획 및 이용에 관한 법률」 또는 다른 법률에 특별한 규정이 있는 경우 외에는 특별시장·광역시장·특별자치시장·특별자치도지사·시장 또는 군수가 관할 구역의 도시·군계획시설사업을 시행한다.
> ⑤ 시행자는 사업시행을 위하여 특히 필요하다고 인정되는 도시·군계획시설에 인접한 건축물을 일시 사용할 수 있다.
>
> 정답 ③

기출응용 23회

11 국토의 계획 및 이용에 관한 법령상 도시·군계획시설사업(이하 '사업')에 관한 설명으로 옳은 것은?

① 한국토지주택공사가 사업의 시행자로 지정을 받으려면 사업대상인 사유토지의 소유자 총수의 2분의 1 이상의 동의를 받아야 한다.
② 도시·군관리계획 결정을 고시한 경우 사업에 필요한 국·공유지는 그 도시·군관리계획으로 정해진 목적 외의 목적으로 양도할 수 있다.
③ 같은 도의 관할 구역에 속하는 둘 이상의 시·군에 걸쳐 시행되는 사업의 시행자를 정함에 있어 관계 시장·군수 간 협의가 성립되지 않는 경우에는 국토교통부장관이 시행자를 지정한다.
④ 둘 이상의 시 또는 군의 관할 구역에 걸쳐 시행되는 도시·군계획시설사업이 광역도시계획과 관련된 경우, 도지사는 관계 시장 또는 군수의 의견을 들어 직접 시행할 수 있다.
⑤ 시행자는 도시·군계획시설사업을 효율적으로 추진하기 위하여 필요하다고 인정되어도 사업시행 대상지역을 둘 이상으로 분할하여 시행할 수는 없다.

기출응용 27회·28회

12 국토의 계획 및 이용에 관한 법령상 도시·군계획시설사업에 관한 설명으로 옳은 것은?

① 도시·군계획시설 결정의 고시일로부터 10년이 지날 때까지 그 시설의 설치에 관한 도시·군계획시설사업이 시행되지 아니하는 경우, 그 도시·군계획시설 결정은 그 고시일로부터 10년이 되는 날의 다음 날에 효력을 잃는다.
② 지방자치단체가 직접 시행하는 경우에는 이행보증금을 예치하여야 한다.
③ 광역시장이 단계별 집행계획을 수립하고자 하는 때에는 미리 관계 행정기관의 장과 협의하여야 하지만, 해당 지방의회의 의견은 듣지 않아도 된다.
④ 도시·군계획시설사업의 시행자는 도시·군계획시설사업에 필요한 토지나 건축물을 수용할 수 없다.
⑤ 도시·군관리계획으로 결정된 하천의 정비사업은 도시·군계획시설사업에 해당한다.

예상문제

13 국토의 계획 및 이용에 관한 법령상 도시·군계획시설사업에 관한 설명으로 <u>틀린</u> 것을 모두 고른 것은?

> ㉠ 도시·군계획시설사업이 같은 도의 관할 구역에 속하는 둘 이상의 시 또는 군에 걸쳐 시행되는 경우에는 국토교통부장관이 시행자를 정한다.
> ㉡ 사업구역경계의 변경이 없는 범위 안에서 행하는 건축물의 연면적 10% 미만을 변경하는 경우에는 실시계획 변경인가를 받아야 한다.
> ㉢ 행정청인 시행자는 이해관계인의 주소 또는 거소(居所)가 불분명하여 서류를 송달할 수 없는 경우, 그 서류의 송달을 갈음하여 그 내용을 공시할 수 있다.
> ㉣ 「도시 및 주거환경정비법」에 따라 도시·군관리계획의 결정이 의제되는 경우에는 도시·군계획시설 결정의 고시일부터 2년 이내에 단계별 집행계획을 수립할 수 있다.
> ㉤ 한국토지주택공사는 도시·군계획시설사업 대상 토지소유자 동의 요건을 갖추지 않으면 도시·군계획시설사업의 시행자로 지정을 받을 수 없다.
> ㉥ 도시·군계획시설사업 실시계획에는 사업의 착수예정일 및 준공예정일도 포함되어야 한다.

① ㉣, ㉥
② ㉤, ㉥
③ ㉠, ㉡, ㉤
④ ㉡, ㉢, ㉥
⑤ ㉠, ㉡, ㉢, ㉣, ㉤, ㉥

CHAPTER 06 지구단위계획

테마 10 | 지구단위계획

대표문제 지구단위계획 및 지구단위계획구역

국토의 계획 및 이용에 관한 법령상 지구단위계획 및 지구단위계획구역에 관한 설명으로 옳은 것은?

기출응용 18회·20회

① 지구단위계획에 의해 제2종 일반주거지역을 준주거지역으로 변경할 수는 없다.
② 택지개발지구의 경우 그 일부에 대하여 지구단위계획구역을 지정할 수는 없다.
③ 지구단위계획은 도시·군계획 수립대상지역의 전부에 대하여 지정된다.
④ 계획관리지역에 위치한 산업·유통개발진흥지구에 대하여 지구단위계획구역을 지정할 수 있다.
⑤ 택지개발이 끝난 후 5년이 지난 지역에서는 지구단위계획을 수립하여야 한다.

POINT
지구단위계획 및 지구단위계획구역에 대한 전반적인 내용을 이해하여야 합니다.

해설
① 지구단위계획에 의해 제2종 일반주거지역을 준주거지역으로 변경할 수 있다.
② 택지개발지구의 경우 그 일부에 대하여도 지구단위계획구역을 지정할 수 있다.
③ 지구단위계획은 도시·군계획 수립대상지역의 일부에 대하여 지정된다.
⑤ 택지개발이 끝난 후 10년이 지난 지역은 지구단위계획구역으로 지정하여야 한다.

정답 ④

기출응용 27회

01 국토의 계획 및 이용에 관한 법령상 지구단위계획에 관한 설명으로 틀린 것은?

① 시·도지사는 「도시개발법」에 따라 지정된 도시개발구역의 전부 또는 일부에 대하여 지구단위계획구역을 지정하여야 한다.
② 「택지개발촉진법」에 따라 지정된 택지개발지구에서 시행되는 사업이 끝난 후 10년이 지난 지역으로서 관계 법률에 따른 이용과 건축에 관한 계획이 수립되어 있지 않은 지역은 지구단위계획구역으로 지정하여야 한다.
③ 지구단위계획의 수립기준은 국토교통부장관이 정한다.
④ 세 개의 노선이 교차하는 대중교통 결절지로부터 1km 이내에 위치한 지역은 지구단위계획구역으로 지정할 수 있다.
⑤ 지구단위계획은 도시·군관리계획으로 결정한다.

기출응용 21회

02 국토의 계획 및 이용에 관한 법령상 지구단위계획의 내용에 반드시 포함되어야 하는 사항이 아닌 것은?

① 건축물의 용도제한
② 대통령령으로 정하는 기반시설의 배치와 규모
③ 보행안전 등을 고려한 교통처리계획
④ 건축물 높이의 최고한도 또는 최저한도
⑤ 건축물의 건폐율 또는 용적률

기출응용 27회

03 국토의 계획 및 이용에 관한 법령상 일반상업지역 내의 지구단위계획구역에서 건폐율이 80%이고 대지면적이 500m²인 부지에 건축물을 건축하려는 자가 그 부지 중 100m²를 공공시설의 부지로 제공하는 경우, 지구단위계획으로 완화하여 적용할 수 있는 건폐율의 최대한도(%)는 얼마인가? (단, 조례는 고려하지 않으며, 건축주가 용도폐지되는 공공시설을 무상양수받은 경우가 아님)

① 60% ② 65% ③ 70%
④ 85% ⑤ 96%

기출응용 24회·28회

04 국토의 계획 및 이용에 관한 법령상 지구단위계획 등에 관한 설명으로 옳은 것은?

① 도시지역 내에 지정하는 지구단위계획구역에 대해서는 해당 지역에 적용되는 건폐율의 150% 이내에서 건폐율을 완화하여 적용할 수 있다.
② 도시지역 외의 지역은 지구단위계획구역으로 지정될 수 없다.
③ 「주택법」에 따라 대지조성사업지구로 지정된 지역의 전부에 대하여 지구단위계획구역을 지정할 수는 없다.
④ 지구단위계획으로 차량진입금지구간을 지정한 경우 「주차장법」에 따른 주차장 설치기준을 최대 80%까지 완화하여 적용할 수 있다.
⑤ 「도시개발법」에 따라 지정된 20만m²의 도시개발구역에서 개발사업이 끝난 후 10년이 지난 지역은 지구단위계획구역으로 지정하여야 한다.

기출응용 29회

05 국토의 계획 및 이용에 관한 법령상 도시지역 외 지구단위계획구역에서 지구단위계획에 의한 건폐율 등의 완화적용에 관한 설명으로 옳은 것은?

① 당해 용도지역에 적용되는 건축물 높이의 120% 이내에서 높이제한을 완화하여 적용할 수 있다.
② 계획관리지역 외의 지역에 지정된 개발진흥지구 내의 지구단위계획구역에서는 건축물의 용도·종류 및 규모 등을 완화하여 적용할 경우 아파트 및 연립주택도 허용된다.
③ 당해 용도지역 또는 개발진흥지구에 적용되는 건폐율의 최대 200% 이내에서 건폐율을 완화하여 적용할 수 있다.
④ 당해 용도지역 또는 개발진흥지구에 적용되는 용적률의 최대 150% 이내에서 용적률을 완화하여 적용할 수 있다.
⑤ 계획관리지역에 지정된 개발진흥지구 내의 지구단위계획구역에서는 건축물의 용도·종류 및 규모 등을 완화하여 적용할 수 있다.

기출응용 32회

06 국토의 계획 및 이용에 관한 법령상 지구단위계획구역과 지구단위계획에 관한 설명으로 틀린 것은? (단, 조례는 고려하지 않음)

① 시장 또는 군수가 입안한 지구단위계획구역의 지정·변경에 관한 도시·군관리계획은 도지사가 결정한다.
② 지구단위계획구역 및 지구단위계획은 도시·군관리계획으로 결정한다.
③ 지구단위계획이 수립되어 있는 지구단위계획구역에서 건축물을 건축 또는 용도변경 하거나 공작물을 설치하려면 그 지구단위계획에 맞게 하여야 하지만, 공사기간 중 이용하는 공사용 가설건축물은 그러하지 아니하다.
④ 「관광진흥법」에 따라 지정된 관광단지의 전부 또는 일부에 대하여 지구단위계획구역을 지정할 수 있다.
⑤ 주민은 시장 또는 군수에게 지구단위계획구역의 지정에 관한 사항에 대하여 도시·군관리계획의 입안을 제안할 수 있다.

예상문제

07 국토의 계획 및 이용에 관한 법령상 지구단위계획구역에 관한 설명으로 옳은 것을 모두 고른 것은?

㉠ 택지개발지구에서 사업이 끝난 후 10년이 지난 지역은 지구단위계획구역으로 지정하여야 한다.
㉡ 도시자연공원구역에서 해제되는 구역의 전부 또는 일부에 대하여 지구단위계획구역을 지정할 수 있다.
㉢ 지구단위계획구역의 지정권자는 국토교통부장관, 시·도지사, 시장 또는 군수이며, 지정에 관한 도시·군관리계획 결정의 고시일부터 1년 이내에 지구단위계획이 결정·고시되어야 한다.
㉣ 지구단위계획은 도시·군계획 수립대상지역의 일부에 대하여 토지이용을 합리화하기 위하여 도시·군관리계획으로 결정한다.
㉤ 지구단위계획구역의 결정은 도시·군관리계획으로 하여야 하나, 지구단위계획의 결정은 그러하지 아니하다.
㉥ 용도지구로 지정된 지역에 대하여는 지구단위계획구역을 지정할 수 있다.

① ㉣, ㉥
② ㉤, ㉥
③ ㉠, ㉢, ㉤
④ ㉠, ㉡, ㉣, ㉥
⑤ ㉠, ㉡, ㉢, ㉣, ㉤, ㉥

CHAPTER 07 개발행위의 허가 등

빠른 정답 CHECK!(본책) p.250 / 정답 및 해설(책속의 책) p.18

테마 11 | 개발행위허가

대표문제 개발행위허가

국토의 계획 및 이용에 관한 법령상 개발행위허가에 관한 설명으로 옳은 것은?

기출응용 20회·23회

① 도시·군계획사업에 따르지 않는 개발행위로서 주거지역 내 면적 9천m^2의 토지의 형질변경을 하는 경우에는 허가를 요하지 않는다.
② 개발행위허가의 대상인 토지가 2 이상의 용도지역에 걸치는 경우, 개발행위허가의 규모를 적용할 때는 가장 큰 규모의 용도지역에 대한 규정을 적용한다.
③ 도시·군계획사업으로 공유수면을 매립하는 경우에는 허가를 받지 아니한다.
④ 허가받은 개발행위의 사업기간을 연장하려는 경우에는 변경에 대한 허가를 받지 않아도 된다.
⑤ 경작을 위한 경우라도 전·답 사이의 지목변경을 수반하는 토지의 형질변경은 허가를 받아야 한다.

> **POINT**
> 개발행위허가의 기준에 관한 기본적인 문제로 개발행위허가에 대한 전반적인 이해가 필요합니다.
>
> **해설**
> ① 도시·군계획사업에 따르지 않는 토지의 형질변경의 경우 그 지역이 주거지역인 경우에는 1만m^2 미만의 경우에만 허가를 받아 할 수 있다.
> ② 개발행위허가의 대상인 토지가 2 이상의 용도지역에 걸치는 경우, 개발행위허가의 규모를 적용할 때는 각각의 용도지역에 대한 규정을 적용한다.
> ④ 허가받은 개발행위의 사업기간을 연장하려는 경우에는 변경에 대한 허가를 받아야 한다.
> ⑤ 경작을 위한 토지의 형질변경은 허가를 받지 아니한다. 다만, 지목의 변경을 수반하는 경우(전·답 사이의 변경은 제외)의 형질변경은 허가를 받아야 한다.
>
> 정답 ③

01 국토의 계획 및 이용에 관한 법령상 개발행위허가에 관한 설명으로 옳은 것은?

① 농림지역에 물건을 1개월 이상 쌓아놓는 행위는 개발행위허가 대상이다.
② 「사방사업법」에 따른 사방사업을 위한 개발행위에 대하여 허가를 하는 경우 중앙도시계획위원회와 지방도시계획위원회의 심의를 거치지 아니한다.
③ 일정 기간 동안 개발행위허가를 제한할 수 있는 대상지역에 지구단위계획구역은 포함되지 않는다.
④ 기반시설부담구역으로 지정된 지역에 대해서는 중앙도시계획위원회나 지방도시계획위원회의 심의를 거치지 아니하고 개발행위허가의 제한을 연장할 수 없다.
⑤ 개발행위허가의 제한을 연장하는 경우 그 연장 기간은 5년을 넘을 수 없다.

02 국토의 계획 및 이용에 관한 법령상 성장관리계획을 수립할 수 있는 지역에 해당하는 것을 모두 고른 것은?

㉠ 주변의 토지이용 변화 등으로 향후 시가화가 예상되는 농림지역
㉡ 교통여건 변화 등으로 향후 시가화가 예상되는 자연환경보전지역
㉢ 개발수요가 많아 무질서한 개발이 진행될 것으로 예상되는 주거지역
㉣ 개발수요가 많아 무질서한 개발이 진행되고 있는 계획관리지역
㉤ 주변지역과 연계하여 체계적인 관리가 필요한 상업지역

① ㉠, ㉢
② ㉠, ㉡, ㉣
③ ㉠, ㉡, ㉤
④ ㉠, ㉡, ㉢, ㉣
⑤ ㉠, ㉡, ㉢, ㉣, ㉤

기출응용 31회·33회

03 국토의 계획 및 이용에 관한 법령상 성장관리계획에 관한 설명으로 옳은 것은? (단, 조례 등 기타 강화·완화조건은 고려하지 않음)

① 계획관리지역에서 경관계획을 포함하는 성장관리계획을 수립한 경우에는 60% 이하의 범위에서 조례로 건폐율을 정할 수 있다.
② 시장 또는 군수는 성장관리계획구역을 지정할 때에는 도시·군관리계획의 결정으로 하여야 한다.
③ 기반시설의 배치와 규모에 관한 사항은 성장관리계획에 포함되지 않을 수 있다.
④ 성장관리계획구역 내 생산녹지지역에서는 40% 이하의 범위에서 성장관리계획으로 정하는 바에 따라 건폐율을 완화하여 적용할 수 있다.
⑤ 성장관리계획구역 내 계획관리지역에서는 125% 이하의 범위에서 성장관리계획으로 정하는 바에 따라 용적률을 완화하여 적용할 수 있다.

기출응용 22회

04 국토의 계획 및 이용에 관한 법령상 개발행위허가에 관한 설명으로 틀린 것은?

① 시·도지사는 기반시설부담구역으로 지정된 지역에 대해서는 5년간 개발행위허가를 제한할 수 있다.
② 환경오염 방지, 위해 방지 등을 위하여 필요한 경우 지방자치단체가 시행하는 개발행위에 대해서는 이행보증금을 예치하지 아니한다.
③ 토석의 채취에 대하여 개발행위허가를 받은 자가 개발행위를 마치면 준공검사를 받아야 한다.
④ 허가권자는 개발행위를 허가하는 경우에는 조건을 붙일 수 있으며, 개발행위허가에 조건을 붙이려는 때에는 미리 개발행위허가를 신청한 자의 의견을 들어야 한다.
⑤ 「도시개발법」에 따른 도시개발사업에 의해 건축물을 건축하는 경우에는 허가를 받아야 한다.

기출응용 24회·25회·33회

05 국토의 계획 및 이용에 관한 법령상 개발행위의 허가에 관한 설명으로 옳은 것은?

① 국토교통부장관은 개발행위로 인하여 주변의 환경이 크게 오염될 우려가 있는 지역에서 개발행위허가를 제한하고자 하는 경우 지방도시계획위원회의 심의를 거쳐야 한다.
② 건축물 건축에 대해 개발행위허가를 받은 자가 건축을 완료하고 그 건축물에 대해 「건축법」상 사용승인을 받은 경우에도 준공검사를 받아야 한다.
③ 토지 분할을 위한 개발행위허가를 받은 자는 그 개발행위를 마치면 시·도지사의 준공검사를 받아야 한다.
④ 토지의 일부가 도시·군계획시설로 지형도면 고시가 된 당해 토지의 분할은 개발행위허가를 받지 아니하고 할 수 있다.
⑤ 개발행위허가를 받은 사업면적을 5% 범위 안에서 확대 또는 축소하는 경우에는 변경허가를 받지 않아도 된다.

기출응용 23회·31회

06 국토의 계획 및 이용에 관한 법령상 개발행위허가의 기준에 해당하는 것은 모두 몇 개인가?

┌───┐
⊙ 용도지역별 특성을 고려하여 대통령령으로 정하는 개발행위의 규모에 적합할 것
⊙ 도시·군관리계획 및 성장관리계획의 내용에 어긋나지 아니할 것
⊙ 자금조달계획이 목적사업의 실현에 적합하도록 수립되어 있을 것
⊙ 공유수면매립의 경우 매립 목적이 도시·군계획에 적합할 것
⊙ 주변지역의 토지이용실태 또는 토지이용계획, 건축물의 높이, 토지의 경사도, 수목의 상태, 물의 배수, 하천·호소·습지의 배수 등 주변환경이나 경관과 조화를 이룰 것
⊙ 토지의 분할 및 물건을 쌓아놓는 행위에 입목의 벌채가 수반되지 아니할 것
└───┘

① 2개 ② 3개
③ 4개 ④ 5개
⑤ 6개

기출응용 21회

07 국토의 계획 및 이용에 관한 법령에 의할 때 도시·군관리계획상 특히 필요한 경우 심의를 거치지 않고 제한기간을 연장할 수 있는 지역을 모두 고른 것은?

> ㉠ 녹지지역이나 계획관리지역으로서 수목이 집단적으로 자라고 있거나 조수류 등이 집단적으로 서식하고 있는 지역 또는 우량농지 등으로 보전할 필요가 있는 지역
> ㉡ 개발행위로 인하여 주변의 환경·경관·미관·국가유산 등이 크게 오염되거나 손상될 우려가 있는 지역
> ㉢ 지구단위계획구역으로 지정된 지역
> ㉣ 기반시설부담구역으로 지정된 지역
> ㉤ 도시·군관리계획을 수립하고 있는 지역으로서 그 도시·군관리계획이 결정될 경우 용도지역·용도지구 또는 용도구역의 변경이 예상되고 그에 따라 개발행위허가의 기준이 크게 달라질 것으로 예상되는 지역

① ㉠, ㉡, ㉢ ② ㉠, ㉡, ㉤
③ ㉡, ㉢, ㉣ ④ ㉡, ㉢, ㉤
⑤ ㉢, ㉣, ㉤

기출응용 32회·33회

08 국토의 계획 및 이용에 관한 법령상 개발행위에 따른 공공시설등의 귀속에 관한 설명으로 옳은 것은?

① 공공시설의 관리청이 불분명한 경우 하천에 대하여는 국토교통부장관을 관리청으로 본다.
② 개발행위허가를 받은 자가 행정청인 경우 관리청에 귀속되거나 개발행위허가를 받은 자에게 양도될 공공시설은 준공검사를 받음으로써 관리청과 개발행위허가를 받은 자에게 각각 귀속되거나 양도된 것으로 본다.
③ 개발행위허가를 받은 자가 행정청이 아닌 경우 개발행위허가를 받은 자가 새로 설치한 공공시설은 그 시설을 관리할 관리청에 무상으로 귀속된다.
④ 개발행위허가를 받은 자는 국토교통부장관의 허가를 받아 그에게 귀속된 공공시설의 처분으로 인한 수익금을 도시·군계획사업 외의 목적에 사용할 수 있다.
⑤ 개발행위허가를 받은 자가 행정청이 아닌 경우 개발행위로 용도가 폐지되는 공공시설은 개발행위허가를 받은 자에게 무상으로 귀속된다.

예상문제

09 국토의 계획 및 이용에 관한 법령상 특별시장·광역시장·특별자치시장·특별자치도지사·시장 또는 군수의 개발행위허가에 관한 설명으로 틀린 것은?

① 개발행위허가의 대상인 토지가 2 이상의 용도지역에 걸치는 경우, 개발행위허가의 규모를 적용할 때에는 각각의 용도지역에 대한 규정을 적용한다.
② 지구단위계획구역으로 지정된 지역으로서 도시·군관리계획상 특히 필요하다고 인정하는 지역에 대해서는 최장 5년의 기간 동안 개발행위허가를 제한할 수 있다.
③ 시장 또는 군수는 도시·군관리계획상 특히 필요하다고 인정되는 지역에 대하여는 지방도시계획위원회의 심의를 거쳐 개발행위허가를 제한할 수 있다.
④ 토석의 채취에 대하여 개발행위허가를 받은 자가 개발행위를 마치면 준공검사를 받아야 한다.
⑤ 자연녹지지역에서는 도시계획위원회의 심의를 통하여 개발행위허가의 기준을 강화 또는 완화하여 적용할 수 없다.

테마 12 | 개발행위에 따른 기반시설 설치

대표문제 개발밀도관리구역

국토의 계획 및 이용에 관한 법령상 개발밀도관리구역에 관한 설명으로 옳은 것은?

기출응용 17회

① 공업지역에서의 개발행위로 인하여 기반시설의 수용능력이 부족할 것으로 예상되는 지역 중 기반시설의 설치가 곤란한 지역은 개발밀도관리구역으로 지정될 수 없다.
② 개발밀도관리구역의 지정권자는 국토교통부장관이다.
③ 개발밀도관리구역의 명칭 변경에 대하여는 지방도시계획위원회의 심의를 요한다.
④ 개발밀도관리구역 안에서는 해당 용도지역에 적용되는 용적률의 최대한도 70% 범위 안에서 용적률을 강화하여 적용한다.
⑤ 개발밀도관리구역에 대하여는 기반시설의 변화가 있는 경우, 이를 즉시 검토하여 그 구역의 해제 등 필요한 조치를 취하여야 한다.

POINT
개발밀도관리구역의 지정요건에 대한 전반적인 내용을 이해할 필요가 있습니다.

해설
① 공업지역에서의 개발행위로 인하여 기반시설의 수용능력이 부족할 것으로 예상되는 지역 중 기반시설의 설치가 곤란한 지역은 개발밀도관리구역으로 지정될 수 있다.
② 개발밀도관리구역의 지정권자는 특별시장·광역시장·특별자치시장·특별자치도지사·시장 또는 군수이다.
④ 개발밀도관리구역 안에서는 해당 용도지역에 적용되는 용적률의 최대한도 50% 범위 안에서 용적률을 강화하여 적용한다.
⑤ 개발밀도관리구역에 대하여는 기반시설의 변화가 있는 경우, 이를 주기적으로 검토하여 그 구역의 해제 등 필요한 조치를 취하여야 한다.

정답 ③

기출응용 34회

10 국토의 계획 및 이용에 관한 법령상 개발밀도관리구역에 관한 설명으로 옳은 것은?

① 도시·군계획시설사업의 시행자인 시장 또는 군수는 개발밀도관리구역에 관한 기초조사를 하기 위해 타인의 토지에 출입할 수는 없다.
② 개발밀도관리구역의 지정기준, 개발밀도관리구역의 관리 등에 관하여 필요한 사항은 대통령령으로 정하는 바에 따라 시·도지사가 정한다.
③ 개발밀도관리구역에서는 해당 용도지역에 적용되는 용적률의 최대한도의 60% 범위에서 용적률을 강화하여 적용한다.
④ 시장 또는 군수는 개발밀도관리구역을 지정하거나 변경하려면 해당 지방자치단체에 설치된 지방도시계획위원회의 심의를 거쳐야 한다.
⑤ 기반시설을 설치하거나 그에 필요한 용지를 확보하게 하기 위하여 개발밀도관리구역에 기반시설부담구역을 지정할 수 있다.

기출응용 26회

11 국토의 계획 및 이용에 관한 법령상 기반시설부담구역에 설치가 필요한 기반시설에 해당하지 <u>않는</u> 것은?

① 폐기물처리 및 재활용시설 ② 철도
③ 녹지 ④ 수도
⑤ 도로

기출응용 20회·22회

12 국토의 계획 및 이용에 관한 법령상 기반시설부담구역의 지정대상이 될 수 있는 지역은?

① 시가화조정구역에서 해제되어 개발행위가 집중된 지역
② 전전년도 개발행위허가 건수가 100건이었으나, 전년도 개발행위허가 건수가 115건으로 증가한 지역
③ 전년도 인구증가율이 5%인 시에 속해 있는 지역으로서 전년도 인구증가율이 20%인 지역
④ 개발행위로 인하여 기반시설의 수용능력이 부족할 것이 예상되는 지역 중 기반시설의 설치가 곤란한 지역
⑤ 주거지역에서 자연환경보전지역으로 변경되는 지역

기출응용 25회

13 국토의 계획 및 이용에 관한 법령상 건축물별 기반시설유발계수가 가장 높은 것은?

① 의료시설　　　　　　　　　② 관광휴게시설
③ 제2종 근린생활시설　　　　④ 장례시설
⑤ 숙박시설

기출응용 28회

14 국토의 계획 및 이용에 관한 법령상 기반시설부담구역에서의 기반시설설치비용에 관한 설명으로 틀린 것은?

① 의료시설이 교육연구시설보다 기반시설유발계수가 높다.
② 기반시설설치비용을 부과받은 납부의무자는 납부기일의 연기 또는 분할납부가 인정되지 않는 한 사용승인(준공검사 등 사용승인이 의제되는 경우에는 그 준공검사) 신청 시까지 기반시설설치비용을 내야 한다.
③ 기반시설설치비용의 관리 및 운용을 위하여 기반시설부담구역별로 특별회계가 설치되어야 한다.
④ 기반시설설치비용 산정 시 기반시설을 설치하는 데 필요한 용지비용은 산입되지 않는다.
⑤ 기반시설설치비용은 현금 납부를 원칙으로 하되, 부과대상 토지 및 이와 비슷한 토지로 하는 납부를 인정할 수 있다.

기출응용 25회·27회

15 국토의 계획 및 이용에 관한 법령상 기반시설부담구역 등에 관한 설명으로 옳은 것은?

① 기반시설부담구역의 지정고시일부터 2년이 되는 날까지 기반시설설치계획을 수립하지 아니하면 그 2년이 되는 날의 다음 날에 기반시설부담구역의 지정은 해제된 것으로 본다.
② 기반시설부담구역으로 지정된 지역에 대해 개발행위허가를 제한하였다가 이를 연장하기 위해서는 중앙도시계획위원회의 심의를 거쳐야 한다.
③ 기반시설부담구역 내에서 「주택법」에 따른 리모델링을 하는 건축물은 기반시설설치비용의 부과대상이 아니다.
④ 기존 건축물을 철거하고 신축하는 건축행위가 기반시설설치비용의 부과대상이 되는 경우에는 기존 건축물의 건축 연면적을 포함한 건축행위를 부과대상으로 한다.
⑤ 기반시설부담구역은 개발밀도관리구역과 중첩하여 지정될 수 있다.

기출응용 32회·33회

16 국토의 계획 및 이용에 관한 법령상 개발행위에 따른 기반시설의 설치에 관한 설명으로 옳은 것은? (단, 조례는 고려하지 않음)

① 시장 또는 군수가 개발밀도관리구역을 변경하는 경우 관할 지방도시계획위원회의 심의를 거쳐야 한다.
② 기반시설부담구역이 지정되면 기반시설설치계획을 수립하여야 하며, 이를 도시·군기본계획에 반영하여야 한다.
③ 기반시설설치비용 납부의무자는 사용승인 신청 후 7일까지 그 비용을 내야 한다.
④ 기반시설부담구역의 지정고시일부터 2년이 되는 날까지 기반시설설치계획을 수립하지 아니하면 그 2년이 되는 날에 기반시설부담구역의 지정은 해제된 것으로 본다.
⑤ 시장 또는 군수는 기반시설설치비용 납부의무자가 지방자치단체로부터 건축허가를 받은 날부터 3개월 이내에 기반시설설치비용을 부과하여야 한다.

기출응용 20회·31회

17 국토의 계획 및 이용에 관한 법령상 처분에 앞서 청문을 해야 하는 경우를 모두 고른 것은?

┌───┐
│ ㉠ 도시·군계획시설사업의 시행자 지정의 취소
│ ㉡ 「국토의 계획 및 이용에 관한 법률」 제63조에 따른 개발행위허가의 제한
│ ㉢ 도시·군계획시설사업의 실시계획 인가의 취소
│ ㉣ 도시·군기본계획 승인의 취소
│ ㉤ 개발행위허가의 취소
│ ㉥ 지구단위계획구역 지정의 취소
└───┘

① ㉠, ㉡, ㉢   ② ㉠, ㉢, ㉤
③ ㉠, ㉣, ㉥   ④ ㉡, ㉢, ㉣
⑤ ㉡, ㉣, ㉤

예상문제

18 국토의 계획 및 이용에 관한 법령상 토지에의 출입 등에 관한 설명으로 옳은 것은?

① 일출 전이나 일몰 후에는 그 토지소유자의 승낙 없이 택지나 담장 또는 울타리로 둘러싸인 타인의 토지에 출입할 수 없다.
② 토지에 출입하려는 자는 그 권한을 표시하는 증표와 허가증을 지니고 이를 관계인에게 내보여야 한다.
③ 국토교통부장관, 시·도지사, 시장 또는 군수나 도시·군계획시설사업의 시행자는 개발밀도관리구역, 기반시설구역 및 기반시설설치계획에 관한 기초조사를 하기 위하여 필요하더라도 타인의 토지에 출입하거나 타인의 토지를 재료 적치장 또는 임시통로로 일시 사용할 수 없다.
④ 타인토지의 출입 등으로 인하여 손실을 입은 자가 있으면 그 행위자가 속한 행정청이 보상하여야 하며, 도시·군계획시설사업의 시행자는 그 손실을 보상하지 않아도 된다.
⑤ 타인의 토지에 출입하려는 자는 출입하려는 날의 10일 전까지 그 토지의 소유자·점유자 또는 관리인에게 그 일시와 장소를 알려야 한다.

기출응용 35회

19 국토의 계획 및 이용에 관한 법령상 지방자치단체의 장이 다른 법률에 따른 토지이용에 관한 구역을 지정하는 경우에 관한 설명으로 옳은 것은?

① 지정된 구역을 변경하거나 해제하려면 도시·군관리계획의 입안권자의 의견을 들어야 한다.
② 승인을 받아 지정한 구역 면적의 10%의 범위 안에서 면적을 증감시키는 경우에는 따로 승인을 받아야 된다.
③ 지정하려는 구역의 면적이 5km 미만인 경우 승인을 받지 않아도 된다.
④ 농림지역에서 「수도법」에 따른 상수원보호구역을 지정하는 경우 국토교통부장관의 승인을 받아야 한다.
⑤ 지정하려는 구역이 도시·군기본계획에 반영된 경우에도 승인 없이 구역을 지정할 수 없다.

예상문제

20 국토의 계획 및 이용에 관한 법령상 시범도시에 관한 설명으로 옳은 것은?

① 국토교통부장관, 관계 중앙행정기관의 장은 시범도시에 대하여 시범도시사업계획의 수립에 소요되는 비용의 50% 이하의 범위에서 보조 또는 융자를 할 수 있다.
② 국토교통부장관이 직접 시범도시를 지정함에 있어서 그 대상이 되는 도시를 공모할 경우, 시장 또는 군수는 공모에 응모할 수 없다.
③ 국토교통부장관은 시범도시를 지정하려면 지방도시계획위원회의 심의를 거쳐야 한다.
④ 시·도지사는 국토교통부장관에게 시범도시의 지정을 요청하고자 하는 때에는 미리 설문조사·열람 등을 통하여 주민의 의견을 들었다면 관계 지방자치단체의 장의 의견은 생략할 수 있다.
⑤ 시범도시사업계획에는 시범도시사업의 목표·전략·특화발전계획 및 추진체제에 관한 사항이 포함되어야 한다.

도시개발법

CHAPTER 01 도시개발계획 및 구역 지정
CHAPTER 02 도시개발사업
CHAPTER 03 비용부담 등

최근 5개년 출제경향 분석

최근 5개년 PART 2 출제비중 **14.5%**

CHAPTER	문항 수					비중	⭐ 빈출 키워드
	31회	32회	33회	34회	35회		
CH.01	1	1	2	1	1	21.4%	개발계획의 수립, 도시개발구역의 지정
CH.02	4	2	4	5	5	71.4%	도시개발사업조합, 지정권자, 도시개발사업의 실시계획, 도시개발사업의 시행방식, 토지상환채권, 원형지, 조성토지, 환지처분
CH.03	1	1	0	0	0	7.2%	도시개발사업의 비용부담, 도시개발채권

* 복합문제이거나, 법률이 개정 및 제정된 경우 분류 기준에 따라 위 수치와 달라질 수 있습니다.

CHAPTER 01 도시개발계획 및 구역 지정

빠른 정답 CHECK!(본책) p.250 / 정답 및 해설(책속의 책) p.24

테마 13 | 도시개발계획의 수립

대표문제 개발계획의 수립

도시개발법령상 도시개발구역을 지정한 이후에 개발계획을 수립할 수 있는 지역 및 개발계획에 포함시킬 수 있는 사항을 모두 고른 것은?

기출응용 21회·22회

㉠ 환경보전계획
㉡ 존치하는 기존 건축물 및 공작물 등에 관한 계획
㉢ 도시개발구역 밖의 지역에 기반시설을 설치하여야 하는 경우 그 시설의 설치에 필요한 비용의 부담계획
㉣ 생산녹지지역(도시개발구역 지정면적의 100분의 30 이하인 경우)
㉤ 해당 도시개발구역에 포함되는 주거지역의 면적이 전체 도시개발구역 지정면적의 100분의 50 이상인 지역
㉥ 전시장·공연장 등의 문화시설계획

① ㉠
② ㉠, ㉡
③ ㉢, ㉣
④ ㉡, ㉢, ㉣
⑤ ㉡, ㉢, ㉣, ㉤, ㉥

> **POINT**
> 도시개발구역을 지정한 이후에 개발계획을 수립할 수 있는 지역과 도시개발구역을 지정한 이후에 개발계획에 포함시킬 수 있는 사항을 정리하여야 합니다.
>
> **해설**
> 도시개발구역을 지정한 후에 개발계획에 포함시킬 수 있는 사항은 ㉢, ㉣이다.

> **이론 +** 개발계획의 수립
>
> 다음의 지역에 도시개발구역을 지정할 때에는 도시개발구역을 지정한 후에 개발계획을 수립할 수 있다.
> 1. 자연녹지지역
> 2. 도시개발구역 지정면적의 100분의 30 이하인 생산녹지지역
> 3. 도시지역 외의 지역
> 4. 국토교통부장관이 지역균형발전을 위하여 관계 중앙행정기관의 장과 협의하여 도시개발구역으로 지정하려는 지역(자연환경보전지역은 제외)
> 5. 해당 도시개발구역에 포함되는 주거지역·상업지역·공업지역의 면적의 합계가 전체 도시개발구역 지정면적의 100분의 30 이하인 지역
>
> 정답 ③

기출응용 19회

01 도시개발법령상 개발계획의 수립 등에 관한 설명으로 옳은 것은?

① 개발계획을 공모한 경우에는 도시개발구역을 지정한 후에 개발계획을 수립할 수 있다.
② 시행자가 국가나 지방자치단체인 때에는 지정권자는 토지소유자의 동의를 받아야만 환지방식의 도시개발사업 시행을 위한 개발계획을 수립할 수 있다.
③ 보건의료시설 및 복지시설의 설치계획은 개발계획에 포함되지 않는다.
④ 자연녹지지역에 도시개발구역을 지정할 때에는 도시개발구역을 지정한 후에 개발계획을 수립할 수 없다.
⑤ 지정권자는 직접 개발계획을 변경할 수는 없고, 관계 중앙행정기관의 장이나 시장·군수·구청장 또는 사업시행자의 요청을 받아 이를 변경할 수 있다.

기출응용 22회

02 도시개발법령상 환지방식의 도시개발사업에 대한 개발계획의 수립·변경을 위한 동의자 수의 산정방법으로 틀린 것은?

① 개발계획의 변경을 요청받은 후부터 개발계획이 변경되기 전까지의 사이에 토지소유 자가 변경된 경우 기존 토지소유자의 동의서를 기준으로 한다.
② 「집합건물의 소유 및 관리에 관한 법률」에 따른 구분소유자는 각각을 토지소유자 1인 으로 본다.
③ 도시개발구역의 토지면적을 산정하는 경우 국·공유지는 포함한다.
④ 개발계획 변경 시 개발계획의 변경을 요청받기 전에 동의를 철회하는 사람이 있어도 그 사람은 동의자 수에서 제외할 수 없다.
⑤ 개발구역의 지정이 제안된 후부터 개발계획이 수립되기 전까지의 사이에 토지소유자 가 변경된 경우 기존 토지소유자의 동의서를 기준으로 한다.

예상문제

03 도시개발법령상 개발계획의 수립 및 변경에 관한 설명으로 틀린 것은?

① 개발계획의 내용 중 임대주택건설계획 등 세입자 등의 주거 및 생활안정대책은 도시 개발구역을 지정한 후에 개발계획에 포함시킬 수 있다.
② 개발계획의 작성 기준 및 방법은 국토교통부장관이 정한다.
③ 환지방식으로 시행하기 위하여 개발계획을 변경 시 기반시설을 제외한 도시개발구역 의 용적률이 종전보다 100분의 5 이하로 감소하는 경우에는 토지소유자 동의를 받아 야 한다.
④ 광역도시계획이나 도시·군기본계획이 수립되어 있는 지역에 대하여 개발계획을 수 립하려면 개발계획의 내용이 해당 광역도시계획이나 도시·군기본계획에 들어맞도록 하여야 한다.
⑤ 동의자 수 산정 시 1인이 둘 이상 필지의 토지를 단독으로 소유한 경우에는 필지의 수에 관계없이 토지소유자를 1인으로 본다.

테마 14 | 도시개발구역의 지정

대표문제 도시개발구역의 지정

도시개발법령상 국토교통부장관이 도시개발구역을 지정할 수 있는 경우에 해당하는 것을 모두 고른 것은?

기출응용 20회·26회·33회

㉠ 시장 또는 군수가 요청하는 경우
㉡ 한국토지주택공사 사장이 20만㎡의 규모로 국가계획과 밀접한 관련이 있는 도시개발구역의 지정을 제안하는 경우
㉢ 지방공사의 장이 30만㎡ 규모로 도시개발구역의 지정을 요청하는 경우
㉣ 산업통상자원부장관이 10만㎡ 규모로 도시개발구역의 지정을 요청하는 경우
㉤ 도시개발사업이 필요하다고 인정되는 지역이 둘 이상의 도의 행정구역에 걸치는 경우
㉥ 천재지변, 그 밖의 사유로 인하여 도시개발사업을 긴급하게 할 필요가 있는 경우

① ㉠, ㉢
② ㉠, ㉣
③ ㉡, ㉤
④ ㉣, ㉥
⑤ ㉠, ㉡, ㉢, ㉣, ㉤, ㉥

POINT
국토교통부장관이 도시개발구역을 지정할 수 있는 경우를 암기하여야 합니다.

해설
㉠ 시장 또는 군수가 아니라, 관계 중앙행정기관의 장이 요청하는 경우 국토교통부장관이 도시개발구역을 지정할 수 있다.
㉡ 한국토지주택공사 사장이 30만㎡ 이상의 규모로 국가계획과 밀접한 관련이 있는 도시개발구역의 지정을 제안하는 경우 국토교통부장관이 도시개발구역을 지정할 수 있다.
㉢ 지방공사가 아닌 대통령령이 정하는 공공기관 또는 정부출연기관의 장이 30만㎡ 이상으로서 국가계획과 밀접한 관련이 있는 도시개발구역의 지정을 제안하는 경우 국토교통부장관이 도시개발구역을 지정할 수 있다.
㉤ 도시개발사업이 필요하다고 인정되는 지역이 둘 이상의 도의 행정구역에 걸치는 경우에 도시개발구역을 지정할 자에 관하여 관계 도지사 간에 협의가 성립되지 아니하는 경우 국토교통부장관이 도시개발구역을 지정할 수 있다.

정답 ④

기출응용 20회·32회

04 도시개발법령상 도시개발구역을 지정할 수 <u>없는</u> 자를 모두 고른 것은?

- ㉠ 특별자치도지사
- ㉡ 시장 또는 군수
- ㉢ 국토교통부장관
- ㉣ 시·도지사
- ㉤ 대도시 시장
- ㉥ 한국토지주택공사

① ㉠
② ㉡, ㉥
③ ㉢, ㉣
④ ㉠, ㉡, ㉢
⑤ ㉠, ㉡, ㉢, ㉣, ㉤, ㉥

기출응용 29회

05 도시개발법령상 도시개발구역으로 지정할 수 있는 대상지역 및 규모에 관하여 (   ) 안에 들어갈 숫자를 바르게 나열한 것은?

- 도시개발구역 지정면적의 100분의 30 이하인 생산녹지지역: (㉠)만m² 이상
- 도시지역 외의 지역: (㉡)만m² 이상
- 일반공업지역: (㉢)만m² 이상
- 중심상업지역: (㉣)만m² 이상

	㉠	㉡	㉢	㉣
①	1	10	1	1
②	1	30	1	3
③	1	30	3	1
④	3	10	3	3
⑤	3	30	1	1

기출응용 31회

06 도시개발법령상 도시개발구역 지정의 해제에 관한 규정이다. (   ) 안에 들어갈 숫자를 바르게 나열한 것은? 상 중 하

> 도시개발구역을 지정한 후 개발계획을 수립하는 경우에는 아래에 규정된 날의 다음 날에 도시개발구역의 지정이 해제된 것으로 본다.
> - 도시개발구역이 지정·고시된 날부터 (㉠)년이 되는 날까지 개발계획을 수립·고시하지 아니하는 경우에는 그 (㉠)년이 되는 날. 다만, 도시개발구역의 면적이 330만m² 이상인 경우에는 (㉢)년으로 한다.
> - 개발계획을 수립·고시한 날부터 (㉡)년이 되는 날까지 실시계획 인가를 신청하지 아니하는 경우에는 그 (㉡)년이 되는 날. 다만, 도시개발구역의 면적이 330만m² 이상인 경우에는 (㉢)년으로 한다.

	㉠	㉡	㉢
①	2	3	3
②	2	3	5
③	3	2	3
④	3	2	5
⑤	3	3	5

기출응용 18회 · 23회

07 도시개발법령상 도시개발구역의 지정과 개발계획에 관한 설명으로 옳은 것은? 상 중 하

① 도시개발조합은 도시개발구역의 지정을 제안할 수 있다.
② 토지의 합병은 도시개발구역에서 허가를 받아야 할 행위이다.
③ 도시개발구역 안에서 경작을 위한 토지의 형질변경행위는 특별시장·광역시장·특별자치도지사·시장 또는 군수의 허가를 받아야 한다.
④ 도시개발구역의 개발에 지장을 주지 아니하고 자연경관을 손상하지 아니하는 범위 안에서의 토석의 채취행위는 특별시장·광역시장·특별자치도지사·시장 또는 군수의 허가를 받아야 한다.
⑤ 서울특별시와 광역시를 제외한 인구 50만 이상의 대도시의 시장은 도시개발구역을 지정할 수 있다.

기출응용 26회

08 도시개발법령상 도시개발구역의 지정과 개발계획에 관한 설명으로 옳은 것은?

① 군수가 도시개발구역의 지정을 요청하려는 경우 주민이나 관계전문가 등으로부터 의견을 들어야 한다.
② 지정권자는 도시개발사업을 환지방식으로 시행하려고 개발계획을 수립할 때 시행자가 지방자치단체인 경우에는 토지소유자의 동의를 받아야 한다.
③ 도시개발사업이 필요하다고 인정되는 지역이 둘 이상의 도의 행정구역에 걸치는 경우에는 해당 면적이 더 넓은 행정구역의 도지사가 도시개발구역을 지정하여야 한다.
④ 도시개발구역의 총면적이 1만m² 미만인 경우 둘 이상의 사업시행지구로 분할하여 지정할 수 있다.
⑤ 세입자의 주거 및 생활안정대책에 관한 사항은 도시개발구역을 지정한 후에 개발계획의 내용으로 포함시킬 수 없다.

기출응용 24회·25회

09 도시개발법령상 도시개발구역의 지정에 관한 설명으로 틀린 것은?

① 계획관리지역에 도시개발구역을 지정할 때에는 도시개발구역을 지정한 후에 개발계획을 수립할 수 있다.
② 도시개발사업의 공사 완료로 도시개발구역의 지정이 해제 의제된 경우에는 도시개발구역의 용도지역은 해당 도시개발구역 지정 전의 용도지역으로 환원되거나 폐지된 것으로 보지 아니한다.
③ 지정권자가 도시개발사업을 환지방식으로 시행하려고 개발계획을 수립하는 경우 사업시행자가 지방자치단체이면 토지소유자의 동의를 받을 필요가 없다.
④ 광역시장이 개발계획을 변경하는 경우 군수 또는 구청장은 광역시장으로부터 송부받은 관계 서류를 일반인에게 30일 이상 공람시켜야 한다.
⑤ 대도시 시장은 계획적인 도시개발이 필요하다고 인정되는 때에는 직접 도시개발구역을 지정할 수 있다.

기출응용 26회·30회

10 도시개발법령상 도시개발구역의 지정에 관한 설명으로 옳은 것을 모두 고른 것은? (단, 특례는 고려하지 않음)

> ㉠ 지정권자는 도시개발사업의 효율적 추진을 위하여 필요하다고 인정하는 경우 서로 떨어진 둘 이상의 지역을 결합하여 하나의 도시개발구역으로 지정할 수 있다.
> ㉡ 국가가 도시개발사업의 시행자인 경우 환지방식의 사업에 대한 개발계획을 수립하려면 토지소유자의 동의를 받아야 한다.
> ㉢ 자연녹지지역에서 도시개발구역을 지정한 이후 도시개발사업의 계획을 수립하는 것은 허용되지 아니한다.
> ㉣ 도시·군기본계획이 수립되어 있는 지역에 대하여 개발계획을 수립하려면 개발계획의 내용이 해당 도시·군기본계획에 들어맞도록 하여야 한다.
> ㉤ 도시개발구역의 지정은 도시개발사업의 공사완료의 공고일에 해제된 것으로 본다.

① ㉠, ㉢
② ㉠, ㉣
③ ㉡, ㉤
④ ㉡, ㉢, ㉤
⑤ ㉠, ㉡, ㉢, ㉣, ㉤

예상문제

11 도시개발법령상 도시개발구역의 지정에 관한 설명으로 옳은 것은?

① 도시지역과 지구단위계획구역으로 결정·고시된 것으로 보는 사항에 대한 지형도면의 고시는 2년 이내에 하여야 한다.
② 도시개발구역의 지정 및 고시 당시 이미 관계 법령에 따라 행위허가를 받고 그 공사나 사업에 착수한 자는 15일 이내에 특별시장·광역시장·특별자치도지사·시장 또는 군수에게 신고한 후 이를 계속 시행할 수 있다.
③ 도시개발구역의 면적이 70만m² 인 경우에는 공람기간이 끝난 후에 공청회를 개최하여야 한다.
④ 도시개발구역의 면적이 10만m² 미만인 경우에는 일간신문에 공고하지 아니하고 공보와 해당 시·군 또는 구의 인터넷 홈페이지에 공고할 수 있다.
⑤ 도시개발사업의 공사 완료로 도시개발구역의 지정이 해제 의제된 경우에는 도시개발구역의 용도지역은 해당 도시개발구역 지정 전의 용도지역으로 환원되거나 폐지된 것으로 본다.

테마 15 | 도시개발사업의 시행자

대표문제 도시개발사업의 사업시행자

도시개발법령상 도시개발사업의 시행에 관한 설명으로 **틀린** 것은?   기출응용 29회

① 지정권자는 시행자가 도시개발사업에 관한 실시계획의 인가를 받은 후 1년 이내에 사업을 착수하지 아니하는 경우 시행자를 변경할 수 있다.
② 토지소유자가 도시개발구역의 지정을 제안하려는 경우에는 대상 구역 토지면적의 3분의 2 이상에 해당하는 토지소유자의 동의를 받아야 한다.
③ 국가는 도시개발사업의 시행자가 될 수 있다.
④ 사업주체인 지방자치단체는 조성된 토지의 분양을 「주택법」에 따른 주택건설사업자에게 대행하게 할 수 있다.
⑤ 국가철도공단은 「역세권의 개발 및 이용에 관한 법률」에 따른 역세권개발사업을 시행하는 경우에만 도시개발사업의 시행자가 된다.

POINT
도시개발사업의 시행에 관한 전반적인 내용을 이해하여야 합니다.

해설
지정권자는 시행자가 도시개발사업에 관한 실시계획의 인가를 받은 후 2년 이내에 사업을 착수하지 아니하는 경우 시행자를 변경할 수 있다.

이론+ 시행자를 변경할 수 있는 사유

> 지정권자는 다음의 어느 하나에 해당하는 경우에는 시행자를 변경할 수 있다.
> 1. 도시개발사업에 관한 실시계획의 인가를 받은 후 2년 이내에 사업을 착수하지 아니하는 경우
> 2. 행정처분으로 시행자의 지정이나 실시계획의 인가가 취소된 경우
> 3. 시행자의 부도·파산 그 밖에 이와 유사한 사유로 도시개발사업의 목적을 달성하기 어렵다고 인정되는 경우
> 4. 도시개발구역의 전부를 환지방식으로 시행하는 시행자가 도시개발구역 지정의 고시일부터 1년(단, 지정권자가 실시계획의 인가 신청기간의 연장이 불가피하다고 인정하여 6개월의 범위에서 연장한 경우에는 그 연장된 기간) 이내에 도시개발사업에 관한 실시계획의 인가를 신청하지 아니하는 경우

정답 ①

기출응용 33회

01 도시개발법령상 도시개발사업의 시행자로 지정될 수 있는 자에 해당하지 <u>않는</u> 것은?

① 「한국철도공사법」에 따른 한국철도공사
② 「한국농어촌공사 및 농지관리기금법」에 따른 한국농어촌공사
③ 지방자치단체
④ 국가
⑤ 「한국부동산원법」에 따른 한국부동산원

기출응용 22회·28회

02 도시개발법령상 도시개발구역의 지정권자가 시행자를 변경할 수 있는 경우가 <u>아닌</u> 것을 모두 고른 것은?

> ㉠ 도시개발사업에 관한 실시계획의 인가를 받은 후 3년 이내에 사업을 착수하지 아니하는 경우
> ㉡ 시행자의 부도·파산으로 도시개발사업의 목적을 달성하기 어렵다고 인정되는 경우
> ㉢ 도시개발구역의 전부를 환지방식으로 시행하는 시행자가 도시개발구역 지정의 고시일부터 2년 이내에 실시계획의 인가를 신청하지 아니하는 경우
> ㉣ 행정처분으로 사업시행자의 지정이 취소된 경우
> ㉤ 행정처분으로 실시계획의 인가가 취소된 경우

① ㉠, ㉢
② ㉠, ㉣
③ ㉡, ㉤
④ ㉡, ㉢, ㉣
⑤ ㉠, ㉡, ㉢, ㉣, ㉤

기출응용 28회·30회

03 도시개발법령상 도시개발사업의 시행자 중 「주택법」에 따른 주택건설사업자 등으로 하여금 도시개발사업의 일부를 대행하게 할 수 있는 자와 도시개발사업의 범위에 해당하는 것을 모두 고른 것은?

> ㉠ 「수도권정비계획법」에 따른 과밀억제권역에서 수도권 외의 지역으로 이전하는 법인 – 조성된 토지의 분양
> ㉡ 「부동산투자회사법」에 따라 설립된 자기관리부동산투자회사 – 부지조성공사
> ㉢ 「한국관광공사법」에 따른 한국관광공사 – 기반시설공사
> ㉣ 지방자치단체 – 실시설계

① ㉠
② ㉠, ㉡
③ ㉡, ㉢
④ ㉢, ㉣
⑤ ㉡, ㉢, ㉣

기출응용 20회

04 도시개발법령상 조합설립인가 신청을 위한 동의에 관한 설명으로 옳은 것은?

① 조합설립인가를 신청하기 위한 동의를 한 토지면적의 산정에는 국·공유지가 제외된다.
② 국·공유지를 제외한 전체 사유 토지면적 및 토지소유자에 대하여 법에 따른 동의요건 이상으로 동의를 받은 후에 그 토지면적 및 토지소유자의 수가 법적 동의요건에 미달된 경우에는 국·공유지관리청의 동의를 받아야 한다.
③ 동의자 수의 산정방법에서 토지소유권을 공유하는 자가 「집합건물의 소유 및 관리에 관한 법률」에 따른 구분소유자인 경우 그들을 대표하는 대표공유자 1명을 토지소유자로 본다.
④ 조합설립인가를 신청하려면 해당 도시개발구역의 토지면적의 3분의 2 이상에 해당하는 토지소유자 또는 그 구역의 토지소유자 총수의 2분의 1 이상의 동의를 받아야 한다.
⑤ 조합설립인가를 신청하기 위해 동의를 한 토지소유자는 조합설립인가 신청 전에는 그 동의의사를 철회할 수 없다.

기출응용 25회

05 도시개발법령상 도시개발사업조합의 조합원에 관한 설명으로 틀린 것은?

① 조합원은 도시개발구역 내에 보유한 토지면적과 관계없이 평등한 의결권을 가진다.
② 조합원은 도시개발구역 내의 토지소유자로 하지만, 저당권자는 조합원이 될 수 없다.
③ 조합원이 정관에 따라 부과된 부과금을 체납하는 경우 조합은 특별자치도지사·시장·군수 또는 구청장에게 그 징수를 위탁할 수 없다.
④ 의결권이 없는 조합원은 조합의 임원이 될 수 없다.
⑤ 조합의 임원으로 된 자가 금고 이상의 형의 선고를 받은 경우에는 그 사유가 발생한 다음 날부터 조합임원의 자격을 상실하지만, 조합원은 결격사유에 적용받지 않는다.

기출응용 24회

06 도시개발법령상 조합의 임원에 관한 설명으로 옳은 것은?

① 이사는 총회·대의원회 또는 이사회의 의장이 된다.
② 이사의 자기를 위한 조합과의 계약에 관하여는 조합장이 조합을 대표한다.
③ 이사는 의결권을 가진 조합원이어야 한다.
④ 감사의 선임은 대의원에서 대행할 수 있다.
⑤ 이사는 그 조합의 조합장을 겸할 수 있다.

기출응용 27회·29회

07 도시개발법령상 도시개발사업조합에 관한 설명으로 옳은 것은?

① 조합설립의 인가를 신청하려면 국·공유지를 제외한 해당 도시개발구역의 토지면적의 3분의 2 이상에 해당하는 토지소유자와 그 구역의 토지소유자 총수의 2분의 1 이상의 동의를 받아야 한다.
② 조합이 작성하는 정관에는 도시개발구역의 면적이 포함되어야 한다.
③ 금고 이상의 형을 선고받고 그 집행이 끝나지 아니한 자는 조합원이 될 수 없다.
④ 조합은 도시개발사업의 전부를 환지방식으로 시행하는 경우 사업시행자가 될 수 없다.
⑤ 조합을 설립하려면 도시개발구역의 토지소유자 5명 이상이 정관을 작성하여 지정권자에게 조합설립의 인가를 받아야 한다.

기출응용 22회·33회

08 도시개발법령상 도시개발사업조합에 관한 설명으로 옳은 것은?

① 조합의 조합원은 도시개발구역의 토지소유자로 하고, 조합의 감사도 도시개발구역의 토지소유자이어야 한다.
② 대의원회는 개발계획의 변경에 관한 총회의 권한을 대행할 수 있다.
③ 의결권을 가진 조합원의 수가 50인인 조합은 총회의 권한을 대행하게 하기 위하여 대의원회를 두어야 한다.
④ 주된 사무소의 소재지를 변경하려면 지정권자로부터 변경인가를 받아야 한다.
⑤ 조합은 그 주된 사무소의 소재지에서 조합설립인가를 받으면 성립한다.

기출응용 23회·31회

09 도시개발법령상 도시개발조합 총회의 의결사항 중 대의원회가 총회의 권한을 대행할 수 있는 사항을 모두 고른 것은?

⊙ 이사의 선임
ⓒ 체비지의 처분방법
ⓒ 자금의 차입과 그 방법·이율 및 상환방법
② 조합의 합병에 관한 사항
⑩ 개발계획의 수립
ⓑ 환지예정지의 지정

① ②, ⓑ
② ⑩, ⓑ
③ ⊙, ⓒ, ⑩
④ ⓒ, ⓒ, ⓑ
⑤ ⊙, ⓒ, ⓒ, ②, ⑩, ⓑ

기출응용 25회·31회

10 도시개발법령상 도시개발조합 및 사업시행에 관한 설명으로 옳은 것은?

① 사업시행자는 도시개발사업의 일부인 도로, 공원 등 공공시설의 건설을 지방공사에 위탁하여 시행할 수 없다.
② 도시개발사업의 시행자는 도시개발구역의 지정권자가 지정한다.
③ 도시개발구역의 토지소유자가 미성년자인 경우에는 조합의 조합원이 될 수 없다.
④ 조합원은 보유토지의 면적과 관계없는 평등한 의결권을 가지므로, 공유 토지의 경우 공유자별로 의결권이 있다.
⑤ 조합의 설립인가를 받은 조합의 대표자는 설립인가를 받은 날부터 60일 이내에 주된 사무소의 소재지에서 설립등기를 하여야 한다.

예상문제

11 도시개발법령상 도시개발사업의 위탁시행 등에 관한 설명으로 틀린 것은?

①「수도권정비계획법」에 따른 과밀억제권역에서 수도권 외의 지역으로 이전하는 법인인 시행자는 지정권자의 승인을 받아 신탁업자와 신탁계약을 체결하여 도시개발사업을 시행할 수 있다.
②「한국토지주택공사법」에 따른 한국토지주택공사인 시행자는 설계·분양 등 도시개발사업의 일부를「주택법」에 따른 주택건설사업자 등으로 하여금 대행하게 할 수 있다.
③ 시행자는 항만·철도 그 밖에 대통령령으로 정하는 공공시설의 건설과 공유수면의 매립에 관한 업무를 국가, 지방자치단체, 대통령령으로 정하는 공공기관·정부출연기관 또는 지방공사에 위탁하여 시행할 수 있다.
④ 시행자가 업무를 위탁하여 시행하는 경우에는 국토교통부령으로 정하는 요율의 위탁수수료를 그 업무를 위탁받아 시행하는 자에게 지급하여야 한다.
⑤ 시행자는 도시개발사업을 위한 기초조사, 토지매수 업무, 손실보상 업무, 주민이주대책 사업 등을 대통령령으로 정하는 바에 따라 관할 지방자치단체, 대통령령으로 정하는 공공기관·정부출연기관·정부출자기관 또는 지방공사에 위탁할 수 없다.

테마 16 | 도시개발사업의 실시계획

대표문제 도시개발사업의 실시계획

도시개발법령상 도시개발사업의 실시계획에 관한 설명으로 옳은 것은? 기출응용 31회

① 고시된 실시계획의 내용 중「국토의 계획 및 이용에 관한 법률」에 따라 도시·군관리계획으로 결정하여야 하는 사항이 종전에 도시·군관리계획으로 결정된 사항에 저촉되면 종전에 도시·군관리계획으로 결정된 사항이 우선하여 적용된다.
② 시행자가 작성하는 실시계획에는 지구단위계획이 포함되지 않는다.
③ 실시계획의 인가에 의해「주택법」에 따른 사업계획의 승인은 의제될 수 있다.
④ 지정권자인 국토교통부장관이 실시계획을 작성하는 경우 시장·군수 또는 구청장의 의견을 미리 들어야 한다.
⑤ 지정권자가 시행자인 경우 시행자는 작성된 실시계획에 관하여 지정권자의 인가를 받아야 한다.

> **POINT**
> 도시개발사업의 실시계획에 관한 전반적인 내용을 이해하여야 합니다.
>
> **해설**
> ① 고시된 실시계획의 내용 중「국토의 계획 및 이용에 관한 법률」에 따라 도시·군관리계획으로 결정하여야 하는 사항이 종전에 도시·군관리계획으로 결정된 사항에 저촉되면 고시 내용에 저촉되는 사항은 고시된 내용으로 변경된 것으로 본다. 즉, 기존 계획의 내용은 폐지되는 것이 아니라 실시계획의 내용으로 변경간주가 되는 것이다.
> ② 시행자가 작성하는 실시계획에는 지구단위계획이 포함되어야 한다.
> ④ 지정권자인 국토교통부장관이 실시계획을 작성하는 경우 시·도지사 또는 대도시 시장의 의견을 미리 들어야 한다.
> ⑤ 지정권자가 시행자가 아닌 경우 시행자는 작성된 실시계획에 관하여 지정권자의 인가를 받아야 한다.
>
> 정답 ③

기출응용 19회·23회

12 도시개발법령상 도시개발사업의 실시계획에 관한 설명으로 옳은 것은?

① 실시계획을 고시한 경우 그 고시된 내용 중 「국토의 계획 및 이용에 관한 법률」에 따라 도시·군관리계획(지구단위계획을 포함)으로 결정하여야 하는 사항은 같은 법에 따른 도시·군관리계획이 결정되어 고시된 것으로 본다.
② 인가를 받은 실시계획 중 사업시행면적의 100분의 20이 증가된 경우 지정권자의 변경인가를 받을 필요가 없다.
③ 실시계획은 개발계획에 맞게 작성되어야 하고, 지구단위계획이 포함되지 않는다.
④ 지정권자가 실시계획을 작성 또는 인가할 때 그 내용에 인·허가 등의 의제사항이 있으면 미리 관계 행정기관의 장과 협의하여야 하며, 관계 행정기관의 장은 협의 요청을 받은 날부터 60일 이내에 의견을 제출하여야 한다.
⑤ 실시계획 인가신청서를 제출하는 때에는 계획평면도는 함께 첨부하지만, 개략설계도는 첨부하지 않아도 된다.

기출응용 25회

13 도시개발법령상 도시개발사업의 실시계획에 관한 설명으로 **틀린** 것은?

① 관련 인·허가 등의 의제를 받으려는 자는 실시계획의 인가를 신청하는 때에 해당 법률로 정하는 관계 서류를 함께 제출하여야 한다.
② 지정권자가 아닌 시행자가 실시계획의 인가를 받은 후, 사업비의 100분의 10의 범위에서 사업비를 증액하는 경우 지정권자의 인가를 받아야 된다.
③ 지정권자인 시·도지사가 실시계획을 작성하는 경우 시장(대도시 시장은 제외)·군수 또는 구청장의 의견을 미리 들어야 한다.
④ 실시계획에는 사업시행에 필요한 설계도서, 자금계획, 시행기간 그 밖에 대통령령으로 정하는 사항과 서류를 명시하거나 첨부하여야 한다.
⑤ 실시계획인가신청서에는 축척 2만 5천분의 1 또는 5만분의 1의 위치도가 첨부되어야 한다.

기출응용 29회

14 도시개발법령상 도시개발사업의 실시계획에 관한 설명으로 <u>틀린</u> 것은?

① 인가를 받은 실시계획 중 사업시행면적의 100분의 10이 감소된 경우 지정권자의 변경인가를 받을 필요가 없다.
② 지정권자가 실시계획을 작성하거나 인가하는 경우 국토교통부장관인 지정권자는 시·도지사, 대도시 시장의 의견을, 시·도지사가 지정권자이면 시장(대도시 시장은 제외)·군수 또는 구청장의 의견을 미리 들어야 한다.
③ 지정권자는 도시개발구역의 전부를 환지방식으로 시행하는 시행자가 도시개발구역 지정의 고시일부터 1년 이내에 실시계획의 인가를 신청하지 아니하는 경우 시행자를 변경할 수 있다.
④ 도시개발사업을 환지방식으로 시행하는 구역에 대하여 지정권자가 실시계획을 작성한 경우에는 사업의 명칭·목적 등은 관할 등기소에 통보·제출하여야 하지만, 도시·군관리계획의 결정내용은 통보·제출할 필요가 없다.
⑤ 실시계획을 인가할 때 지정권자가 해당 실시계획에 대한 「하수도법」에 따른 공공하수도 공사시행의 허가에 관하여 관계 행정기관의 장과 협의한 경우라도 해당 허가를 별도로 받아야 한다.

예상문제

15 도시개발법령상 실시계획에 관한 설명으로 옳은 것은?

① 실시계획을 고시한 경우 도시·군관리계획(지구단위계획을 포함)으로 결정하여야 하는 사항은 도시·군기본계획이 결정·고시된 것으로 본다.
② 도시·군관리계획으로 결정·고시된 사항에 대한 지형도면의 고시에 대하여는 「국토의 계획 및 이용에 관한 법률」 규정에도 불구하고 개발계획에서 정한 도시개발사업의 시행기간 안에 할 수 있다.
③ 시행자는 도시개발사업의 실시계획을 작성하여야 하며, 이 경우 실시계획에는 지구단위계획이 포함되지 않는다.
④ 인가받은 실시계획을 변경(경미한 사항을 변경하는 경우에는 제외)하거나 폐지하는 경우에도 신고하여야 한다.
⑤ 지정권자가 실시계획을 작성하거나 인가하는 경우 국토교통부장관인 지정권자는 시장·군수 또는 구청장의 의견을 들어야 한다.

테마 17 | 도시개발사업의 시행

대표문제 　 도시개발사업의 시행방식

도시개발법령상 도시개발사업의 시행방식에 관한 설명으로 틀린 것은? 　기출응용 30회

① 도시개발구역 지정 이후에도 도시개발사업의 시행방식을 변경할 수 있다.
② 사업시행자는 도시개발사업의 시행방식을 국토교통부장관이 정하는 기준에 따라 토지 등을 수용 또는 사용하는 방식, 환지방식 또는 이를 혼용하는 방식 중에서 정할 수 있다.
③ 지방자치단체가 도시개발사업의 전부를 환지방식으로 시행하려고 할 때에는 대통령령으로 정하는 바에 따라 시행규정을 작성하여야 한다.
④ 계획적이고 체계적인 도시개발 등 집단적인 조성과 공급이 필요한 경우에는 수용 또는 사용방식으로 정하여야 한다.
⑤ 미분할 혼용방식은 수용 또는 사용방식이 적용되는 지역과 환지방식이 적용되는 지역을 사업시행지구별로 분할하여 시행하는 방식이다.

POINT
도시개발사업의 시행방식에 대한 특징을 정리하여야 합니다.

해설
'분할 혼용방식'은 수용 또는 사용방식이 적용되는 지역과 환지방식이 적용되는 지역을 사업시행지구별로 분할하여 시행하는 방식이다.

이론 ➕ 사업시행방식을 정하는 기준

종류			특징
수용 또는 사용방식			계획적이고 체계적인 도시개발 등 집단적인 조성과 공급이 필요한 경우
환지방식			• 대지로서의 효용증진과 공공시설의 정비를 위하여 토지의 교환·분할·합병 그 밖의 구획변경, 지목 또는 형질의 변경이나 공공시설의 설치·변경이 필요한 경우 • 도시개발사업을 시행하는 지역의 지가가 인근의 다른 지역에 비하여 현저히 높아 수용 또는 사용방식으로 시행하는 것이 어려운 경우
혼용방식	정의		도시개발구역으로 지정하려는 지역이 부분적으로 수용·사용방식 또는 환지방식의 요건에 해당하는 경우
	종류	분할 혼용방식	수용 또는 사용방식이 적용되는 지역과 환지방식이 적용되는 지역을 사업시행지구별로 분할하여 시행하는 방식
		미분할 혼용방식	사업시행지구를 분할하지 아니하고 수용 또는 사용방식과 환지방식을 혼용하여 시행하는 방식

정답 ⑤

기출응용 23회·25회

16 도시개발법령상 원형지의 공급과 개발에 관한 설명으로 옳은 것을 모두 고른 것은?

㉠ 원형지개발자인 지방자치단체는 10년의 범위에서 대통령령으로 정하는 기간 안에는 원형지를 매각할 수 없다.
㉡ 원형지 공급가격은 개발계획이 반영된 원형지의 감정가격으로 한다.
㉢ 원형지를 공장부지로 직접 사용하는 자를 원형지개발자로 선정하는 경우 경쟁입찰의 방식으로 하며, 경쟁입찰이 2회 이상 유찰된 경우에는 수의계약의 방법으로 할 수 있다.
㉣ 시행자는 지방자치단체에게 도시개발구역 전체 토지면적의 2분의 1 이내에서 원형지를 공급하여 개발하게 할 수 있다.
㉤ 원형지는 도시개발구역 안에서 도시개발사업으로 조성되지 아니한 상태의 토지를 말한다.

① ㉠, ㉢　　② ㉢, ㉤
③ ㉣, ㉥　　④ ㉡, ㉢, ㉤
⑤ ㉠, ㉡, ㉢, ㉣, ㉤

기출응용 18회·26회

17 도시개발법령상 수용 또는 사용방식에 의한 도시개발사업으로 조성된 토지 등을 수의계약의 방법으로 공급할 수 있는 경우를 모두 고른 것은?

㉠ 토지상환채권에 의하여 토지를 상환하는 경우
㉡ 학교용지·공공청사용지 등 일반에게 분양할 수 없는 공공용지를 국가·지방자치단체 그 밖의 법령에 따라 해당 시설을 설치할 수 있는 자에게 공급하는 경우
㉢ 조성토지 등을 공급하려고 할 때 「주택법」에 따른 공공택지를 공급하는 경우
㉣ 330m² 이하의 단독주택용지를 공급하는 경우
㉤ 토지의 규모 및 형상, 입지조건 등에 비추어 토지이용가치가 현저히 낮은 토지로서 인접 토지소유자 등에게 공급하는 것이 불가피하다고 시행자가 인정하는 경우

① ㉠, ㉣　　② ㉢, ㉣
③ ㉠, ㉡, ㉤　　④ ㉡, ㉢, ㉤
⑤ ㉠, ㉡, ㉢, ㉣, ㉤

기출응용 22회·26회

18 도시개발법령상 조성토지의 공급에 관한 설명으로 옳은 것은?

① 수의계약의 방법으로 조성토지를 공급하기로 하였으나 공급신청량이 공급계획에서 계획된 면적을 초과하는 경우에는 경쟁입찰의 방법에 의한다.
② 폐기물처리시설을 설치하기 위해 공급하는 조성토지의 가격은 「감정평가 및 감정평가사에 관한 법률」에 따른 감정평가법인등이 감정평가한 가격 이상으로 정할 수 있다.
③ 지정권자가 아닌 시행자가 조성토지 등을 공급하려고 할 때에는 조성토지 등의 공급계획을 작성하여 지정권자의 승인을 받을 필요가 없다.
④ 도시개발사업 시행자는 「국토의 계획 및 이용에 관한 법률」에 따른 기반시설의 원활한 설치를 위하여 필요하면 공급대상자의 자격을 제한할 수 없다.
⑤ 조성토지 등의 가격평가는 「감정평가 및 감정평가사에 관한 법률」에 따른 감정평가법인등이 평가한 감정가격으로 한다.

 기출응용 20회·33회

19 도시개발법령상 토지상환채권에 관한 설명으로 <u>틀린</u> 것을 모두 고른 것은?

㉠ 도시개발구역의 토지소유자인 시행자가 지방공사인 경우 토지상환채권을 발행하는 때에는 「은행법」에 따른 금융기관이나 「보험업법」에 따른 보험회사의 지급보증을 받아야 한다.
㉡ 토지상환채권의 발행규모는 그 토지상환채권으로 상환할 토지 및 건축물이 해당 도시개발사업으로 조성되는 분양토지 또는 분양건축물 면적의 3분의 2를 넘지 않아야 한다.
㉢ 토지가격의 추산방법은 토지상환채권의 발행계획에 포함되지 않는다.
㉣ 토지상환채권은 기명식 또는 무기명식 증권으로 한다.
㉤ 토지상환채권의 이율은 발행 당시의 금융기관의 예금금리 및 부동산수급상황을 고려해서 기획재정부장관이 정한다.
㉥ 토지상환채권은 타인에게 이전하지 못한다.

① ㉣, ㉥ ② ㉤, ㉥
③ ㉠, ㉢, ㉤ ④ ㉡, ㉢, ㉥
⑤ ㉠, ㉡, ㉢, ㉣, ㉤, ㉥

기출응용 26회

20 도시개발법령상 토지 등의 수용 또는 사용방식에 따른 도시개발사업 시행에 관한 설명으로 **틀린** 것은?

① 원형지를 공급받아 개발하는 지방공사는 원형지에 대한 공사완료 공고일부터 5년이 지난 시점이라면 해당 원형지를 매각할 수 있다.
② 시행자는 학교를 설치하기 위한 조성토지를 공급하는 경우 해당 토지의 가격을 「감정평가 및 감정평가사에 관한 법률」에 따른 감정평가법인등이 감정평가한 가격 이상으로 정할 수 있다.
③ 지정권자가 아닌 시행자는 조성토지 등을 공급받거나 이용하려는 자로부터 지정권자의 승인을 받아 해당 대금의 전부 또는 일부를 미리 받을 수 있다.
④ 도시개발사업을 시행하는 지방자치단체는 도시개발구역 지정 이후 그 시행방식을 수용 또는 사용방식에서 혼용방식으로 변경할 수 있다.
⑤ 지방자치단체인 시행자가 토지를 수용할 경우에는 토지소유자의 동의를 받을 필요가 없다.

기출응용 27회 · 32회

21 도시개발법령상 수용 또는 사용방식에 따른 사업시행에 관한 설명으로 옳은 것은?

① 시행자는 조성토지를 공급받는 자로부터 해당 대금의 전부를 미리 받을 수 없다.
② 공공용지가 아닌 조성토지 등의 공급은 수의계약의 방법에 의하여야 한다.
③ 원형지개발자의 선정은 수의계약의 방법으로 한다. 다만, 학교나 공장 등의 부지로 직접 사용하는 자에 해당하는 원형지개발자의 선정은 경쟁입찰의 방식으로 한다.
④ 도시개발사업을 위한 토지의 수용에 관하여 특별한 규정이 없으면 「도시 및 주거환경정비법」에 따른다.
⑤ 도시개발사업을 시행하는 정부출연기관이 그 사업에 필요한 토지를 수용하려면 사업대상 토지면적의 3분의 2 이상에 해당하는 토지를 소유하고, 토지소유자 총수의 2분의 1 이상에 해당하는 자의 동의를 받아야 한다.

기출응용 27회·30회

22 도시개발법령상 수용 또는 사용의 방식에 따른 사업시행에 관한 설명으로 **틀린** 것을 모두 고른 것은?

> ㉠ 도시개발구역의 지정권자는 원형지 공급·개발의 승인을 할 때에는 교통처리계획 및 기반시설의 설치 등에 관한 이행조건을 붙일 수 있다.
> ㉡ 수용의 대상이 되는 토지의 세부목록을 고시한 경우에는 「공익사업을 위한 토지 등의 취득 및 보상에 관한 법률」에 따른 사업인정 및 그 고시가 있었던 것으로 본다.
> ㉢ 시행자가 아닌 지정권자는 도시개발사업에 필요한 토지 등을 수용할 수 있다.
> ㉣ 「지방공기업법」에 따라 설립된 지방공사가 시행자인 경우 토지소유자 전원의 동의 없이는 도시개발사업에 필요한 토지 등을 수용하거나 사용할 수 없다.
> ㉤ 원형지 공급 승인신청서에는 원형지 사용조건에 관한 서류가 첨부되어야 한다.

① ㉣
② ㉢, ㉣
③ ㉢, ㉤
④ ㉠, ㉢, ㉤
⑤ ㉡, ㉣, ㉤

기출응용 23회

23 도시개발법령상 도시개발사업 시행자가 환지방식으로 사업을 시행하려는 경우 환지계획에 포함되어야 할 사항을 모두 고른 것은?

> ㉠ 체비지 또는 보류지의 명세
> ㉡ 청산금의 결정
> ㉢ 환지설계
> ㉣ 필지별로 된 환지명세
> ㉤ 입체환지를 계획하는 경우에는 입체환지용 건축물의 명세와 입체환지에 따른 공급방법·규모에 관한 사항
> ㉥ 원형지의 공급가격

① ㉣, ㉥
② ㉤, ㉥
③ ㉠, ㉢, ㉤
④ ㉡, ㉢, ㉥
⑤ ㉠, ㉢, ㉣, ㉤

기출응용 23회 · 25회

24 도시개발법령상 조합인 시행자가 면적식으로 환지계획을 수립하여 환지방식에 의한 사업시행을 하는 경우, 환지계획구역의 평균 토지부담률(%)은 얼마인가? (단, 다른 조건은 고려하지 않음) 상중하

- 환지계획구역 면적: 400,000m^2
- 공공시설의 설치로 시행자에게 무상귀속되는 토지면적: 30,000m^2
- 시행자가 소유하는 토지면적: 20,000m^2
- 보류지 면적: 120,000m^2

① 20%
② 25%
③ 40%
④ 45%
⑤ 50%

기출응용 21회

25 도시개발법령상 토지부담률(환지계획구역 안의 토지소유자가 도시개발사업을 위하여 부담하는 토지의 비율)에 관한 설명으로 틀린 것은? 상중하

① 환지계획구역의 토지소유자 총수의 3분의 2 이상이 동의하는 경우에는 평균 토지부담률을 60% 초과하여 정할 수 있다.
② 해당 환지계획구역의 특성을 고려하여 지정권자가 인정하는 경우에는 평균 토지부담률을 70%까지로 할 수 있다.
③ 토지부담률은 사업시행자가 산정한다.
④ 사업시행자는 사업시행 중 부득이한 경우를 제외하고는 토지소유자에게 부담을 주는 토지부담률의 변경을 하여서는 아니 된다.
⑤ 환지계획구역의 외부와 연결되는 환지계획구역 안의 도로로서 너비 25m 이상의 간선도로는 토지소유자가 도로의 부지를 부담하고, 관할 지방자치단체가 공사비를 보조하여 건설할 수 있다.

기출응용 20회

26 도시개발법령상 환지예정지의 지정에 관한 설명으로 옳은 것은?

① 종전 토지의 임차권자는 환지예정지 지정 이후에는 환지처분이 공고되는 날까지 종전의 토지를 사용하거나 수익할 수 없다.
② 환지예정지를 지정한 경우에 해당 토지의 사용에 장애가 될 물건이 그 토지에 있는 경우 그 토지의 사용을 시작할 날을 따로 정할 수 없다.
③ 시행자가 도시개발사업의 시행을 위해 필요한 경우에는 도시개발구역의 토지에 대하여 환지예정지를 지정할 수 없다.
④ 도시개발사업비용을 충당하기 위하여 환지예정지를 체비지의 용도로 지정할 수 없다.
⑤ 종전의 토지에 대한 임차권자가 있는 경우 해당 환지예정지에 대하여 해당 권리의 목적인 토지 또는 그 부분을 아울러 지정하지 않아도 된다.

기출응용 16회

27 도시개발법령상 도시개발사업에 있어서 환지계획에 관한 설명으로 옳은 것은?

① 시행자는 도시개발사업에 필요한 경비를 충당하기 위하여 일정한 토지를 체비지로 정할 수 없다.
② 토지평가협의회의 구성 및 운영 등에 필요한 사항은 해당 규약·정관 또는 시행규정으로 정한다.
③ 시행자는 토지면적의 규모를 조정할 특별한 필요가 있는 때에는 과소토지가 되지 아니하도록 면적을 증가하여 환지를 정할 수 있지만, 환지대상에서 제외할 수는 없다.
④ 행정청이 아닌 시행자가 환지계획을 작성하는 때에는 시장·군수 또는 구청장의 사전 검토를 받아야 한다.
⑤ 환지계획 작성에 따른 환지계획의 기준 등에 관하여 필요한 사항은 시행자가 정한다.

기출응용 19회

28 도시개발법령상 환지계획에 관한 설명으로 <u>틀린</u> 것을 모두 고른 것은?

> ㉠ 시행자는 도시개발사업의 원활한 시행을 위하여 특히 필요한 때에도 토지소유자의 신청을 받아 입체환지를 할 수 없다.
> ㉡ 시행자는 환지방식이 적용되는 도시개발구역에 있는 조성토지 등의 가격을 평가할 때에는 토지평가협의회의 심의를 거쳐 결정하며, 그 이후 감정평가법인등이 평가하게 하여야 한다.
> ㉢ 필지별로 된 환지명세는 환지계획에 포함되어야 한다.
> ㉣ 시행자는 사업대상 토지의 소유자가 신청하거나 동의하면 해당 토지에 관한 임차권자의 동의가 없어도 그 토지의 전부 또는 일부에 대하여 환지를 정하지 않을 수 있다.
> ㉤ 환지계획에서 정하여진 환지는 그 환지처분이 공고된 날부터 종전의 토지로 본다.

① ㉣
② ㉡, ㉤
③ ㉢, ㉤
④ ㉠, ㉢, ㉤
⑤ ㉠, ㉡, ㉣, ㉤

 기출응용 29회 · 33회

29 도시개발법령상 환지방식에 의한 사업시행에 관한 설명으로 옳은 것은?

① 환지설계 시 적용되는 토지·건축물의 평가액은 최초 환지계획인가 신청 시를 기준으로 하여 정하되, 환지계획의 변경인가를 받아 변경할 수 있다.
② 도시개발구역 지정권자가 정한 기준일의 다음 날부터 단독주택이 다세대주택으로 전환되는 경우 시행자는 해당 건축물에 대하여 금전으로 청산하거나 환지 지정을 제한할 수 있다.
③ 체비지는 환지계획에서 정한 자가 환지처분이 공고된 날에 해당 소유권을 취득한다.
④ 행정청인 시행자가 환지계획을 정하려고 하는 경우에 해당 토지의 임차권자는 공람기간에 시행자에게 의견서를 제출할 수 없다.
⑤ 시행자는 토지면적의 규모를 조정할 특별한 필요가 있으면 면적이 넓은 토지는 그 면적을 줄여서 환지를 정하거나 환지대상에서 제외할 수 있다.

기출응용 26회·32회

30 도시개발법령상 환지방식에 의한 사업시행에 관한 설명으로 <u>틀린</u> 것을 모두 고른 것은?

> ㉠ 시행자는 환지를 정하지 아니하기로 결정된 토지소유자나 임차권자등에게 날짜를 정하여 그날부터 해당 토지 또는 해당 부분의 사용 또는 수익을 정지시킬 수 없다.
> ㉡ 군수는 「주택법」에 따른 공동주택의 건설을 촉진하기 위하여 필요하다고 인정하면 체비지 중 일부를 같은 지역에 집단으로 정하게 할 수 있다.
> ㉢ 지정권자는 도시개발사업을 환지방식으로 시행하려고 개발계획을 수립할 때에 시행자가 지방자치단체이면 토지소유자의 동의를 받아야 한다.
> ㉣ 환지예정지의 지정이 있으면 종전의 토지에 대한 임차권등은 종전의 토지에서 소멸되지만, 환지예정지에 대해서는 소멸하지 않는다.
> ㉤ 도시개발사업을 평면환지방식으로 시행하는 경우에는 환지계획에 건축계획이 포함되어야 한다.
> ㉥ 토지소유자의 환지 제외 신청이 있더라도 해당 토지에 관한 임차권자등이 동의하지 않는 경우에는 해당 토지를 환지에서 제외할 수 없다.

① ㉣, ㉥
② ㉤, ㉥
③ ㉠, ㉢, ㉤
④ ㉡, ㉢, ㉥
⑤ ㉠, ㉡, ㉢, ㉣, ㉤, ㉥

기출응용 25회·28회·30회

31 도시개발법령상 환지방식으로 도시개발사업을 시행하는 경우 환지처분에 관한 설명으로 옳은 것은?

① 환지계획에 따라 입체 환지처분을 받은 자는 환지처분이 공고된 날의 다음 날에 환지계획으로 정하는 바에 따라 건축물의 일부와 해당 건축물이 있는 토지의 공유지분을 취득한다.
② 시행자는 지정권자에 의한 준공검사를 받은 경우에는 90일 이내에 환지처분을 하여야 한다.
③ 환지예정지가 지정되어도 종전 토지의 임차권자는 환지처분공고일까지 종전 토지를 사용·수익할 수 있다.
④ 도시개발구역이 2 이상의 환지계획구역으로 구분되는 경우에도 사업비와 보류지는 도시개발구역 전체를 대상으로 책정하여야 하며, 환지계획구역별로는 책정할 수 없다.
⑤ 환지로 지정된 토지나 건축물을 금전으로 청산하는 내용으로 환지계획을 변경하는 경우에는 변경인가를 받아야 한다.

기출응용 21회·23회

32 도시개발법령상 청산금 제도에 관한 설명으로 옳은 것은?

① 청산금은 이자를 붙여 분할징수하거나 분할교부할 수 있다.
② 청산금을 받을 권리나 징수할 권리를 3년간 행사하지 아니하면 시효로 소멸한다.
③ 환지를 정하거나 그 대상에서 제외한 경우 그 과부족분은 금전으로 청산할 수 없다.
④ 토지면적의 규모를 조정할 특별한 필요가 있어 환지를 정하지 아니하는 토지에 대해 환지처분 전에는 청산금을 교부할 수 없다.
⑤ 환지를 정한 경우 그 과부족분에 대한 청산금은 환지처분이 공고된 날의 다음 날에 결정하여야 한다.

기출응용 34회

33 도시개발법령상 환지방식에 의한 사업시행에서의 청산금에 관한 설명으로 옳은 것은?

① 시행자는 토지소유자의 동의에 따라 환지를 정하지 아니하는 토지에 대해 환지처분 전에는 청산금을 교부할 수 없다.
② 토지소유자의 신청에 따라 환지대상에서 제외한 토지에 대하여는 청산금을 교부하는 때에 청산금을 결정할 수 없다.
③ 청산금을 받을 권리나 징수할 권리를 3년간 행사하지 아니하면 시효로 소멸한다.
④ 청산금은 대통령령으로 정하는 바에 따라 이자를 붙여 분할징수하거나 분할교부할 수 없다.
⑤ 행정청이 아닌 시행자가 군수에게 청산금의 징수를 위탁한 경우 그 시행자는 군수가 징수한 금액의 100분의 4에 해당하는 금액을 해당 군에 지급하여야 한다.

기출응용 27회

34 도시개발법령상 준공검사 등에 관한 설명으로 옳은 것을 모두 고른 것은?

> ㉠ 지정권자가 아닌 시행자가 도시개발사업의 공사를 완료한 때에는 공사완료 공고를 하여야 한다.
> ㉡ 도시개발사업의 준공검사 전에도 체비지는 사용할 수 있다.
> ㉢ 지정권자가 시행자인 경우 그 시행자는 도시개발사업의 공사를 끝낸 때에는 공사완료 보고서를 작성하여 지정권자의 준공검사를 받아야 한다.
> ㉣ 지정권자는 효율적인 준공검사를 위하여 필요하면 관계 행정기관 등에 의뢰하여 준공검사를 할 수 있다.
> ㉤ 지정권자가 아닌 시행자는 도시개발사업에 관한 공사가 전부 끝나기 전이라도 공사가 끝난 부분에 관하여 준공검사를 받을 수 있다.

① ㉣
② ㉡, ㉤
③ ㉠, ㉢, ㉤
④ ㉡, ㉣, ㉤
⑤ ㉠, ㉡, ㉢, ㉣, ㉤

예상문제

35 도시개발법령상 환지방식에 의한 사업시행에 관한 설명으로 <u>틀린</u> 것은?

① 지방자치단체가 도시개발사업의 전부를 환지방식으로 시행하려고 할 때에는 도시개발사업의 시행규정을 작성하여야 한다.
② 환지계획에는 필지별로 된 환지명세와 필지별과 권리별로 된 청산대상 토지명세가 포함되어야 한다.
③ 행정청이 아닌 시행자가 인가받은 환지계획의 내용 중 종전 토지의 합필 또는 분필로 환지명세가 변경되는 경우에는 환지계획을 변경하더라도 변경인가를 받을 필요가 없다.
④ 도시개발구역의 토지소유자나 이해관계인은 환지방식에 의한 도시개발사업 공사 관계 서류의 공람기간에 시행자에게 의견서를 제출할 수 있다.
⑤ 도시개발구역의 토지에 대한 지역권은 도시개발사업의 시행으로 행사할 이익이 없어지면 환지처분이 공고된 다음 날에 소멸한다.

예상문제

36 도시개발법령상 환지방식으로 도시개발사업을 시행하는 경우 환지처분에 관한 설명으로 옳은 것은?

① 체비지로 정해지지 않은 보류지는 환지계획에서 정한 자가 환지처분이 공고된 날에 해당 소유권을 취득한다.
② 환지계획에서 환지를 정하지 아니한 종전의 토지에 있던 권리는 환지처분이 공고된 날의 다음 날이 끝나는 때에 소멸한다.
③ 시행자는 도시개발사업에 관한 공사를 끝낸 경우에는 지체 없이 관보 또는 공보에 이를 공고하여야 한다.
④ 환지처분은 행정상 처분으로서 종전의 토지에 전속(專屬)하는 것에 관하여 영향을 미친다.
⑤ 시행자는 체비지의 용도로 환지예정지가 지정된 경우에는 도시개발사업에 드는 비용을 충당하기 위하여 이를 처분할 수 없다.

CHAPTER 03 비용부담 등

빠른 정답 CHECK!(본책) p.250 / 정답 및 해설(책속의 책) p.36

테마 18 | 도시개발채권

대표문제 | 도시개발채권

도시개발법령상 도시개발채권에 관한 설명으로 틀린 것은? 기출응용 32회

① 도시개발채권은 시·도의 조례로 정하는 바에 따라 시·도지사가 발행하며, 행정안전부장관의 승인을 받아야 한다.
② 도시개발채권의 상환기간은 5년보다 짧게 정할 수 있다.
③ 「국토의 계획 및 이용에 관한 법률」에 따른 개발행위허가를 받은 자 중 토지의 형질변경허가를 받은 자는 도시개발채권을 매입하여야 한다.
④ 도시개발채권의 이율은 채권의 발생 당시의 국채·공채 등의 금리와 특별회계의 상황 등을 고려하여 해당 시·도의 조례로 정한다.
⑤ 도시개발채권을 발행하려는 시·도지사는 행정안전부장관의 승인을 받은 후 채권의 발행총액 등을 공고하여야 한다.

POINT
도시개발채권의 구체적인 내용을 정리할 필요가 있습니다.

해설
도시개발채권의 상환기간은 5년보다 짧게 정할 수는 없다.

이론+ 도시개발채권의 발행

발행방법	도시개발채권은 「주식·사채 등의 전자등록에 관한 법률」에 따라 전자등록하여 발행하거나 무기명으로 발행할 수 있으며, 발행방법에 필요한 세부적인 사항은 시·도의 조례로 정함
발행이율	도시개발채권의 이율은 채권의 발행 당시의 국채·공채 등의 금리와 특별회계의 상황 등을 고려하여 해당 시·도의 조례로 정함
상환기간	도시개발채권의 상환은 5년부터 10년까지의 범위에서 지방자치단체의 조례로 정함
사무취급기관	도시개발채권의 매출 및 상환업무의 사무취급기관은 해당 시·도지사가 지정하는 은행 또는 「자본시장과 금융투자업에 관한 법률」에 따라 설립된 한국예탁결제원으로 함
보관·제시	매입필증을 제출받는 자는 매입자로부터 제출받은 매입필증을 5년간 따로 보관하여야 하며, 지방자치단체의 장이나 도시개발채권 사무취급기관 그 밖에 관계기관의 요구가 있는 때에는 이를 제시하여야 함

정답 ②

기출응용 28회·29회

01 도시개발법령상 도시개발채권에 관한 설명으로 틀린 것은?

① 도시개발채권의 매입의무자가 매입하여야 할 금액을 초과하여 도시개발채권을 매입한 경우 중도상환을 신청할 수 있다.
② 도시개발채권의 매입의무자가 아닌 자가 착오로 도시개발채권을 매입한 경우에는 도시개발채권을 중도에 상환할 수 있다.
③ 도시개발채권 매입필증을 제출받은 자는 매입필증을 5년간 보관하여야 한다.
④ 수용 또는 사용방식으로 시행하는 도시개발사업의 경우 한국토지주택공사와 공사도급계약을 체결하는 자는 도시개발채권을 매입할 수 있다.
⑤ 도시개발채권은 무기명으로 발행할 수 있다.

기출응용 27회·31회

02 도시개발법령상 도시개발사업의 비용부담 등에 관한 설명으로 옳은 것을 모두 고른 것은?

> ㉠ 지정권자인 시행자는 그가 시행한 사업으로 이익을 얻는 시·도에 비용의 전부 또는 일부를 부담시킬 수 있다.
> ㉡ 도시개발사업에 관한 비용부담에 대해 대도시 시장과 시·도지사 간의 협의가 성립되지 아니하는 경우에는 기획재정부장관의 결정에 따른다.
> ㉢ 도시개발사업에 필요한 비용은 「도시개발법」이나 다른 법률에 특별한 규정이 있는 경우를 제외하고는 시행자와 상관없이 국가가 부담한다.
> ㉣ 전부 환지방식으로 사업을 시행하는 경우 전기시설의 지중선로 설치를 요청한 사업시행자와 전기공급자는 각각 2분의 1의 비율로 그 설치비용을 부담한다.
> ㉤ 시행자가 지방자치단체인 경우에는 공원·녹지의 조성비 전부를 국고에서 보조하거나 융자할 수 있다.
> ㉥ 지정권자가 시행자가 아닌 경우 도시개발구역의 통신시설의 설치는 특별한 사유가 없으면 준공검사 신청일까지 끝내야 한다.

① ㉣, ㉥
② ㉤, ㉥
③ ㉠, ㉢, ㉤
④ ㉡, ㉢, ㉥
⑤ ㉠, ㉡, ㉢, ㉣, ㉤, ㉥

예상문제

03 도시개발법령상 도시개발채권에 관한 설명으로 옳은 것은?

① 도시개발채권의 소멸시효는 상환일부터 기산하여 원금은 5년, 이자는 2년으로 한다.
② 개발행위허가로서의 토지분할허가를 받은 자는 도시개발채권을 매입하여야 한다.
③ 도시개발조합은 토지 등의 매수대금의 일부를 지급하기 위하여 사업시행으로 조성된 토지·건축물로 상환하는 도시개발채권을 발행할 수 있다.
④ 도시개발채권을 발행하는 경우 발행총액에 대하여 기획재정부장관의 승인을 받아야 한다.
⑤ 도시개발채권의 상환은 5년부터 10년까지의 범위에서 기획재정부장관이 따로 정하여 고지한다.

예상문제

04 도시개발법령상 도시개발채권을 중도에 상환할 수 있는 경우를 모두 고른 것은?

㉠ 도시개발채권의 매입사유가 된 허가 또는 인가가 매입자의 귀책사유 없이 취소된 경우
㉡ 수용 또는 사용방식으로 시행하는 도시개발사업의 경우 공공사업시행자와 공사의 도급계약을 체결한 자의 귀책사유 없이 해당 도급계약이 취소된 경우
㉢ 도시개발채권의 매입의무자가 아닌 자가 착오로 도시개발채권을 매입한 경우
㉣ 도시개발채권의 매입의무자가 매입하여야 할 금액을 초과하여 도시개발채권을 매입한 경우

① ㉠, ㉣
② ㉡, ㉢
③ ㉠, ㉢, ㉣
④ ㉡, ㉢, ㉣
⑤ ㉠, ㉡, ㉢, ㉣

도시 및 주거환경정비법

CHAPTER 01 총칙
CHAPTER 02 기본계획 수립 및 정비구역 지정
CHAPTER 03 정비사업

최근 5개년 출제경향 분석

최근 5개년 PART 3 출제비중
15.6%

CHAPTER	문항 수					비중	⭐ 빈출 키워드
	31회	32회	33회	34회	35회		
CH.01	0	1	0	1	1	10%	정비기반시설, 공동이용시설, 토지등소유자
CH.02	1	0	0	0	1	6.7%	기본계획의 수립, 재건축진단, 정비계획의 입안, 허가대상 개발행위, 정비구역의 지정
CH.03	5	5	6	5	4	83.3%	정비사업의 시행방법, 시공자 선정, 조합의 설립, 사업시행계획, 관리처분계획

* 복합문제이거나, 법률이 개정 및 제정된 경우 분류 기준에 따라 위 수치와 달라질 수 있습니다.

테마 19 | 용어정의

대표문제 정비사업의 종류

도시 및 주거환경정비법령상 다음의 정의에 해당하는 정비사업은?   기출응용 18회·32회

> 정비기반시설이 열악하고 노후·불량건축물이 밀집한 지역에서 주거환경을 개선하거나 상업지역·공업지역 등에서 도시기능의 회복 및 상권활성화 등을 위하여 도시환경을 개선하기 위한 사업

① 주거환경개선사업
② 재건축사업
③ 공공재건축사업
④ 재개발사업
⑤ 공공재개발사업

POINT
도시 및 주거환경정비법령의 용어에 대한 정리가 필요합니다.

해설
재개발사업에 대한 설명이다.

이론+ 정비사업의 종류

재건축사업	정비기반시설은 양호하나 노후·불량건축물에 해당하는 공동주택이 밀집한 지역에서 주거환경을 개선하기 위한 사업
공공재건축사업	시장·군수등 또는 토지주택공사등이 재건축사업의 시행자나 재건축사업의 대행자일 것
재개발사업	정비기반시설이 열악하고 노후·불량건축물이 밀집한 지역에서 주거환경을 개선하거나 상업지역·공업지역 등에서 도시기능의 회복 및 상권활성화 등을 위하여 도시환경을 개선하기 위한 사업
공공재개발사업	특별자치시장, 특별자치도지사, 시장, 군수, 자치구의 구청장 또는 토지주택공사등이 주거환경개선사업의 시행자, 재개발사업의 시행자나 재개발사업의 대행자일 것

정답 ④

기출응용 24회·28회

01 도시 및 주거환경정비법령상 정비기반시설에 해당하지 않는 것은? (단, 주거환경개선사업을 위하여 지정·고시된 정비구역이 아님)

① 비상대피시설 ② 광장 ③ 구거(도랑)
④ 공용주차장 ⑤ 학교

기출응용 29회

02 도시 및 주거환경정비법령상 주민이 공동으로 사용하는 시설로서 공동이용시설에 해당하지 않는 것은? (단, 조례는 고려하지 않으며, 각 시설은 단독주택·공동주택 및 제1종 근린생활시설에 해당하지 않음)

① 마을회관 ② 상하수도 ③ 경로당
④ 공동작업장 ⑤ 구판장

기출응용 17회·23회

03 도시 및 주거환경정비법령상 용어의 정의에 관한 설명으로 틀린 것을 모두 고른 것은?

> ㉠ 재개발사업에 있어서 토지등소유자는 토지 및 건축물의 소유자와 임차권자이다.
> ㉡ 건축물이 훼손되었거나 일부가 멸실되어 붕괴 그 밖의 안전사고의 우려가 있는 건축물은 노후·불량건축물에 해당한다.
> ㉢ '주거환경개선사업'이란 정비기반시설은 양호하나 노후·불량건축물에 해당하는 공동주택이 밀집한 지역에서 주거환경을 개선하기 위한 사업을 말한다.
> ㉣ 재건축사업의 정비구역에서 토지등소유자는 건축물 및 그 부속토지의 소유자이다.
> ㉤ 해당 건축물을 준공일 기준으로 30년까지 사용하기 위하여 보수·보강하는 데 드는 비용이 철거 후 새로운 건축물을 건설하는 데 드는 비용보다 클 것으로 예상되는 건축물은 노후·불량건축물에 해당된다.

① ㉣ ② ㉤ ③ ㉡, ㉢
④ ㉠, ㉢, ㉤ ⑤ ㉠, ㉡, ㉢, ㉣, ㉤

예상문제

04 도시 및 주거환경정비법령상 노후·불량건축물로 볼 수 없는 것을 모두 고른 것은?

> ㉠ 주변토지의 이용 상황 등에 비추어 주거환경이 불량한 곳에 위치한 것으로서 철거하고 새로운 건축물을 건설하는 경우의 비용과 비교하여 효용의 현저한 감소가 예상되는 건축물로서 시·도조례가 정하는 건축물
> ㉡ 도시미관을 저해하거나 노후화된 건축물로서 준공된 후 10년 이하의 범위에서 조례로 정하는 기간이 지난 건축물로서 시·도조례로 정하는 건축물
> ㉢ 건축물이 훼손되거나 일부가 멸실되어 붕괴 그 밖의 안전사고의 우려가 있는 건축물
> ㉣ 내진성능이 확보되지 아니한 건축물 중 중대한 기능적 결함 또는 부실 설계·시공으로 구조적 결함 등이 있는 건축물

① ㉠, ㉡
② ㉠, ㉣
③ ㉢, ㉣
④ ㉠, ㉡, ㉢
⑤ ㉠, ㉡, ㉢, ㉣

CHAPTER 02 기본계획 수립 및 정비구역 지정

테마 20 | 기본계획 수립 및 정비구역 지정

대표문제 — 기본계획의 변경

도시 및 주거환경정비법령상 도시·주거환경정비기본계획을 변경할 때 지방의회의 의견청취를 생략할 수 있는 경우가 <u>아닌</u> 것을 모두 고른 것은? 기출응용 30회

> ㉠ 정비사업의 시행을 위하여 필요한 재원조달에 관한 사항을 변경하는 경우
> ㉡ 정비기반시설의 규모를 확대하거나 그 면적의 20% 미만을 축소하는 경우
> ㉢ 건폐율 및 용적률의 각 30% 미만을 변경하는 경우
> ㉣ 단계별 정비사업 추진계획을 변경하는 경우
> ㉤ 사회복지시설 및 주민문화시설 등에 대한 설치계획을 변경하는 경우

① ㉣
② ㉤
③ ㉡, ㉢
④ ㉠, ㉢, ㉤
⑤ ㉠, ㉡, ㉢, ㉣, ㉤

POINT
도시·주거환경정비기본계획의 경미한 변경에 관한 내용을 정리하여야 합니다.

해설
㉡ 정비기반시설의 규모를 확대하거나 그 면적의 10% 미만을 축소하는 경우에 지방의회의 의견청취를 생략할 수 있다.
㉢ 건폐율 및 용적률의 각 20% 미만을 변경하는 경우에 지방의회의 의견청취를 생략할 수 있다.

정답 ③

기출응용 19회·26회

01 도시 및 주거환경정비법령상 도시·주거환경정비기본계획(이하 '기본계획'이라 함)에 관한 설명으로 틀린 것은?

① 기본계획 수립권자는 기본계획을 고시한 때에는 국토교통부령으로 정하는 방법 및 절차에 따라 시·도지사에게 보고하여야 한다.
② 도지사가 기본계획을 수립할 필요가 없다고 인정하는 대도시가 아닌 시는 기본계획을 수립하지 아니할 수 있다.
③ 광역시장은 기본계획에 대하여 5년마다 그 타당성을 검토하여 그 결과를 기본계획에 반영하여야 한다.
④ 기본계획은 10년 단위로 수립하여야 한다.
⑤ 기본계획의 작성기준 및 작성방법은 국토교통부장관이 정한다.

기출응용 26회·27회

02 도시 및 주거환경정비법령상 도시·주거환경정비기본계획(이하 '기본계획'이라 함)의 수립에 관한 설명으로 옳은 것은?

① 기본계획에는 사회복지시설 및 주민문화시설 등의 설치계획이 포함되지 않는다.
② 기본계획을 수립한 경우에는 30일 이내에 해당 지방자치단체의 공보에 고시하여야 한다.
③ 대도시의 시장이 아닌 시장은 기본계획의 내용 중 정비사업의 계획기간을 단축하는 경우에도 도지사의 변경승인을 받아야 한다.
④ 기본계획을 수립하려는 경우에는 14일 이상 주민에게 공람하고 지방의회의 의견을 들어야 한다.
⑤ 기본계획에 생활권별 주거지의 정비·보전·관리의 방향이 포함된 경우에는 기본계획에 포함되어야 할 사항 중 도시의 광역적 재정비를 위한 기본방향을 생략할 수 있다.

기출응용 29회

03 도시 및 주거환경정비법령상 도시·주거환경정비기본계획(이하 '기본계획'이라 함)의 수립에 관한 설명으로 <u>틀린</u> 것을 모두 고른 것은?

> ㉠ 대도시의 시장이 기본계획을 수립한 때에는 도지사의 승인을 얻어야 한다.
> ㉡ 대도시의 시장은 지방도시계획위원회의 심의를 거치기 전에 관계 행정기관의 장과 협의하여야 한다.
> ㉢ 대도시의 시장이 아닌 시장은 기본계획의 내용 중 단계별 정비사업추진계획을 변경하는 때에는 도지사의 승인을 받지 않아도 된다.
> ㉣ 국토교통부장관은 기본계획에 대하여 5년마다 타당성을 검토하여 그 결과를 기본계획에 반영하여야 한다.

① ㉡
② ㉠, ㉢
③ ㉠, ㉣
④ ㉡, ㉢
⑤ ㉠, ㉡, ㉢, ㉣

기출응용 28회

04 도시 및 주거환경정비법령상 재건축사업의 재건축진단에 관한 설명으로 옳은 것은?

① 특별시장·광역시장·특별자치시장·도지사·특별자치도지사(이하 '시·도지사'라 함)는 필요한 경우 「시설물의 안전 및 유지관리에 관한 특별법」에 따른 재건축진단전문기관에 재건축진단 결과의 적정성 여부에 대한 검토를 의뢰할 수 있다.
② 기본계획 수립권자는 정비예정구역별 정비계획의 수립시기가 도래한 때에 재건축진단을 실시하여야 한다.
③ 시장·군수등(특별자치시장 및 특별자치도지사는 제외)은 재건축진단보고서를 제출받은 경우에는 지체 없이 국토교통부장관에게 결정내용과 해당 재건축진단 결과보고서를 제출하여야 한다.
④ 시장·군수등은 재건축진단의 결과만 검토하여 정비계획의 입안 여부를 결정하여야 한다.
⑤ 시장·군수등은 대통령령으로 정하는 재건축진단기관에 의뢰하여 주거환경 적합성, 해당 건축물의 구조안정성, 건축마감, 설비노후도에 관한 재건축진단을 실시하여야 한다.

기출응용 22회

05 도시 및 주거환경정비법령상 재건축사업의 재건축진단에 관한 설명으로 틀린 것은?

① 시장·군수등이 천재지변 등으로 주택이 붕괴되어 신속히 재건축을 추진할 필요가 있다고 인정하는 경우에는 재건축진단을 실시하지 않아도 된다.
② 시장·군수등에게 재건축진단의 실시를 요청하는 경우에는 그 실시를 요청하는 자에게 재건축진단에 드는 비용을 부담하게 할 수 있다.
③ 재건축진단의 실시를 요청하려면 정비계획의 입안을 요청하려는 자가 입안을 요청하기 전에 해당 정비예정구역 또는 사업예정구역에 위치한 건축물 및 그 부속토지의 소유자 10분의 1 이상의 동의를 받아야 한다.
④ 「시설물의 안전 및 유지관리에 관한 특별법」의 시설물에 따라 지정받은 안전등급이 C 또는 D인 건축물은 재건축진단을 실시하지 않아도 된다.
⑤ 주택의 구조안전상 사용금지가 필요하다고 시장·군수등이 인정할 때에는 재건축진단을 실시하지 않아도 된다.

기출응용 22회

06 도시 및 주거환경정비법령상 도시·주거환경정비기본계획(이하 '기본계획'이라 함) 및 정비계획에 관한 설명으로 틀린 것은?

① 건폐율·용적률 등에 관한 건축물의 밀도계획은 기본계획에 포함된다.
② 기본계획의 내용 중 공동이용시설에 대한 설치계획을 변경하는 경우에는 지방도시계획위원회의 심의를 거치지 않아도 된다.
③ 정비계획에 대한 주민공람의 대상에서 세입자도 포함된다.
④ 시·군은 기본계획을 10년 단위로 수립하여야 한다.
⑤ 건축물의 건축선에 관한 계획은 정비계획에 포함되어야 한다.

기출응용 21회·22회·25회

07 도시 및 주거환경정비법령상 시장·군수등의 허가를 받지 않고 정비구역에서 할 수 있는 행위를 모두 고른 것은?

> ㉠ 경작을 위한 토지의 형질변경
> ㉡ 가설건축물의 건축
> ㉢ 농산물의 생산에 직접 이용되는 비닐하우스의 설치
> ㉣ 공유수면의 매립
> ㉤ 경작지에서의 관상용 죽목의 임시식재

① ㉠, ㉢
② ㉠, ㉣
③ ㉡, ㉤
④ ㉡, ㉢, ㉤
⑤ ㉠, ㉡, ㉢, ㉣, ㉤

기출응용 20회·30회

08 도시 및 주거환경정비법령상 도시·주거환경정비기본계획의 수립 및 정비구역의 지정에 관한 설명으로 옳은 것은?

① 정비구역에서 이동이 쉽지 아니한 물건을 14일 동안 쌓아두기 위해서는 시장·군수 등의 허가를 받아야 한다.
② 정비구역에서는 「주택법」에 따른 지역주택조합의 조합원을 모집할 수 있다.
③ 허가를 받아야 하는 행위로서 정비구역의 지정·고시 당시 이미 관계 법령에 따라 행위허가를 받아 공사에 착수한 자는 정비구역의 지정·고시된 날부터 30일 이내에 시장·군수등에게 다시 허가를 받아야 한다.
④ 허가권자가 행위허가를 하려는 경우로서 시행자가 있는 경우에는 미리 그 시행자의 의견을 들어야 한다.
⑤ 정비구역의 지정권자는 정비구역의 진입로 설치를 위하여 필요한 경우에는 진입로 지역과 그 인접지역을 포함하여 정비구역을 지정할 수 없다.

예상문제

09 도시 및 주거환경정비법령상 시장·군수가 정비구역 지정을 위하여 직접 정비계획을 입안하는 경우 조사·확인하여야 하는 사항으로 명시되어 있지 <u>않은</u> 것을 모두 고른 것은? (단, 조례는 고려하지 않음)

> ㉠ 도시·군계획시설 및 정비기반시설의 설치현황
> ㉡ 정비구역 및 주변지역의 교통상황
> ㉢ 정비사업의 시행계획 및 시행방법 등에 대한 관계 지방자치단체의 의견
> ㉣ 토지 및 건축물의 가격
> ㉤ 건폐율·용적률 등에 관한 건축물의 밀도계획

① ㉣
② ㉤
③ ㉠, ㉢
④ ㉢, ㉤
⑤ ㉠, ㉡, ㉢, ㉣, ㉤

예상문제

10 도시 및 주거환경정비법령상 정비구역의 지정권자가 정비구역 등을 해제하여야 하는 사유로서 <u>틀린</u> 것을 모두 고른 것은?

> ㉠ 정비예정구역에 대하여 기본계획에서 정한 정비구역 지정 예정일부터 5년이 되는 날까지 특별자치시장, 특별자치도지사, 시장 또는 군수가 정비구역을 지정하지 아니하거나 구청장등이 정비구역의 지정을 신청하지 아니하는 경우
> ㉡ 토지등소유자가 시행하는 재개발사업으로서 토지등소유자가 정비구역으로 지정·고시된 날부터 7년이 되는 날까지 사업시행계획인가를 신청하지 아니하는 경우
> ㉢ 재개발사업에서 토지등소유자가 정비구역으로 지정·고시된 날부터 3년이 되는 날까지 조합설립추진위원회의 승인을 신청하지 아니하는 경우
> ㉣ 재건축사업에서 조합이 조합설립인가를 받은 날부터 4년이 되는 날까지 사업시행계획인가를 신청하지 아니하는 경우
> ㉤ 재개발사업에서 토지등소유자가 정비구역으로 지정·고시된 날부터 5년이 되는 날까지 조합설립인가를 신청하지 아니하는 경우(도시 및 주거환경정비법 제31조 제4항에 따라 추진위원회를 구성하지 아니하는 경우로 한정)

① ㉣
② ㉤
③ ㉡, ㉢
④ ㉠, ㉢, ㉤
⑤ ㉠, ㉡, ㉢, ㉣, ㉤

03 정비사업

테마 21 | 정비사업의 시행방법 및 시행자

대표문제 · 정비사업의 시행방법

도시 및 주거환경정비법령상 정비사업의 시행방법으로 옳은 것을 모두 고른 것은?

기출응용 20회·29회

> ㉠ 사업시행자가 정비구역에서 인가받은 관리처분계획에 따라 주택, 부대시설·복리시설을 건설하여 공급하는 방법에 의한 재개발사업
> ㉡ 사업시행자가 환지로 공급하는 방법에 의한 재건축사업
> ㉢ 정비구역에서 인가받은 관리처분계획에 따라 건축물을 건설하여 공급하거나 환지로 공급하는 방법에 의한 주거환경개선사업
> ㉣ 인가받은 관리처분계획에 따라 주택 및 부대시설·복리시설을 건설하여 공급하는 방법과 환지로 공급하는 방법을 혼용하는 방법에 의한 주거환경개선사업
> ㉤ 시행자가 정비기반시설 및 공동이용시설을 설치하거나 확대하고 토지등소유자가 스스로 주택을 보전·정비·개량하는 방법에 의한 재건축사업

① ㉣
② ㉤
③ ㉡, ㉢
④ ㉠, ㉢, ㉤
⑤ ㉠, ㉡, ㉢, ㉣, ㉤

POINT
정비사업의 시행방법을 분류별로 정리하여 암기하여야 합니다.

해설
㉠ 사업시행자가 정비구역에서 인가받은 관리처분계획에 따라 건축물을 건설하여 공급하는 방법에 의한 재개발사업
㉡ 사업시행자가 환지로 공급하는 방법에 의한 주거환경개선사업 또는 재개발사업
㉢ 정비구역에서 인가받은 관리처분계획에 따라 건축물을 건설하여 공급하거나 환지로 공급하는 방법에 의한 재개발사업
㉤ 시행자가 정비기반시설 및 공동이용시설을 설치하거나 확대하고 토지등소유자가 스스로 주택을 보전·정비·개량하는 방법에 의한 주거환경개선사업

이론+ 정비사업의 시행방법		
정비사업	시행방법	
주거환경 개선사업	주거환경개선사업은 다음의 어느 하나에 해당하는 방법 또는 이를 혼용하는 방법으로 함	
	• 사업시행자가 정비구역에서 정비기반시설 및 공동이용시설을 새로 설치하거나 확대하고 토지등소유자가 스스로 주택을 보전·정비하거나 개량하는 방법	현지개량방법
	• 사업시행자가 정비구역의 전부 또는 일부를 수용하여 주택을 건설한 후 토지등소유자에게 우선 공급하거나 대지를 토지등소유자 또는 토지등소유자 외의 자에게 공급하는 방법	수용방법
	• 사업시행자가 환지로 공급하는 방법	환지방법
	• 사업시행자가 정비구역에서 인가받은 관리처분계획에 따라 주택 및 부대시설·복리시설을 건설하여 공급하는 방법	관리처분방법
재개발사업	정비구역에서 인가받은 관리처분계획에 따라 건축물을 건설하여 공급하거나 환지로 공급하는 방법으로 함	관리처분방법·환지방법
재건축사업	정비구역에서 인가받은 관리처분계획에 따라 건축물을 건설하여 공급하는 방법으로 함	관리처분방법

정답 ①

기출응용 19회·28회

01 도시 및 주거환경정비법령상 주거환경개선사업에 관한 설명으로 <u>틀린</u> 것을 모두 고른 것은?

㉠ 사업시행자는 '정비구역에서 정비기반시설을 새로 설치하거나 확대하고 토지등소유자가 스스로 주택을 개량하는 방법' 및 '환지로 공급하는 방법'을 혼용할 수 있다.
㉡ 환지방법에 따라 시행하려는 경우 정비구역 지정을 위한 공람공고일 현재 해당 정비예정구역의 토지 또는 건축물의 소유자 또는 지상권자의 2분의 1 이상의 동의와 세입자 세대수 과반수의 동의를 각각 받아 시장·군수등이 직접 시행하거나 토지주택공사등을 사업시행자로 지정하여 시행하게 할 수 있다.
㉢ 관리처분계획에 따라 공급하는 방법은 시장·군수등이 직접 시행할 수 있지만, 토지주택공사등을 사업시행자로 지정하여 시행하게 할 수는 없다.
㉣ 시장·군수등은 세입자의 세대수가 토지등소유자의 2분의 1인 경우 세입자의 동의 절차 없이 토지주택공사등을 사업시행자로 지정할 수 있다.

① ㉡
② ㉣
③ ㉠, ㉢
④ ㉡, ㉢
⑤ ㉠, ㉡, ㉢, ㉣

기출응용 26회

02 도시 및 주거환경정비법령상 재개발사업의 시공자 선정에 관한 설명으로 옳은 것은?

① 조합원이 100명 이하인 정비사업의 경우 경쟁입찰의 방법으로 시공자를 선정하여야 한다.
② 사업시행자는 선정된 시공자와 공사에 관한 계약을 체결할 때에는 기존 건축물의 철거공사에 관한 사항은 포함하지 않는다.
③ 토지등소유자가 사업을 시행하는 경우에는 경쟁입찰의 방법으로 시공자를 선정해야 한다.
④ 조합은 조합설립인가를 받은 후 조합총회에서 경쟁입찰 또는 수의계약(2회 이상 경쟁입찰이 유찰된 경우로 한정)의 방법으로 건설업자 또는 등록사업자를 시공자로 선정하여야 한다.
⑤ 시장·군수등이 직접 정비사업을 시행하는 경우 사업시행자 지정·고시 후 추첨방법으로 건설업자 또는 등록사업자를 시공자로 선정하여야 한다.

기출응용 26회

03 도시 및 주거환경정비법령상 군수가 직접 재개발사업을 시행할 수 있는 사유에 해당하지 않는 것을 모두 고른 것은?

㉠ 순환정비방식으로 정비사업을 시행할 필요가 있다고 인정하는 때
㉡ 추진위원회가 군수의 구성승인을 받은 날부터 5년 이내에 조합설립인가를 신청하지 아니하거나 조합이 조합설립인가를 받은 날부터 5년 이내에 사업시행계획인가를 신청하지 아니한 때
㉢ 해당 정비구역의 국·공유지 면적이 전체 토지면적의 2분의 1 이상으로서 토지등소유자의 과반수가 군수의 직접 시행에 동의하는 때
㉣ 해당 정비구역의 토지면적 3분의 2 이상의 토지소유자와 토지등소유자의 2분의 1 이상에 해당하는 자가 군수의 직접 시행을 요청하는 때
㉤ 고시된 정비계획에서 정한 정비사업시행 예정일부터 3년 이내에 사업시행계획인가를 신청하지 아니한 때

① ㉣
② ㉤
③ ㉡, ㉢
④ ㉠, ㉢, ㉤
⑤ ㉡, ㉣, ㉤

예상문제

04 도시 및 주거환경정비법령상 ( ) 안에 들어갈 내용을 바르게 나열한 것은?

> 재건축사업에 따라 건축물을 건설하여 공급하는 경우 주택, 부대시설 및 복리시설을 제외한 건축물(공동주택 외 건축물)은 「국토의 계획 및 이용에 관한 법률」에 따른 (㉠) 지역 및 (㉡)지역에서만 건설할 수 있다. 이 경우 공동주택 외 건축물의 연면적은 전체 건축물 연면적의 (㉢) 이하이어야 한다.

	㉠	㉡	㉢
①	준주거	상업	100분의 30
②	준주거	공업	100분의 30
③	일반주거	상업	100분의 20
④	일반주거	공업	100분의 20
⑤	준주거	상업	100분의 10

예상문제

05 도시 및 주거환경정비법령상 시장·군수등이 직접 재건축사업을 시행할 수 있는 사유에 해당하지 <u>않는</u> 것은?

① 천재지변 그 밖의 불가피한 사유로 긴급하게 정비사업을 시행할 필요가 있다고 인정하는 때
② 고시된 정비계획에서 정한 정비사업시행 예정일부터 2년 이내에 사업시행계획인가를 신청하지 아니한 때
③ 해당 정비구역의 토지면적 2분의 1 이상의 토지소유자와 토지등소유자의 3분의 2 이상에 해당하는 자가 시장·군수등의 직접 시행을 요청하는 때
④ 해당 정비구역의 국·공유지 면적이 전체 토지면적의 2분의 1 이상으로서 토지등소유자의 과반수가 시장·군수등의 직접 시행에 동의하는 때
⑤ 추진위원회가 시장·군수등의 구성승인을 받은 날부터 3년 이내에 조합설립인가를 신청하지 아니하거나 조합이 조합설립인가를 받은 날부터 3년 이내에 사업시행계획인가를 신청하지 아니한 때

테마 22 | 조합설립추진위원회 및 조합

대표문제 조합설립추진위원회

도시 및 주거환경정비법령상 정비사업의 시행을 위한 조합설립추진위원회(이하 '추진위원회'라 함)에 관한 설명으로 옳은 것은?

기출응용 18회·23회

① 추진위원회가 행한 업무와 관련된 권리·의무는 조합이 포괄승계하지 않는다.
② 토지등소유자는 추진위원회의 운영에 필요한 경비를 운영규정에 따라 납부하여야 한다.
③ 추진위원회는 토지등소유자 3분의 1 이상의 동의를 받아 위원장을 포함한 5인 이상의 위원으로 구성한다.
④ 추진위원회는 정비사업비의 조합원별 분담내역의 결정을 수행할 수 있다.
⑤ 추진위원회를 구성한 경우 국토교통부령으로 정하는 방법 및 절차에 따라 시장·군수등에게 신고하여야 한다.

> **POINT**
> 조합설립추진위원회에 관한 전반적인 내용을 알고 있어야 문제를 풀 수 있습니다.
>
> **해설**
> ① 추진위원회가 행한 업무와 관련된 권리·의무는 조합이 포괄승계한다.
> ③ 추진위원회는 토지등소유자 과반수의 동의를 받아 위원장을 포함한 5인 이상의 위원으로 구성한다.
> ④ 추진위원회가 수행할 수 있는 업무는 '정비사업전문관리업자의 선정 및 변경, 설계자의 선정 및 변경, 개략적인 정비사업 시행계획서의 작성, 조합설립인가를 받기 위한 준비업무, 추진위원회 운영규정의 작성, 토지등소유자의 동의서 접수, 조합의 설립을 위한 창립총회의 개최, 조합정관의 초안 작성'이다. 정비사업비의 조합원별 분담내역의 결정은 조합설립추진위원회의 업무가 아니라 총회의 의결사항에 해당한다.
> ⑤ 추진위원회를 구성한 경우 국토교통부령으로 정하는 방법 및 절차에 따라 시장·군수등의 승인을 받아야 한다.
>
> 정답 ②

기출응용 24회·29회·31회

06 도시 및 주거환경정비법령상 조합설립을 위한 동의에 관하여 (   ) 안에 들어갈 내용을 바르게 나열한 것은?

> 재건축사업의 추진위원회가 조합을 설립하려는 경우 주택단지의 공동주택의 각 동별 구분소유자의 (㉠)(복리시설로서 대통령령으로 정하는 경우에는 3분의 1 이상) 동의와 주택단지의 전체 구분소유자의 (㉡) 이상 및 토지면적의 (㉢) 이상의 토지소유자의 동의를 받아 정관 등의 사항을 첨부하여 정비구역 지정·고시 후 시장·군수등의 (㉣)를 받아야 한다.

	㉠	㉡	㉢	㉣
①	과반수	100분의 70	100분의 70	인가
②	2분의 1	100분의 70	100분의 70	허가
③	과반수	100분의 70	3분의 2	허가
④	2분의 1	4분의 3	3분의 2	동의
⑤	과반수	4분의 3	100분의 70	인가

기출응용 25회

07 도시 및 주거환경정비법령상 재개발사업조합의 설립을 위한 동의자 수 산정 시, 다음에서 산정되는 토지등소유자의 수는? (단, 권리관계는 제시된 것만 고려하며, 토지는 정비구역 안에 소재함)

> - A·B 2인이 공유한 1필지의 토지에 하나의 주택을 단독소유한 C
> - 1필지의 나대지를 단독소유한 C
> - 3필지의 나대지를 공유한 D·E 2인
> - 1필지의 나대지를 단독소유한 F와 그 나대지에 대한 지상권자 G·H 2인

① 3명　　　　　　　　　　② 4명
③ 5명　　　　　　　　　　④ 7명
⑤ 9명

기출응용 26회·29회

08 도시 및 주거환경정비법령상 조합의 정관을 변경하기 위하여 조합원 3분의 2 이상의 동의가 필요한 사항이 아닌 것은?

① 정비구역의 위치 및 면적
② 정비사업비의 부담시기 및 절차
③ 조합원의 자격에 관한 사항
④ 조합원의 제명·탈퇴 및 교체
⑤ 조합임원의 권리·의무·보수·선임방법·변경 및 해임

기출응용 20회·33회

09 도시 및 주거환경정비법령상 조합의 임원에 관한 설명으로 틀린 것을 모두 고른 것은?

> ㉠ 조합임원은 같은 목적의 정비사업을 하는 다른 조합의 임원 또는 직원을 겸할 수 없으며, 조합임원의 임기는 3년 이하의 범위에서 정관으로 정하되 연임할 수 있다.
> ㉡ 조합장의 자기를 위한 조합과의 소송에 관하여는 이사가 조합을 대표한다.
> ㉢ 조합장을 포함하여 조합임원은 조합의 대의원이 될 수 없다.
> ㉣ 조합임원이 결격사유에 해당되어 퇴임되더라도 퇴임 전에 관여한 행위는 그 효력을 잃지 않는다.
> ㉤ 토지등소유자의 수가 100명 미만인 조합에도 감사를 두어야 한다.

① ㉣
② ㉤
③ ㉡, ㉢
④ ㉠, ㉢, ㉤
⑤ ㉡, ㉣, ㉤

기출응용 34회

10 도시 및 주거환경정비법령상 조합의 임원에 관한 설명으로 옳은 것은?

① 조합임원의 임기만료 후 6개월 이상 조합임원이 선임되지 아니한 경우에는 시장·군수등이 조합임원 선출을 위한 총회를 소집할 수 있다.
② 조합임원이 결격사유에 해당하게 되어 당연 퇴임한 경우 그가 퇴임 전에 관여한 행위는 그 효력을 잃는다.
③ 총회에서 요청하여 시장·군수등이 전문조합관리인을 선정한 경우에도 전문조합관리인이 업무를 대행할 임원은 퇴임하지 않고 계속 유지한다.
④ 조합장이 아닌 조합임원은 대의원이 될 수 있다.
⑤ 대의원회는 임기 중 궐위된 조합장을 보궐 선임할 수 있다.

기출응용 30회

11 도시 및 주거환경정비법령상 조합총회의 소집에 관한 규정이다. (   ) 안에 들어갈 숫자를 바르게 나열한 것은?

- 총회는 조합장의 직권으로 소집하거나 조합원 (㉠) 이상 또는 대의원 (㉡) 이상의 요구로 조합장이 소집한다.
- 총회를 소집하려는 자는 총회가 개최되기 (㉢)일 전까지 회의 목적·안건·일시 및 장소를 정하여 조합원에게 통지하여야 한다.

	㉠	㉡	㉢
①	5분의 1	3분의 2	7
②	3분의 2	5분의 1	7
③	5분의 1	3분의 2	5
④	3분의 2	5분의 1	5
⑤	10분의 1	3분의 2	7

기출응용 32회

12 도시 및 주거환경정비법령상 조합총회의 의결사항 중 대의원회가 대행할 수 <u>없는</u> 사항을 모두 고른 것은?

> ㉠ 총회에 상정하여야 하는 사항
> ㉡ 조합장을 제외한 정관으로 정하는 바에 따라 임기 중 궐위된 자를 보궐선임하는 경우
> ㉢ 자금의 차입과 그 방법·이자율 및 상환방법에 관한 사항
> ㉣ 정비사업비의 변경에 관한 사항

① ㉠, ㉡, ㉢
② ㉠, ㉡, ㉣
③ ㉠, ㉢, ㉣
④ ㉡, ㉢, ㉣
⑤ ㉠, ㉡, ㉢, ㉣

기출응용 23회·25회

13 도시 및 주거환경정비법령상 재개발사업조합에 관한 설명으로 <u>틀린</u> 것은?

① 조합원의 자격에 관한 사항에 대하여 정관을 변경하고자 하는 경우 총회에서 조합원 과반수의 동의를 받아야 한다.
② 이사의 자기를 위한 조합과의 계약에 관하여는 감사가 조합을 대표한다.
③ 재개발사업 추진위원회가 조합을 설립하려면 시장·군수등의 인가를 받아야 한다.
④ 조합원의 수가 100명 이상인 조합은 대의원회를 두어야 한다.
⑤ 토지의 소유권이 여러 명의 공유에 속하는 때에는 그 여러 명을 대표하는 1명을 조합원으로 본다.

기출응용 24회·26회

14 도시 및 주거환경정비법령상 조합의 설립 등에 관한 설명으로 옳은 것을 모두 고른 것은?

> ㉠ 조합설립추진위원회의 조합설립을 위한 토지등소유자의 동의는 구두로도 할 수 있다.
> ㉡ 대의원회는 조합원의 10분의 1 이상으로 구성한다. 다만, 조합원의 10분의 1이 100명을 넘는 경우에는 조합원의 10분의 1의 범위에서 100명 이상으로 구성할 수 있다.
> ㉢ 재건축사업의 조합원은 재건축사업에 동의한 토지등소유자만 해당한다.
> ㉣ 관리처분계획의 수립 및 변경을 의결하는 총회의 경우에는 조합원의 100분의 10 이상이 직접 출석하여야 한다.
> ㉤ 조합설립인가를 받은 경우에는 따로 등기를 하지 않아도 조합이 성립된다.

① ㉣
② ㉤
③ ㉠, ㉢
④ ㉡, ㉢
⑤ ㉡, ㉣, ㉤

기출응용 25회·27회

15 도시 및 주거환경정비법령상 조합에 관한 설명으로 틀린 것은?

① 정비사업비가 100분의 10(생산자물가상승률분, 도시 및 주거환경정비법 제73조에 따른 손실보상 금액은 제외) 이상 늘어나는 경우에는 조합원 3분의 2 이상의 찬성으로 의결하여야 한다.
② 조합의 설립인가를 받기 위해서는 조합장의 인감증명서가 포함된 선임동의서를 시장·군수등에게 제출하여야 한다.
③ 시장·군수등, 토지주택공사등 또는 지정개발자가 아닌 자가 정비사업을 시행하려는 경우에는 토지등소유자로 구성된 조합을 설립하여야 한다.
④ 토지등소유자가 재개발사업을 시행하려는 경우에는 토지등소유자로 구성된 조합을 설립하지 않고 토지등소유자가 사업을 시행할 수 있다.
⑤ 토지등소유자가 100명 이하인 조합에는 3명 이상의 이사를 두며, 토지등소유자의 수가 100명을 초과하는 경우에는 이사의 수를 5명 이상으로 한다.

기출응용 31회

16 도시 및 주거환경정비법령상 주민대표회의 등에 관한 설명으로 옳은 것은?

① 주민대표회의에는 위원장과 부위원장 각 1명과 3명 이상 5명 이하의 감사를 둔다.
② 상가세입자는 사업시행자가 건축물 철거의 사항에 관하여 시행규정을 정하는 때에 의견을 제시할 수 없다.
③ 주민대표회의의 운영, 비용부담, 위원의 선임방법 및 절차 등에 필요한 사항은 대통령령으로 정한다.
④ 주민대표회의는 토지등소유자의 3분의 2 이상의 동의를 받아 구성한다.
⑤ 주민대표회의는 위원장을 포함하여 3명 이상 15명 이하로 구성한다.

예상문제

17 도시 및 주거환경정비법령상 재개발사업을 시행하기 위하여 조합을 설립할 때 다음 표의 예시에서 산정되는 토지등소유자의 수는?

지번	토지소유자	건축물소유자	지상권자
1	A	H, I	
2	B, C		D, E
3	F	G	
4	A	A	

① 3인 ② 4인
③ 5인 ④ 7인
⑤ 9인

예상문제

18 도시 및 주거환경정비법령상 조합의 정관으로 정할 수 없는 것은?

① 대의원의 수, 선임방법, 선임절차 및 대의원회의 의결방법
② 조합원의 자격
③ 시공자·설계자의 선정 및 계약서에 포함될 내용
④ 정비사업비의 부담시기 및 절차
⑤ 대의원회 법정 의결정족수의 완화

예상문제

19 도시 및 주거환경정비법령상 조합의 임원에 관한 설명으로 <u>틀린</u> 것은?

① 조합장이 대의원회의 의장이 되는 경우에는 대의원으로 본다.
② 조합임원은 조합원 10분의 1 이상의 요구로 소집된 총회에서 조합원 2분의 1 이상의 출석과 출석 조합원 2분의 1 이상의 동의를 받아 해임할 수 있다.
③ 시장·군수등이 전문조합관리인을 선정한 경우 전문조합관리인이 업무를 대행할 임원은 당연 퇴임한다.
④ 조합은 총회 의결을 거쳐 조합임원의 선출에 관한 선거관리를 「선거관리위원회법」에 따라 선거관리위원회에 위탁할 수 있다.
⑤ 토지등소유자의 수가 100인을 초과하는 경우 조합에 두는 이사의 수는 5명 이상으로 한다.

테마 23 | 사업시행계획 및 정비사업시행을 위한 조치

대표문제 사업계획서 포함사항

도시 및 주거환경정비법령상 재건축사업의 사업시행자가 작성하여야 하는 사업시행계획서에 포함되어야 하는 사항이 <u>아닌</u> 것을 모두 고른 것은? (단, 조례는 고려하지 않음)

기출응용 22회·31회

㉠ 세입자별 손실보상을 위한 권리명세 및 그 평가액
㉡ 임시거주시설을 포함한 주민이주대책
㉢ 「도시 및 주거환경정비법」 제10조(임대주택 및 주택규모별 건설비율)에 따른 임대주택의 건설계획
㉣ 정비구역으로부터 200m 이내에 교육시설이 설치되어 있는 경우 교육시설의 교육환경 보호에 관한 계획
㉤ 정비기반시설 및 공동이용시설의 설치계획

① ㉣
② ㉤
③ ㉠, ㉢
④ ㉡, ㉢
⑤ ㉡, ㉣, ㉤

POINT
재건축사업의 사업시행자가 작성하여야 하는 사업시행계획서에 포함되어야 하는 사항을 암기하여야 합니다.

해설
㉠ 세입자별 손실보상을 위한 권리명세 및 그 평가액은 관리처분계획 시 포함되어야 하는 사항이다.
㉢ 임대주택의 건설계획은 재개발사업의 사업시행계획서에는 포함되지만, 재건축사업의 사업시행계획서에는 포함되지 않는 사항이다.

이론⊕ 사업시행계획서의 작성

재개발·재건축사업의 사업시행자는 정비계획에 따라 '토지이용계획, 정비기반시설 및 공동이용시설의 설치계획, 임시거주시설을 포함한 주민이주대책, 세입자의 주거 및 이주대책, 사업시행기간 동안 정비구역 내 가로등 설치, 폐쇄회로 텔레비전 설치 등 범죄예방대책, 건축물의 높이 및 용적률 등에 관한 건축계획, 교육시설의 교육환경 보호에 관한 계획' 등을 작성하여 사업시행계획에 포함하여야 한다.

정답 ③

기출응용 25회·30회

20 도시 및 주거환경정비법령상 정비사업의 시행에 관한 설명으로 틀린 것은?

① 재개발사업의 사업시행자는 사업시행으로 이주하는 상가세입자가 사용할 수 있도록 정비구역 또는 정비구역 인근에 임시상가를 설치할 수 있다.
② 재건축사업을 하는 정비구역에서 건축물을 건설하여 공급하는 경우 주택, 부대시설 및 복리시설을 제외한 건축물(공동주택 외 건축물)은 「국토의 계획 및 이용에 관한 법률」에 따른 준주거지역 및 상업지역에서만 건설할 수 있다.
③ 조합의 정관에는 정비구역의 위치 및 면적이 포함되어야 한다.
④ 조합은 명칭에 '정비사업조합'이라는 문자를 사용하여야 한다.
⑤ 조합설립인가 후 시장·군수등이 토지주택공사등을 사업시행자로 지정·고시한 때에는 그 고시일에 조합설립인가가 취소된 것으로 본다.

기출응용 25회·32회

21 도시 및 주거환경정비법령상 사업시행계획 등에 관한 설명으로 옳은 것은?

① 재개발사업은 토지등소유자가 30인인 경우에는 토지등소유자가 직접 시행할 수 있다.
② 사업시행자가 사업시행인가를 받은 후 대지면적을 20%의 범위 안에서 변경하는 경우 시장·군수등에게 신고하여야 한다.
③ 시장·군수등은 재개발사업의 사업시행계획인가를 하는 경우 해당 정비사업의 사업시행자가 지정개발자인 때에는 정비사업비의 100분의 30의 범위에서 시·도조례로 정하는 금액을 예치하게 할 수 있다.
④ 시장·군수등은 사업시행계획인가를 하려는 경우 정비구역부터 300m 이내에 교육시설이 설치되어 있는 때에는 해당 지방자치단체의 교육감 또는 교육장과 협의하여야 한다.
⑤ 사업시행계획서에는 사업시행기간 동안의 정비구역 내 가로등 설치, 폐쇄회로 텔레비전 설치 등 범죄예방대책이 포함되어야 한다.

기출응용 22회

22 도시 및 주거환경정비법령상 사업시행자 등에 관한 설명으로 <u>틀린</u> 것을 모두 고른 것은?

> ㉠ 주거환경개선사업의 사업시행자가 임시거주시설 등 설치를 위하여 지방자치단체의 건축물을 일시 사용하고자 신청한 경우, 그 지방자치단체는 제3자와 이미 매매계약을 체결하였더라도 이를 거절할 수 없다.
> ㉡ 사업시행자는 정비사업의 공사를 완료한 때에는 완료한 날부터 30일 이내에 임시거주시설을 철거하고, 사용한 건축물이나 토지를 원상회복하여야 한다.
> ㉢ 정비사업의 사업대행자는 사업시행자에게 청구할 수 있는 보수에 대한 권리로써 사업시행자에게 귀속될 건축물을 압류할 수 없다.
> ㉣ 시장·군수등이 아닌 사업대행자는 사업시행자에게 재산상의 부담을 주는 행위를 하려는 때에는 미리 시장·군수등의 승인을 받아야 한다.

① ㉡
② ㉣
③ ㉠, ㉢
④ ㉡, ㉢
⑤ ㉠, ㉡, ㉣

기출응용 25회

23 도시 및 주거환경정비법령상 조합에 의한 재개발사업의 시행에 관한 설명으로 옳은 것은?

① 사업시행으로 철거되는 주택의 소유자 또는 세입자를 위하여 사업시행자가 지방자치단체의 건축물을 임시거주시설로 사용하는 경우 사용료 또는 대부료를 일부 지불하여야 한다.
② 조합이 시·도지사 또는 토지주택공사등에게 재개발사업의 시행으로 건설된 임대주택의 인수를 요청하는 경우 토지주택공사등이 우선하여 인수하여야 한다.
③ 사업을 시행하고자 하는 경우 시장·군수등에게 신고하여야 한다.
④ 인가받은 사업시행계획 중 건축물이 아닌 부대시설·복리시설의 위치를 변경하고자 하는 경우에는 변경인가를 받아야 한다.
⑤ 사업시행계획서에는 일부 건축물의 존치 또는 리모델링에 관한 내용이 포함될 수 없다.

예상문제

24 도시 및 주거환경정비법령상 한국토지주택공사가 단독으로 정비사업을 시행하는 경우에 작성하는 시행규정에 포함하여야 하는 사항이 아닌 것을 모두 고른 것은? (단, 수용의 방법으로 시행하는 경우이며, 조례는 고려하지 않음) ㉠㉡㉢

> ㉠ 정비사업의 시행연도 및 시행방법
> ㉡ 관리처분계획 및 청산
> ㉢ 공고·공람 및 통지의 방법
> ㉣ 토지 및 건축물에 관한 권리의 평가방법
> ㉤ 토지등소유자 전체회의

① ㉣
② ㉡, ㉤
③ ㉠, ㉢, ㉤
④ ㉡, ㉢, ㉣
⑤ ㉡, ㉣, ㉤

예상문제

25 도시 및 주거환경정비법령상 사업시행자가 국민주택규모 주택을 건설하여야 하는 경우 그 주택의 공급 및 인수에 관한 설명으로 옳은 것은? ㉠㉡㉢

① 임대주택의 인수자는 임대의무기간에 따라 감정평가액의 100분의 50 이하의 범위에서 대통령령으로 정하는 가격으로 부속 토지를 인수하여야 한다. 단, 부속 토지를 인수자에게 기부채납하는 것은 제외한다.
② 시·도지사 및 시장·군수·구청장이 국민주택규모 주택을 인수할 수 없는 경우 한국토지주택공사가 인수하여야 한다.
③ 사업시행자는 건설한 국민주택규모 주택을 국토교통부장관을 제외한 시·도지사, 시장·군수·구청장 또는 토지주택공사등에 공급하여야 한다.
④ 선정된 국민주택규모 주택을 공급하는 경우에는 시장·군수·구청장, 시·도지사 순으로 우선하여 인수할 수 있다.
⑤ 사업시행자는 인수자에게 공급해야 하는 국민주택규모 주택을 수의계약의 방법으로 선정해야 한다.

테마 24 | 정비사업시행 절차

대표문제 분양공고의 내용

도시 및 주거환경정비법령상 분양공고에 포함되어야 할 사항으로 명시되지 않은 것을 모두 고른 것은? (단, 토지등소유자 1인이 시행하는 재개발사업은 제외하고, 조례는 고려하지 않음)

기출응용 30회

> ㉠ 사업시행인가의 내용
> ㉡ 분양대상별 종전의 토지 또는 건축물의 명세 및 사업시행계획인가의 고시가 있은 날을 기준으로 한 가격
> ㉢ 토지등소유자 외의 권리자의 권리신고방법
> ㉣ 분양신청기간 및 장소
> ㉤ 분양대상자별 분담금의 추산액

① ㉣
② ㉡, ㉤
③ ㉠, ㉢, ㉤
④ ㉡, ㉢, ㉣
⑤ ㉡, ㉣, ㉤

POINT
분양공고 시 포함되어야 할 사항과 분양통지 시 포함되어야 할 사항을 비교하여 정리할 필요가 있습니다.

해설
'사업시행인가의 내용(㉠), 정비사업의 종류·명칭 및 정비구역의 위치·면적, 분양신청기간 및 장소(㉣), 분양대상 대지 또는 건축물의 내역, 분양신청자격, 분양신청방법, 토지등소유자 외의 권리자의 권리신고방법(㉢), 분양을 신청하지 아니한 자에 대한 조치, 그 밖에 시·도조례로 정하는 사항'은 분양공고에 포함되어야 할 사항이지만, 분양대상자별 분담금의 추산액(㉤)과 분양대상별 종전의 토지 또는 건축물의 명세 및 사업시행계획인가의 고시가 있은 날을 기준으로 한 가격(㉡)은 토지등소유자에게 분양통지 시 포함되어야 할 사항에 해당한다.

정답 ②

기출응용 21회·33회

26 도시 및 주거환경정비법령상 분양신청에 관한 설명이다. ( ) 안에 들어갈 내용을 바르게 나열한 것은?

> 분양신청기간은 통지한 날부터 (㉠)일 이상 (㉡)일 이내로 하여야 한다. 다만, 사업시행자는 관리처분계획의 수립에 지장이 없다고 판단하는 경우에는 분양신청기간을 (㉢)일의 범위에서 한 차례만 연장할 수 있다.

	㉠	㉡	㉢
①	30	60	20
②	30	60	30
③	30	90	20
④	60	60	30
⑤	90	60	30

기출응용 29회

27 도시 및 주거환경정비법령상 사업시행자가 인가받은 관리처분계획을 변경하고자 할 때 시장·군수등에게 신고하여야 하는 경우가 아닌 것을 모두 고른 것은?

> ㉠ 정관 및 사업시행계획인가의 변경에 따라 관리처분계획을 변경하는 경우
> ㉡ 사업시행자의 변동에 따른 권리·의무의 변동이 있는 경우로서 분양설계의 변경을 수반하는 경우
> ㉢ 계산착오·오기·누락 등에 따른 조서의 단순정정인 경우로서 불이익을 받는 자가 있는 경우
> ㉣ 재건축사업에서의 매도청구에 대한 판결에 따라 관리처분계획을 변경하는 경우
> ㉤ 주택분양에 관한 권리를 포기하는 토지등소유자에 대한 임대주택의 공급에 따라 관리처분계획을 변경하는 경우

① ㉣
② ㉡, ㉢
③ ㉡, ㉤
④ ㉠, ㉢, ㉤
⑤ ㉡, ㉣, ㉤

기출응용 17회

28 도시 및 주거환경정비법상 다음의 경우 재건축사업의 주택공급과 관련하여 최대로 공급받을 수 있는 주택의 수는?

> ㉠ 과밀억제권역 내 재건축사업지구에 1세대가 2주택을 소유한 자
> ㉡ 과밀억제권역 이외 지역의 재건축사업지구에 1세대가 5주택을 소유한 자
> ※ 단, 주택을 공급받는 자는 근로자 숙소·기숙사 용도로 주택을 소유하고 있는 토지등소유자, 국가, 지방자치단체 및 주택공사등이 아닌 것으로 한다.

	㉠	㉡
①	1	1
②	1	3
③	1	5
④	2	3
⑤	2	5

기출응용 21회·28회

29 도시 및 주거환경정비법령상 주택의 공급 등에 관한 설명으로 틀린 것은?

① 정비구역에 세입자와 면적 90m² 미만의 토지를 소유한 자로서 건축물을 소유하지 아니한 자의 요청이 있는 경우 국토교통부장관은 인수한 임대주택의 일부를 「주택법」에 따른 토지임대부 분양주택으로 전환하여 공급하여야 한다.
② 사업시행자는 정비사업의 시행으로 임대주택을 건설하는 경우 공급대상자에게 주택을 공급하고 남은 주택을 공급대상자 외의 자에게 공급할 수 있다.
③ 근로자(공무원인 근로자를 포함) 숙소, 기숙사 용도로 주택을 소유하고 있는 토지등소유자에게는 3주택까지 공급할 수 있다.
④ 주거환경개선사업의 사업시행자는 정비사업의 시행으로 건설된 건축물을 인가된 관리처분계획에 따라 토지등소유자에게 공급하여야 한다.
⑤ 국토교통부장관, 시·도지사, 시장·군수·구청장 또는 토지주택공사등은 조합이 요청하는 경우 재개발사업의 시행으로 건설된 임대주택을 인수하여야 한다.

기출응용 23회·32회

30 도시 및 주거환경정비법령상 관리처분계획의 기준에 관한 설명으로 옳은 것은?

① 사업시행자는 폐공가의 밀집으로 범죄 발생의 우려가 있는 경우 기존 건축물 소유자의 동의 및 시장·군수등의 허가를 받더라도 해당 건축물을 철거할 수 없다.
② 너무 좁은 토지 또는 건축물을 취득한 자나 정비구역 지정 후 분할된 토지 또는 집합건물의 구분소유권을 취득한 자에 대하여는 현금으로 청산할 수 있다.
③ 같은 세대에 속하지 아니하는 3명이 1토지를 공유한 경우에는 3주택을 공급하여야 한다.
④ 분양설계에 관한 계획은 분양신청기간이 진행 중인 날을 기준으로 하여 수립한다.
⑤ 관리처분계획상 분양대상자별 종전의 토지 또는 건축물의 명세 및 사업시행계획인가 고시가 있는 날을 기준으로 한 가격에 따른 가격의 범위 또는 종전주택의 주거전용면적의 범위에서 2주택을 공급할 수 있고, 이 중 1주택은 주거전용면적을 $85m^2$ 이하로 한다.

기출응용 31회

31 도시 및 주거환경정비법령상 관리처분계획에 따른 처분 등에 관한 설명으로 옳은 것을 모두 고른 것은?

㉠ 사업시행자는 분양신청을 받은 후 잔여분이 있는 경우에는 사업시행계획으로 정하는 목적을 위하여 그 잔여분을 조합원 또는 토지등소유자 이외의 자에게 분양할 수 없다.
㉡ 조합이 재개발임대주택의 인수를 요청하는 경우 국토교통부장관이 우선하여 인수하여야 한다.
㉢ 정비사업의 시행으로 조성된 대지 및 건축물은 관리처분계획에 따라 처분 또는 관리하여야 한다.
㉣ 환지를 공급하는 방법으로 시행하는 주거환경개선사업의 사업시행자가 정비구역에 주택을 건설하는 경우 주택의 공급방법에 관하여 「주택법」에도 불구하고 시장·군수등의 승인을 받아 따로 정할 수 없다.
㉤ 사업시행자는 정비사업의 시행으로 건설된 건축물을 관리처분계획에 따라 토지등소유자에게 공급하여야 한다.

① ㉣
② ㉠, ㉡
③ ㉠, ㉢
④ ㉢, ㉤
⑤ ㉡, ㉣, ㉤

기출응용 27회

32 도시 및 주거환경정비법령상 관리처분계획 등에 관한 설명으로 틀린 것은?

① 관리처분계획의 인가·고시가 있은 때에는 종전의 토지의 임차권자는 사업시행자의 동의를 받은 경우에는 소유권의 이전고시가 있는 날까지 종전의 토지를 사용할 수 있다.
② 시장·군수등은 사업시행자의 관리처분계획인가의 신청이 있은 날부터 30일 이내에 인가 여부를 결정하여 사업시행자에게 통보하여야 한다.
③ 너무 넓은 토지 또는 건축물을 취득한 자나 정비구역 지정 후 분할된 토지 또는 집합건물의 구분소유권을 취득한 자에게는 현금으로 청산할 수 있다.
④ 재개발사업의 관리처분은 정비구역의 지상권자에 대한 분양을 포함하지 않는다.
⑤ 재건축사업의 관리처분 기준은 조합원 전원의 동의를 받아 법령상 정해진 관리처분의 기준과 달리 정할 수 있다.

기출응용 21회·22회

33 도시 및 주거환경정비법령상 관리처분계획 및 관리처분에 관한 설명으로 옳은 것을 모두 고른 것은?

㉠ 주택분양에 관한 권리를 포기하는 토지등소유자에 대한 임대주택의 공급에 따라 관리처분계획을 변경하는 경우 조합총회의 의결을 거쳐야 한다.
㉡ 재건축사업의 사업시행자는 관리처분계획을 수립하여 시장·군수등의 인가를 받아야 하며, 당해 관리처분계획을 중지하는 경우에는 시장·군수등에게 신고하여야 한다.
㉢ 조합원 5분의 1 이상이 관리처분계획인가 신청이 있은 날부터 15일 이내에 관리처분계획의 타당성 검증을 요청한 경우 시장·군수등은 이에 따라야 한다.
㉣ 지분형 주택의 규모는 주거전용면적이 85m² 이하인 주택으로 한정한다.
㉤ 관리처분계획에는 분양대상자별 종전의 토지 또는 건축물 명세 및 사업시행계획인가의 고시가 있은 날을 기준으로 한 가격이 포함되어야 한다.

① ㉣
② ㉠, ㉡
③ ㉠, ㉢
④ ㉢, ㉤
⑤ ㉡, ㉣, ㉤

기출응용 31회

34 도시 및 주거환경정비법령상 공사완료에 따른 조치 등에 관한 설명으로 옳은 것을 모두 고른 것은?

> ㉠ 준공인가에 따라 정비구역의 지정이 해제되면 조합도 해산된 것으로 본다.
> ㉡ 건축물을 분양받을 자는 사업시행자가 소유권이전에 관한 내용을 공보에 고시한 날에 건축물에 대한 소유권을 취득한다.
> ㉢ 시장·군수등은 준공인가 전 사용허가를 하는 때에는 동별·세대별로 사용허가를 할 수 있지만, 구획별로는 사용허가를 할 수 없다.
> ㉣ 정비사업에 관하여 소유권의 이전고시가 있은 날부터 등기가 있을 때까지는 저당권 등의 다른 등기를 하지 못한다.
> ㉤ 토지주택공사등인 사업시행자가 다른 법률에 의하여 자체적으로 준공인가를 처리한 경우에는 준공인가를 받은 것으로 본다.

① ㉡, ㉤
② ㉢, ㉤
③ ㉣, ㉤
④ ㉠, ㉢, ㉤
⑤ ㉡, ㉣, ㉤

기출응용 21회·29회

35 도시 및 주거환경정비법령상 정비사업의 준공인가 및 이전고시에 관한 설명으로 옳은 것은?

① 정비사업에 의하여 건축물을 분양받을 자에게 소유권을 이전한 경우 종전의 건축물에 설정된 저당권 등 등기된 권리는 소유권을 이전받은 건축물에 설정된 것으로 보지 않는다.
② 관리처분계획을 수립하는 경우 정비구역의 지정은 이전고시가 있은 날에 해제된 것으로 본다.
③ 시장·군수등은 효율적인 준공검사를 위하여 필요한 때에는 건축위원회의 심의를 거쳐 관계 행정기관·공공기관·연구기관, 그 밖의 전문기관 또는 단체에게 준공검사의 실시를 의뢰해야 한다.
④ 정비사업의 효율적인 추진을 위하여 필요한 경우에는 해당 정비사업에 관한 공사가 전부 완료되기 전이라도 완공된 부분은 준공인가를 받아 대지 또는 건축물별로 분양받을 자에게 소유권을 이전할 수 있다.
⑤ 사업시행자인 지방공사가 정비사업공사를 완료한 때에는 시장·군수등의 준공인가를 받지 않아도 된다.

기출응용 19회

36 도시 및 주거환경정비법령상 정비사업의 준공인가에 관한 설명으로 틀린 것은?

① 시장·군수등은 준공인가를 하기 전이라도 완공된 건축물이 사용에 지장이 없는 등 대통령령으로 정하는 기준에 적합한 경우에는 입주예정자가 완공된 건축물을 사용할 수 있도록 사업시행자에게 허가할 수 있다.
② 준공인가 신청을 받은 시장·군수등은 30일 이내에 준공검사를 실시하여야 한다.
③ 정비사업의 시행자가 시장·군수등이 아닌 경우에는 정비사업에 관한 공사를 완료한 때에 시장·군수등의 준공인가를 받아야 한다.
④ 조합장은 이전고시가 있은 날부터 1년 이내에 조합 해산을 위한 총회를 소집하여야 한다.
⑤ 토지주택공사등인 사업시행자는 다른 법률에 의하여 자체적으로 처리한 준공인가결과를 시장·군수등에게 통보한 때에는 그 사실을 분양대상자에게 지체 없이 통지하여야 한다.

기출응용 21회·26회

37 도시 및 주거환경정비법령상 정비사업의 청산금에 관한 설명으로 옳은 것을 모두 고른 것은?

㉠ 정비사업 시행지역 내의 건축물 저당권자는 그 건축물의 소유자가 지급받을 청산금에 대하여 청산금을 지급하기 전에 압류절차를 거쳐 저당권을 행사할 수 없다.
㉡ 조합총회의 의결을 거쳐 정한 경우에는 사업시행계획인가 후부터 소유권이전의 고시일까지 청산금을 분할징수할 수 있다.
㉢ 청산금을 납부할 자가 이를 납부하지 아니하는 경우 시장·군수등인 사업시행자는 지방세 체납처분의 예에 따라 징수할 수 있다.
㉣ 청산금을 납부할 자가 이를 납부하지 아니하는 경우에는 시장·군수등이 아닌 사업시행자는 시장·군수등에게 청산금의 징수를 위탁할 수 있다. 이 경우 사업시행자는 징수한 금액의 100분의 10에 해당하는 금액을 해당 시장·군수등에게 지급하여야 한다.
㉤ 청산금을 징수할 권리는 소유권이전의 고시일로부터 5년간 행사하지 아니하면 소멸한다.
㉥ 종전에 소유하고 있던 토지의 가격과 분양받은 대지의 가격은 그 토지의 규모·위치·용도·이용상황·정비사업비 등을 참작하여 평가하여야 한다.

① ㉡, ㉤ ② ㉢, ㉥ ③ ㉣, ㉥
④ ㉠, ㉢, ㉤ ⑤ ㉡, ㉣, ㉥

기출응용 30회

38 도시 및 주거환경정비법령상 비용의 부담 등에 관한 설명으로 옳은 것은?

① 사업시행자인 한국토지주택공사는 부과금 또는 연체료를 체납하는 자가 있는 때에는 시장·군수등에게 그 부과·징수를 위탁할 수 있다.
② 정비사업비는「도시 및 주거환경정비법」또는 다른 법령에 특별한 규정이 있는 경우를 제외하고는 국가가 부담한다.
③ 사업시행자는 정비사업을 시행하는 지역에 전기·가스 등의 공급시설을 설치하기 위하여 공동구를 설치하는 경우에는 다른 법령에 따라 그 공동구에 수용될 시설을 설치할 의무가 있는 자에게 공동구의 설치에 드는 비용을 부담시킬 수 없다.
④ 정비구역의 국유·공유재산은 정비사업 외의 목적으로 매각되거나 양도될 수 있다.
⑤ 정비구역의 국유·공유재산은 사업시행자 또는 점유자 및 사용자에게 다른 사람에 우선하여 수의계약으로 매각될 수 없다.

기출응용 32회

39 도시 및 주거환경정비법령상 청산금 및 비용의 부담 등에 관한 설명으로 **틀린** 것을 모두 고른 것은?

㉠ 국가 또는 지방자치단체는 토지임대부 분양주택을 공급받는 자에게 해당 공급비용의 전부를 융자할 수는 없다.
㉡ 정비사업을 목적으로 우선하여 매각하는 국·공유지는 사업시행계획인가의 고시가 있은 날을 기준으로 평가하며, 주거환경개선사업의 경우 매각가격은 평가금액의 100분의 50으로 한다.
㉢ 국가 또는 지방자치단체는 시장·군수등이 아닌 사업시행자가 시행하는 정비사업에 드는 비용의 일부를 보조 또는 융자하거나 융자를 알선할 수 있다.
㉣ 청산금을 지급받을 자가 받기를 거부하더라도 사업시행자는 그 청산금을 공탁할 수는 없다.

① ㉠, ㉣
② ㉡, ㉢
③ ㉠, ㉡, ㉣
④ ㉠, ㉢, ㉣
⑤ ㉡, ㉢, ㉣

예상문제

40 도시 및 주거환경정비법령상 분양신청을 하지 아니한 자 등에 대한 조치에 관한 설명이다. (   ) 안에 들어갈 내용을 바르게 나열한 것은?

- 분양신청기간 종료 이전에 분양신청을 철회한 토지등소유자가 있는 경우 사업시행자는 관리처분계획이 인가·고시된 다음 날부터 (㉠)일 이내에 그 자와 토지, 건축물 또는 그 밖의 권리의 손실보상에 관한 협의를 하여야 한다.
- 위 협의가 성립되지 아니하면 사업시행자는 그 기간의 만료일 다음 날부터 (㉡)일 이내에 수용재결을 신청하거나 매도청구소송을 제기하여야 한다.
- 사업시행자는 기간을 넘겨서 수용재결을 신청하거나 매도청구소송을 제기한 경우에는 해당 토지등소유자에게 지연일수에 따른 이자를 지급하여야 하며, 이 경우 이자는 (㉢) 이하의 범위에서 대통령령으로 정하는 이율을 적용하여 산정한다.

	㉠	㉡	㉢
①	60	30	100분의 30
②	60	60	100분의 20
③	60	90	100분의 15
④	90	60	100분의 20
⑤	90	60	100분의 15

예상문제

41 도시 및 주거환경정비법령상 지분형 주택 등의 공급에 관한 설명으로 **틀린** 것은?

① 지분형 주택의 공급방법·절차, 지분 취득비율, 지분 사용료 및 지분 취득가격 등에 관하여 필요한 사항은 사업시행자가 따로 정한다.
② 지분형 주택의 분양대상자는 정비사업의 시행으로 철거되는 주택 외 다른 주택을 소유하지 아니한 사람이어야 한다.
③ 지분형 주택의 규모는 주거전용면적 60m 이하의 주택으로 한정한다.
④ 지분형 주택의 분양대상자는 세대주로서 정비계획의 공람 공고일 당시 해당 정비구역에 2년 이상 실제 거주한 사람이어야 한다.
⑤ 지분형 주택의 공동소유기간은 소유권을 취득한 날부터 20년의 범위에서 사업시행자가 정하는 기간으로 한다.

예상문제

42 도시 및 주거환경정비법령상 시장·군수등이 아닌 사업시행자가 시행하는 정비사업의 정비계획에 따라 설치되는 도시·군계획시설 중 그 건설에 드는 비용을 시장·군수등이 부담할 수 있는 시설을 모두 고른 것은?

㉠ 학교	㉡ 공용주차장
㉢ 광장	㉣ 도로
㉤ 공항	㉥ 공동구

① ㉠, ㉡, ㉢
② ㉡, ㉢, ㉣
③ ㉢, ㉣, ㉥
④ ㉡, ㉢, ㉣, ㉥
⑤ ㉠, ㉡, ㉢, ㉣, ㉤, ㉥

예상문제

43 도시 및 주거환경정비법령상 공공재개발사업에 관한 설명이다. (   ) 안에 들어갈 숫자를 바르게 나열한 것은?

정비구역의 지정권자는 공공재개발사업 예정구역이 지정·고시된 날부터 (㉠)년이 되는 날까지 공공재개발사업 예정구역이 공공재개발사업을 위한 정비구역으로 지정되지 아니하거나, 공공재개발사업 시행자가 지정되지 아니하면 그 (㉠)년이 되는 날의 다음 날에 공공재개발사업 예정구역 지정을 해제하여야 한다. 다만, 정비구역의 지정권자는 1회에 한하여 (㉡)년의 범위에서 공공재개발사업 예정구역의 지정을 연장할 수 있다.

	㉠	㉡
①	1	1
②	1	2
③	2	1
④	3	1
⑤	5	1

**에듀윌이
너를
지지할게**

ENERGY

다 알고 가는 사람은 없습니다.
굳게 믿고 가는 사람이 있을 뿐입니다.

– 조정민, 『고난이 선물이다』, 두란노

건축법

CHAPTER 01 총칙
CHAPTER 02 건축물의 건축
CHAPTER 03 건축물의 대지와 도로
CHAPTER 04 건축물의 구조 및 재료
CHAPTER 05 지역 및 지구 안의 건축물
CHAPTER 06 특별건축구역·건축협정 및 결합건축

최근 5개년 PART 4 출제비중

17.6%

최근 5개년 출제경향 분석

CHAPTER	문항 수					비중	⭐ 빈출 키워드
	31회	32회	33회	34회	35회		
CH.01	2	2	1	0	1	17.7%	건축물의 건축, 대수선 행위, 「건축법」 적용의 제외대상, 건축분쟁조정위원회
CH.02	2	3	2	1	2	29.4%	건축허가, 사전결정 신청, 허가권자, 건축신고
CH.03	1	0	0	2	2	14.7%	공개공지등의 확보, 대지의 조경, 건축선
CH.04	0	0	1	2	2	14.7%	구조안전 확인서류
CH.05	1	0	1	1	0	8.8%	바닥면적의 산정방법, 용적률의 산정, 층수, 일조 등의 확보를 위한 높이제한
CH.06	1	1	2	1	0	14.7%	특별건축구역, 건축협정, 결합건축

* 복합문제이거나, 법률이 개정 및 제정된 경우 분류 기준에 따라 위 수치와 달라질 수 있습니다.

테마 25 | 용어정의

대표문제 주요구조부

건축법령상 '주요구조부'에 해당하는 것을 모두 고른 것은?
기출응용 24회·27회

| ㉠ 작은 보 | ㉡ 차양 | ㉢ 옥외 계단 | ㉣ 최하층 바닥 |
| ㉤ 사이 기둥 | ㉥ 지붕틀 | ㉦ 주계단 |

① ㉥, ㉦
② ㉣, ㉥, ㉦
③ ㉠, ㉣, ㉥, ㉦
④ ㉠, ㉣, ㉤, ㉥, ㉦
⑤ ㉠, ㉡, ㉢, ㉣, ㉤

POINT
주요구조부를 정리하고, 이에 관한 내용을 암기하여야 합니다.

해설
'주요구조부'란 내력벽(耐力壁), 기둥, 바닥, 보, 지붕틀 및 주계단(主階段)을 말한다. 다만, 사이 기둥, 최하층 바닥, 작은 보, 차양, 옥외 계단 그 밖에 이와 유사한 것으로 건축물의 구조상 중요하지 아니한 부분은 제외한다.

정답 ①

기출응용 29회

01 건축법령상 다중이용 건축물에 해당하는 용도가 <u>아닌</u> 것은? (단, 16층 이상의 건축물은 제외하고, 해당 용도로 쓰는 바닥면적의 합계는 5,000m² 이상임)

① 숙박시설 중 관광숙박시설
② 의료시설 중 종합병원
③ 동물원
④ 운수시설 중 여객용 시설
⑤ 판매시설

기출응용 26회

02 건축법령상 다중이용 건축물에 해당하는 것은? (단, 불특정한 다수의 사람들이 이용하는 건축물을 전제로 함)

① 교육연구시설로 사용하는 바닥면적의 합계가 5,000m²인 15층의 연구소
② 문화 및 집회시설로 사용하는 바닥면적의 합계가 5,000m²인 2층의 동물원
③ 종교시설로 사용하는 바닥면적의 합계가 4,000m²인 5층의 성당
④ 숙박시설로 사용하는 바닥면적의 합계가 4,000m²인 15층의 관광호텔
⑤ 문화 및 집회시설로 사용하는 바닥면적의 합계가 6,000m²인 8층의 전시장

기출응용 18회 · 25회

03 건축법령상 '건축'에 해당하는 것을 모두 고른 것은?

㉠ 건축물이 재해로 멸실된 경우 그 대지에 종전 규모 이하에서 다시 축조하는 것
㉡ 기존 건축물이 있는 대지에서 건축물의 층수를 증가시키는 것
㉢ 기존 건축물의 전부를 해체하고 그 대지에 종전과 같은 규모의 범위에서 건축물을 다시 축조하는 것
㉣ 건축물의 방화구획을 위한 바닥 또는 벽을 수선하는 행위를 하는 것
㉤ 건축물의 주요구조부를 해체하지 아니하고 같은 대지의 다른 위치로 옮기는 것
㉥ 건축물이 없던 나대지에 새로 건축물을 축조하는 것

① ㉣, ㉥ ② ㉤, ㉥ ③ ㉠, ㉢, ㉤
④ ㉠, ㉡, ㉢, ㉤, ㉥ ⑤ ㉠, ㉡, ㉢, ㉣, ㉤, ㉥

기출응용 20회

04 건축법령상 용어에 관한 설명으로 틀린 것은?

① 경관지구에서 재해로 멸실된 담장을 종전과 같이 다시 쌓는 것은 '재축'이다.
② 건축물의 특별피난계단을 수선하는 것은 '개축'이다.
③ 기둥 4개를 해체하고 다시 축조하여 건축물의 높이를 늘리는 것은 '증축'이다.
④ 건축물의 기능향상을 위해 기존 건축물이 있는 대지에 건축물의 연면적과 건축면적 및 층수를 늘리는 것은 '증축'이다.
⑤ 지붕틀 3개를 증설하여 연면적을 넓히는 것은 '증축'이다.

기출응용 28회·31회

05 건축법령상 용어에 관한 설명으로 <u>틀린</u> 것은?

① '막다른 도로'의 구조와 너비는 '막다른 도로'가 '도로'에 해당하는지 여부를 판단하는 기준이 된다.
② '고층건축물'이란 층수가 30층 이상이거나 높이가 120m 이상인 건축물을 말한다.
③ 건축물이 천재지변으로 전부 멸실된 경우, 그 대지에 종전 규모보다 연면적의 합계를 늘려 건축물을 다시 축조하는 것은 '신축'에 해당한다.
④ 내력벽을 수선하더라도 수선되는 벽면적의 합계가 30m² 미만인 경우는 '대수선'에 포함된다.
⑤ 기존 건축물이 있는 대지에서 건축물의 내력벽을 증설하여 건축면적을 늘리는 것은 '증축'에 해당한다.

기출응용 16회

06 건축법령상 증축·개축 또는 재축에 해당하지 아니하는 것으로서 대수선 행위로 볼 수 있는 것을 모두 고른 것은?

> ㉠ 다세대주택의 세대 간 경계벽을 수선하는 행위
> ㉡ 기둥을 세 개 이상 수선 또는 변경하는 것
> ㉢ 특별피난계단을 수선 또는 변경하는 것
> ㉣ 내력벽의 벽면적을 30m² 이상 변경하는 행위

① ㉠, ㉢
② ㉡, ㉢
③ ㉡, ㉣
④ ㉠, ㉡, ㉢
⑤ ㉠, ㉡, ㉢, ㉣

기출응용 23회·28회

07 건축법령상 건축물과 관련된 설명으로 <u>틀린</u> 것을 모두 고른 것은?

> ㉠ 지하의 공작물에 설치하는 점포는 '건축물'에 해당하지 않는다.
> ㉡ 연면적은 하나의 건축물 각 층의 바닥면적의 합계를 말하는 것으로서, 용적률을 산정할 때 층수가 50층 이상인 건축물에 설치하는 피난안전구역의 면적은 연면적에 산입한다.
> ㉢ 지하층은 건축물의 바닥이 지표면 아래에 있는 층으로서 바닥에서 지표면까지 평균높이가 해당 층 높이의 2분의 1 이상인 것을 말한다.
> ㉣ '개축'이란 기존 건축물의 전부 또는 일부[내력벽·기둥·보·지붕틀(한옥의 경우에는 지붕틀의 범위에서 서까래는 제외) 중 셋 이상이 포함되는 경우를 말함]를 해체하고 그 대지에 종전과 같은 규모의 범위에서 건축물을 다시 축조하는 것을 말한다.

① ㉠, ㉡
② ㉠, ㉢
③ ㉡, ㉢
④ ㉡, ㉣
⑤ ㉢, ㉣

 기출응용 15회·17회·19회·33회

08 「건축법」상 건축물의 종류와 용도에 관한 조합으로 옳은 것은?

① 오피스텔 – 숙박시설
② 자동차운전학원 – 교육 및 연구시설
③ 산후조리원 – 제1종 근린생활시설
④ 카지노 영업소 – 관광휴게시설
⑤ 무도학원 – 교육 및 연구시설

기출응용 27회·30회

09 건축법령상 대지를 조성하기 위하여 건축물과 분리하여 공작물을 축조하려는 경우, 특별자치시장·특별자치도지사 또는 시장·군수·구청장에게 신고하여야 하는 공작물에 해당하는 것을 모두 고른 것은? (단, 공용건축물에 대한 특례는 고려하지 않음)

> ㉠ 높이 4m의 장식탑
> ㉡ 바닥면적 30m²의 지하대피호
> ㉢ 상업지역에 설치하는 높이 5m의 통신용 철탑
> ㉣ 높이 7m의 고가수조(高架水槽)
> ㉤ 높이 3m의 굴뚝
> ㉥ 높이 6m인 기계식 주차장 및 철골조립식 주차장(바닥면이 조립식이 아닌 것을 포함)으로서 외벽이 없는 것

① ㉥
② ㉤, ㉥
③ ㉠, ㉢, ㉤
④ ㉡, ㉢, ㉥
⑤ ㉠, ㉡, ㉢, ㉣, ㉤, ㉥

기출응용 26회·28회·30회

10 건축법령상 「건축법」이 모두 적용되지 <u>않는</u> 건축물을 모두 고른 것은?

> ㉠ 고속도로 통행료 징수시설
> ㉡ 「하천법」에 따른 하천구역 내의 수문조작실
> ㉢ 궤도의 선로부지에 있는 운전보안시설
> ㉣ 철도의 선로부지에 있는 철도 선로의 위나 아래를 가로지르는 보행시설
> ㉤ 「문화유산의 보존 및 활용에 관한 법률」에 따른 지정문화유산이나 임시지정문화유산
> ㉥ 대지에 정착된 컨테이너를 이용한 주택

① ㉣, ㉥
② ㉤, ㉥
③ ㉠, ㉢, ㉤
④ ㉡, ㉢, ㉥
⑤ ㉠, ㉡, ㉢, ㉣, ㉤

기출응용 22회

11 건축법령상 「건축법」의 적용에 관한 설명으로 옳은 것은?

① 지구단위계획구역이 아닌 계획관리지역으로서 동이나 읍이 아닌 지역에서는 「건축법」상 건축선에 의한 건축제한 규정이 적용된다.
② 지구단위계획구역이 아닌 계획관리지역으로서 동이나 읍이 아닌 지역에서는 「건축법」상 대지의 분할제한 규정이 적용되지 않는다.
③ 철도의 선로부지에 있는 플랫폼을 건축하는 경우에는 「건축법」상 건폐율 규정이 적용되지만, 용적률 규정은 적용되지 않는다.
④ 지구단위계획구역이 아닌 계획관리지역으로서 동이나 읍이 아닌 지역에서는 「건축법」상 높이제한 규정이 적용되지 않는다.
⑤ 고속도로 통행료 징수시설을 건축하는 경우에는 「건축법」상 대지의 분할제한 규정이 적용된다.

기출응용 30회

12 건축법령상 건축민원전문위원회에 관한 설명으로 옳은 것은? (단, 조례는 고려하지 않음)

① 건축민원전문위원회는 심의에 필요하다고 인정하더라도 위원 또는 사무국의 소속 공무원에게 관계 서류를 열람하게 하거나 관계 사업장에 출입하여 조사하게 할 수 없다.
② 건축민원전문위원회는 건축법령의 운영 및 집행에 관한 민원을 심의할 수 있다.
③ 국토교통부장관은 건축위원회의 심의 등을 효율적으로 수행하기 위하여 필요하면 자신이 설치하는 건축위원회에 건축민원전문위원회를 두어 운영할 수 있다.
④ 건축민원전문위원회에 질의민원의 심의를 신청하려는 자는 문서에 의할 수 없는 특별한 사정이 있는 경우에도 구술로 신청할 수는 없다.
⑤ 건축민원전문위원회가 위원회에 출석하게 하여 의견을 들을 수 있는 자는 신청인과 허가권자에 한한다.

기출응용 28회·32회

13 건축법령상 건축 등과 관련된 분쟁으로서 건축분쟁전문위원회의 조정 및 재정의 대상이 되는 것을 모두 고른 것은? (단, 건설산업기본법 제69조에 따른 조정의 대상이 되는 분쟁은 고려하지 않음)

> ㉠ '건축허가권자'와 '해당 건축물의 건축 등으로 피해를 입은 인근주민' 간의 분쟁
> ㉡ '관계전문기술자'와 '해당 건축물의 건축 등으로 피해를 입은 인근주민' 간의 분쟁
> ㉢ '건축주'와 '건축신고수리자' 간의 분쟁
> ㉣ '공사시공자'와 '해당 건축물의 건축으로 피해를 입은 인근주민' 간의 분쟁
> ㉤ '해당 건축물의 건축으로 피해를 입은 인근주민' 간의 분쟁
> ㉥ '공사시공자'와 '건축지도원' 간의 분쟁

① ㉣, ㉥
② ㉤, ㉥
③ ㉠, ㉢, ㉥
④ ㉡, ㉣, ㉤
⑤ ㉠, ㉡, ㉢, ㉣, ㉤, ㉥

예상문제

14 건축법령에서 정하고 있는 용어의 정의로 <u>틀린</u> 것을 모두 고른 것은?

> ㉠ '특별건축구역'이란 조화롭고 창의적인 건축물의 건축을 통하여 도시경관의 창출, 건설기술 수준향상 및 건축 관련 제도개선을 도모하기 위하여 이 법 또는 관계 법령에 따라 일부 규정을 적용하지 아니하거나 완화 또는 통합하여 적용할 수 있도록 특별히 지정하는 구역을 말한다.
> ㉡ '고층건축물'이란 층수가 50층 이상이거나 높이가 200m 이상인 건축물을 말한다.
> ㉢ '건축'이란 건축물의 신축·증축·개축·재축(再築)하거나 대수선하는 것을 말한다.
> ㉣ '대지(垈地)'란 「공간정보의 구축 및 관리에 관한 법률」에 따라 각 필지(筆地)로 나눈 토지를 말한다. 다만, 대통령령으로 정하는 토지는 둘 이상의 필지를 하나의 대지로 하거나 하나 이상의 필지의 일부를 하나의 대지로 할 수 있다.

① ㉠, ㉡
② ㉠, ㉢
③ ㉡, ㉢
④ ㉡, ㉣
⑤ ㉢, ㉣

예상문제

15 건축법령상 특수구조 건축물의 특례에 관한 설명으로 <u>틀린</u> 것은? (단, 건축법령상 다른 특례 및 조례는 고려하지 않음)

① 기둥과 기둥 사이의 거리(기둥의 중심선 사이의 거리를 말함)가 20m인 건축물은 특수구조 건축물로서 건축물 내진등급의 설정에 관한 규정을 강화하여 적용할 수 있다.
② 특수구조 건축물을 건축하려는 건축주는 건축허가 신청 전에 허가권자에게 해당 건축물의 구조안전에 관하여 지방건축위원회의 심의를 신청하여야 한다.
③ 건축 공사현장 안전관리 예치금에 관한 규정을 강화하여 적용할 수 없다.
④ 한쪽 끝은 고정되고 다른 끝은 지지되지 아니한 구조로 된 차양이 외벽(외벽이 없는 경우에는 외곽 기둥을 말함)의 중심선으로부터 5m 돌출된 건축물은 특수구조 건축물에 해당한다.
⑤ 대지의 조경에 관한 규정을 변경하여 적용할 수 없다.

예상문제

16 건축법령상 건축물의 용도에 관한 설명으로 <u>틀린</u> 것은?

① 안마시술소 및 노래연습장은 바닥면적의 합계가 150m² 미만이면 제2종 근린생활시설에 해당하며, 안마원은 제1종 근린생활시설이다.
② 장의사는 제2종 근린생활시설이고, 화장시설과 봉안당 및 동물화장시설, 동물건조장(乾燥葬)시설 및 동물 전용의 납골시설 등은 묘지 관련 시설에 해당한다.
③ 주유소는 위험물저장 및 처리시설에 해당하며, 종묘배양시설은 동물 및 식물 관련 시설에 해당한다.
④ 동·식물원은 문화 및 집회시설에 해당하며, 다중생활시설로서 같은 건축물에 해당 용도로 쓰는 바닥면적의 합계가 500m² 미만인 것은 제2종 근린생활시설에 해당한다.
⑤ 종교집회장으로서 바닥면적의 합계가 500m² 미만이면 제2종 근린생활시설에 해당하며, 그 이상인 경우에는 종교시설에 해당한다.

02 건축물의 건축

빠른 정답 CHECK!(본책) p.251 / 정답 및 해설(책속의 책) p.57

테마 26 | 건축허가 및 신고

대표문제 대지의 소유권 확보

건축법령상 건축허가를 받으려는 자가 해당 대지의 소유권을 확보하지 <u>않아도</u> 되는 경우를 모두 고른 것은?

기출응용 28회

> ㉠ 건축하려는 대지에 포함된 국유지에 대하여 허가권자가 해당 토지의 관리청이 해당 토지를 건축주에게 매각할 것을 확인한 경우
> ㉡ 분양을 목적으로 하는 공동주택의 건축주가 그 대지를 사용할 수 있는 권원을 확보한 경우
> ㉢ 건축주가 건축물의 노후화 또는 구조안전 문제 등 대통령령으로 정하는 사유로 건축물을 신축·개축·재축 및 리모델링을 하기 위하여 건축물 및 해당 대지의 공유자 수의 100분의 60 이상의 동의를 얻고 동의한 공유자의 지분 합계가 전체 지분의 100분의 60 이상인 경우
> ㉣ 건축주가 집합건물의 공용부분을 변경하기 위하여 「집합건물의 소유 및 관리에 관한 법률」 제15조 제1항에 따른 결의가 있었음을 증명한 경우

① ㉠
② ㉡
③ ㉠, ㉣
④ ㉠, ㉢, ㉣
⑤ ㉠, ㉡, ㉢, ㉣

POINT
건축허가를 받으려는 자가 해당 대지의 소유권을 확보하지 않아도 되는 경우에 대해 정리할 필요가 있습니다.

해설
㉡ 건축주가 대지의 소유권을 확보하지 못하였으나 그 대지를 사용할 수 있는 권원을 확보한 경우(단, 분양을 목적으로 하는 공동주택은 제외)에는 대지의 소유권을 확보하지 않아도 된다.
㉢ 건축주가 건축물의 노후화 또는 구조안전 문제 등 대통령령으로 정하는 사유로 건축물을 신축·개축·재축 및 리모델링을 하기 위하여 건축물 및 해당 대지의 공유자 수의 100분의 80 이상의 동의를 얻고 동의한 공유자의 지분 합계가 전체 지분의 100분의 80 이상인 경우

정답 ③

기출응용 20회·28회

01 건축법령상 건축허가의 사전결정에 관한 설명으로 옳은 것은?

① 사전결정 신청사항에는 건축허가를 받기 위하여 신청자가 고려하여야 할 사항은 포함되지 않는다.
② 사전결정의 신청자는 그 신청 시 건축위원회의 심의와 교통영향평가서의 검토를 동시에 신청할 수 없다.
③ A도(道) B시(市)에서 25층의 건축물을 건축하려는 자는 건축허가 신청 전에 B시장에게 그 건축물의 건축이 법령에서 허용되는지에 대한 사전결정을 신청할 수 있다.
④ 사전결정의 신청자가 사전결정을 통지받은 날부터 1년 이내에 법령에 따른 건축허가를 신청하지 않으면 그 사전결정은 효력을 상실한다.
⑤ 사전결정의 통지로써 「국토의 계획 및 이용에 관한 법률」에 따른 개발행위허가가 의제되는 경우 허가권자는 관계 행정기관의 장과 협의 없이 사전결정을 실시한다.

기출응용 28회·33회

02 건축법령상 건축허가대상 건축물을 건축하려는 자가 건축 관련 입지와 규모의 사전결정 통지를 받은 경우에 허가를 받은 것으로 볼 수 있는 것을 모두 고른 것은? (단, 미리 관계 행정기관의 장과 사전결정에 관하여 협의한 것을 전제로 함)

> ㉠ 「산지관리법」 제14조에 따른 농림지역 안의 보전산지에 대한 산지전용허가
> ㉡ 「국토의 계획 및 이용에 관한 법률」 제56조에 따른 개발행위허가
> ㉢ 「농지법」 제34조에 따른 농지전용허가
> ㉣ 「하천법」 제33조에 따른 하천점용허가
> ㉤ 「산지관리법」 제15조의2에 따른 도시지역 안의 보전산지에 대한 산지일시사용허가

① ㉠, ㉢, ㉤   ② ㉡, ㉣, ㉤
③ ㉢, ㉣, ㉤   ④ ㉡, ㉢, ㉣, ㉤
⑤ ㉠, ㉡, ㉢, ㉣, ㉤

기출응용 21회

03 건축법령상 시장·군수가 건축허가를 하기 위해 도지사의 사전승인을 받아야 하는 건축물을 모두 고른 것은?

> ㉠ 주거환경 등 주변환경을 보호하기 위하여 도지사가 지정·공고한 구역에 건축하는 숙박시설
> ㉡ 수질을 보호하기 위하여 도지사가 지정·공고한 구역에 건축하는 연면적의 합계가 900m²인 3층의 숙박시설
> ㉢ 연면적의 합계가 100,000m²인 창고
> ㉣ 자연환경을 보호하기 위하여 도지사가 지정·공고한 구역에 건축하는 연면적의 합계가 1,200m²인 2층의 위락시설
> ㉤ 연면적의 10분의 2를 증축하여 층수가 21층이 되는 공장

① ㉠, ㉡, ㉣
② ㉠, ㉣, ㉤
③ ㉡, ㉣, ㉤
④ ㉡, ㉢, ㉣, ㉤
⑤ ㉠, ㉡, ㉢, ㉣, ㉤

기출응용 21회·23회·26회

04 건축법령상 건축허가의 제한에 관한 설명으로 틀린 것은?

① 특별시장·광역시장·도지사가 시장·군수·구청장의 건축허가를 제한한 경우 즉시 국토교통부장관에게 보고하여야 한다.
② 특별시장·광역시장·도지사는 지역계획이나 도시·군계획에 특히 필요하다고 인정하면 시장·군수·구청장의 건축허가나 허가를 받은 건축물의 착공을 제한할 수 있다.
③ 국방, 국가유산의 보존, 환경보전 또는 국민경제를 위하여 특히 필요한 경우 주무부장관은 허가권자의 건축허가를 제한할 수 있다.
④ 건축허가를 제한하는 경우 제한기간은 2년 이내로 한다. 다만, 1회에 한하여 1년 이내의 범위에서 제한기간을 연장할 수 있다.
⑤ 국토교통부장관은 보고받은 특별시장·광역시장·도지사의 건축허가 제한 내용이 지나치다고 인정하면 해제를 명할 수 있다.

기출응용 26회·32회

05 건축법령상 건축허가 제한에 관한 설명으로 옳은 것을 모두 고른 것은?

> ㉠ 시·도지사가 건축허가를 제한하려는 경우에는 「토지이용규제 기본법」에 따라 주민 의견을 청취하거나 건축위원회의 심의를 거쳐야 한다.
> ㉡ 국토교통부장관은 건축허가를 제한하는 경우 제한 목적·기간, 대상 건축물의 용도와 대상 구역의 위치·면적·경계 등을 상세하게 정하여 허가권자에게 통보하여야 하며, 통보를 받은 허가권자는 지체 없이 이를 공고하여야 한다.
> ㉢ 특별시장은 지역계획에 특히 필요하다고 인정하면 관할 구청장의 건축허가를 제한할 수 있다.
> ㉣ 교육감이 교육환경의 개선을 위하여 특히 필요하다고 인정하여 요청하면 국토교통부장관은 허가를 받은 건축물의 착공을 제한할 수 있다.
> ㉤ 지역계획을 위하여 특히 필요한 경우 도지사는 특별자치시장의 건축허가를 제한할 수 있다.

① ㉡, ㉢
② ㉡, ㉤
③ ㉠, ㉢, ㉤
④ ㉡, ㉢, ㉤
⑤ ㉠, ㉡, ㉢, ㉣, ㉤

기출응용 31회

06 甲은 A광역시 B구에서 20층의 연면적 합계가 50,000m²인 허가대상 건축물을 신축하려고 할 때, 건축법령상 이에 관한 설명으로 옳은 것은? (단, 건축법령상 특례규정은 고려하지 않음)

① 甲이 건축허가를 받은 경우에도 국토교통부장관은 지역계획에 특히 필요하다고 인정하면 甲의 건축물 착공을 제한할 수 있다.
② 공사감리자는 필요하다고 인정하더라도 공사시공자에게 상세시공도면을 작성하도록 요청할 수 없다.
③ 甲은 A광역시장에게 건축허가를 받아야 한다.
④ 甲이 건축허가를 받은 이후에 공사시공자를 변경하는 경우에는 A광역시장에게 허가를 받아야 한다.
⑤ 甲이 건축허가를 받은 경우에는 해당 대지를 조성하기 위해 높이 5m의 옹벽을 축조하려면 따로 공작물 축조신고를 하지 않아도 신고한 것으로 본다.

기출응용 22회·23회

07 건축법령상 건축신고에 관한 설명으로 옳은 것은?

① 건축신고를 하였더라도 공사에 필요한 규모로 공사용 가설건축물의 축조가 필요한 경우에는 별도로 가설건축물 축조신고를 하여야 한다.
② 건축신고를 한 건축물을 주요구조부를 해체하지 아니하고 같은 대지의 다른 위치로 옮기는 경우에는 변경신고를 하여야 한다.
③ 연면적의 합계가 110m²인 단층의 건축물의 신축은 신고의 대상이다.
④ 건축허가를 받은 건축물의 건축주를 변경하는 경우에는 허가를 받아야 한다.
⑤ 건축신고를 한 자가 신고일부터 2년 이내에 공사에 착수하지 아니하면 그 신고의 효력은 없어진다.

기출응용 29회

08 건축법령상 건축신고를 하면 건축허가를 받은 것으로 볼 수 있는 경우에 해당하지 <u>않는</u> 것을 모두 고른 것은?

> ㉠ 연면적 250m²인 4층 건축물의 방화벽 수선
> ㉡ 바닥면적 150m²인 단층 건축물의 신축
> ㉢ 연면적 180m²인 2층 건축물의 대수선
> ㉣ 1층의 바닥면적 50m², 2층의 바닥면적 30m²인 2층 건축물의 신축
> ㉤ 연면적 190m²인 3층 건축물의 피난계단 증설
> ㉥ 연면적의 합계가 200m²인 건축물의 높이를 2m 증축

① ㉡, ㉤
② ㉣, ㉥
③ ㉤, ㉥
④ ㉠, ㉢, ㉤
⑤ ㉠, ㉡, ㉢, ㉣, ㉤, ㉥

기출응용 22회·24회·25회

09 건축법령상 건축허가 및 건축신고에 관한 설명으로 틀린 것을 모두 고른 것은?

> ㉠ 숙박시설에 해당하는 건축물의 건축을 허가하는 경우 건축물의 용도·규모 또는 형태가 주거환경이나 교육환경 등 주변환경을 고려할 때 부적합하다고 인정되면 건축위원회의 심의를 거쳐 건축허가를 하지 않을 수 있다.
> ㉡ 국가가 건축물을 건축하기 위하여 미리 건축물의 소재지를 관할하는 허가권자와 협의한 경우에는 건축허가를 받았거나 신고한 것으로 본다.
> ㉢ 연면적의 10분의 3을 증축하여 연면적의 합계가 10만m^2가 되는 창고를 광역시에 건축하고자 하는 자는 광역시장의 허가를 받지 아니한다.
> ㉣ 시장·군수는 연면적의 합계가 10만m^2 이상인 공장의 건축을 허가하려면 미리 도지사의 승인을 얻어야 한다.
> ㉤ 바닥면적이 각 50m^2인 3층의 건축물을 신축하고자 하는 자는 건축허가의 신청 전에 허가권자에게 그 건축의 허용성에 대한 사전결정을 신청할 수 없다.

① ㉢, ㉤
② ㉣, ㉤
③ ㉠, ㉢, ㉤
④ ㉡, ㉢, ㉣
⑤ ㉠, ㉡, ㉢, ㉣, ㉤

 기출응용 32회

10 건축주 甲은 A도 B시에서 연면적이 150m^2이고 3층인 건축물을 대수선하고자 「건축법」에 따른 건축허가를 받고자 할 때, 건축법령상 이에 관한 설명으로 틀린 것은? (단, 건축법령상 특례 및 조례는 고려하지 않음)

① 甲이 대수선을 하기 전에 B시장에게 건축신고를 하면 건축허가를 받은 것으로 본다.
② 건축허가를 신청한 甲이 공사시공자를 변경하려면 B시장에게 신고를 하여야 한다.
③ 안전영향평가 대상이 아니므로 건축물 안전영향평가를 실시할 필요가 없다.
④ B시장은 건축허가를 받은 甲이 허가를 받은 날부터 2년 이내에 공사에 착수하지 아니하면 허가를 취소하여야 한다.
⑤ 건축허가를 받은 甲은 건축물의 공사가 끝난 후 사용승인을 받은 후에 건축물을 사용할 수 있다.

기출응용 21회

11 건축법령상 도시·군계획시설 예정지에 건축하는 3층 이하의 가설건축물에 관한 설명으로 옳은 것은? (단, 조례는 고려하지 않음)

① 가설건축물의 존치기간은 5년 이내이어야 한다.
② 가설건축물은 도시·군계획예정도로에도 건축할 수 있다.
③ 가설건축물은 철근콘크리트조 또는 철골철근콘크리트조이어야 한다.
④ 가설건축물은 전기·수도·가스 등 새로운 간선공급설비의 설치를 필요로 하는 것이어야 한다.
⑤ 가설건축물은 공동주택·판매시설·운수시설 등으로서 분양을 목적으로 하는 건축물이어야 한다.

기출응용 28회

12 건축법령상 가설건축물 축조신고의 대상이 아닌 것을 모두 고른 것은? (단, 조례와 '공용건축물에 대한 특례'는 고려하지 않음)

㉠ 도시지역 중 주거지역에 설치하는 농업용 비닐하우스로서 연면적이 150m²인 것
㉡ 조립식 구조로 된 경비용으로 쓰는 가설건축물로서 연면적이 50m² 이하인 것
㉢ 야외흡연실 용도로 쓰는 가설건축물로서 연면적이 50m² 이상인 것
㉣ 전시를 위한 견본주택

① ㉠, ㉡
② ㉠, ㉢
③ ㉠, ㉣
④ ㉡, ㉢
⑤ ㉠, ㉡, ㉢, ㉣

기출응용 18회 · 30회

13 건축법령상 건축공사현장 안전관리에 관한 설명으로 옳은 것은?

① 건축공사현장 안전관리에 필요한 비용을 건축공사비의 5%의 범위에서 예치하게 할 수 있다.
② 건축주가 예치한 예치금을 행정대집행에 필요한 비용에 사용할 수 있으며, 행정대집행에 필요한 비용이 이미 납부한 예치금보다 많을 때에는 「행정대집행법」에 따라 그 차액을 추가로 징수할 수 있다.
③ 건축허가를 받은 자는 건축물의 건축공사를 중단하고 장기간 공사현장을 방치할 경우 안전관리조치 등을 할 의무는 없다.
④ 예치금을 대통령령으로 정하는 보증서로 대신할 수는 없다.
⑤ 허가권자는 연면적이 500m² 이상인 건축물로서 해당 지방자치단체의 조례로 정하는 건축물에 대하여는 착공신고를 하는 건축주에게 장기간 건축물의 공사현장이 방치되는 것에 대비하여 미리 미관 개선과 안전관리에 필요한 비용을 예치하게 할 수 있다.

예상문제

14 건축법령상 건축 등에 관한 설명으로 옳은 것은?

① 연면적 100m²인 부속건축물만 있는 대지에 새로 연면적 300m²인 주택을 주된 건축물로 축조하는 것은 증축에 해당한다.
② 연면적 100m²인 주택의 전부를 해체하고 그 대지에 연면적 200m²의 주택을 다시 축조하는 것은 신축에 해당한다.
③ 높이 5m인 기존 주택이 있는 대지에서 높이 8m로 주택의 높이를 늘리는 것은 대수선에 해당한다.
④ 연면적 100m²인 주택이 천재지변으로 멸실된 경우 그 대지에 연면적 100m²인 주택을 다시 축조하는 것은 개축에 해당한다.
⑤ 건축물의 주요구조부를 해체하지 아니하고 다른 대지로 옮기는 것은 이전에 해당한다.

예상문제

15 건축법령상 대수선에 해당하지 않는 것은?

① 주계단·피난계단 또는 특별피난계단을 증설·해체하거나 수선·변경하는 것
② 기둥을 증설 또는 해체하거나 수선 또는 변경하는 것
③ 다가구주택의 가구 간 경계벽을 증설 또는 해체하거나 수선 또는 변경하는 것
④ 내력벽을 증설 또는 해체하거나 그 벽면적을 30m² 이상 수선 또는 변경하는 것
⑤ 방화벽 또는 방화구획을 위한 바닥 또는 벽을 증설 또는 해체하거나 수선 또는 변경하는 것

예상문제

16 건축법령상 국가가 소유한 대지의 지상 여유공간에 구분지상권을 설정하여 시설을 설치하려는 경우, 허가권자가 구분지상권자를 건축주로 보고 구분지상권이 설정된 부분을 건축물의 대지로 보아 건축허가를 할 수 있는 시설에 해당하지 않는 것은?

① 문화 및 집회시설 중 공연장
② 업무시설 중 오피스텔
③ 노유자시설
④ 의료시설
⑤ 제1종 근린생활시설

테마 27 | 사용승인 및 용도변경

대표문제 사용승인

건축법령상 사용승인에 관한 설명으로 틀린 것은? 기출응용 20회

① 건축물의 사용승인 신청을 위해서는 공사감리자가 작성한 감리완료보고서와 공사완료도서를 첨부하여야 한다.
② 사용승인서의 교부 전에 공사가 완료된 부분이 건폐율, 용적률 등의 법적 기준에 적합한 경우 허가권자는 임시사용을 승인할 수 있으며 그 기간은 2년 이내로 하여야 한다.
③ 건축주가 건축공사 완료 후 그 건축물을 사용하려면 건축공사 완료 이후에 허가권자에게 그 건축물 전체의 사용승인을 신청하여야 한다.
④ 허가권자가 법령이 정한 기간 내에 사용승인서를 교부하지 않은 경우 건축주는 그 건축물을 사용하거나 사용하게 할 수 있다.
⑤ 건축주가 사용승인을 받은 경우에도 「대기환경보전법」에 따른 대기오염물질 배출시설의 가동개시에 대한 신고를 별도로 하여야 한다.

> **POINT**
> 건축주가 사용승인을 받을 때 필요한 절차를 정리하여야 합니다.
>
> **해설**
> 건축주가 사용승인을 받은 경우에는 「대기환경보전법」에 따른 대기오염물질 배출시설의 가동개시에 대한 신고를 한 것으로 본다.
>
> 정답 ⑤

기출응용 23회

17 건축법령상 사용승인을 받은 건축물의 용도변경에 관한 설명으로 틀린 것은? (단, 조례는 고려하지 않음)

① 같은 시설군 안에서 용도를 변경하는 경우에는 건축물대장 기재내용의 변경을 신청하여야 한다.
② 용도변경하려는 부분의 바닥면적의 합계가 100m² 이상인 경우 신고대상인 용도변경을 하는 경우에는 건축물의 사용승인을 받아야 한다.
③ 특별시나 광역시에 소재하는 건축물인 경우에는 관할 구청장의 허가를 받거나 신고하여야 한다.
④ 교육 및 복지시설군에서 전기통신시설군으로 용도변경하는 경우에는 허가를 받아야 한다.
⑤ 영업시설군에서 문화 및 집회시설군으로 용도변경하는 경우에는 신고를 하여야 한다.

기출응용 20회·24회

18 건축법령상 특별시에서 건축물의 용도를 변경하고자 하는 경우에 관한 설명으로 옳은 것을 모두 고른 것은?

> ㉠ 단독주택을 다가구주택으로 변경하는 경우 관할 구청장에게 건축물대장 기재내용의 변경을 신청하여야 한다.
> ㉡ 운동시설을 수련시설로 용도변경하는 경우 관할 구청장의 허가를 받아야 한다.
> ㉢ 교육연구시설을 판매시설로 변경하는 경우 관할 구청장에게 신고를 하여야 한다.
> ㉣ 업무시설을 교육연구시설로 용도변경하는 경우 특별시장에게 건축물대장 기재내용의 변경을 신청하여야 한다.
> ㉤ 자원순환 관련 시설을 묘지 관련 시설로 용도변경하는 경우 관할 구청장에게 건축물대장 기재내용의 변경을 신청하여야 한다.
> ㉥ 제1종 근린생활시설을 의료시설로 변경하는 경우 관할 구청장에게 허가를 받아야 한다.

① ㉣, ㉥
② ㉤, ㉥
③ ㉠, ㉢, ㉤
④ ㉡, ㉢, ㉥
⑤ ㉠, ㉡, ㉢, ㉣, ㉤, ㉥

기출응용 25회

19 건축법령상 사용승인을 받은 건축물의 용도변경이 허가대상인 경우를 모두 고른 것은?

구분	용도변경 전	용도변경 후
㉠	의료시설	교육연구시설
㉡	제1종 근린생활시설	업무시설
㉢	장례시설	종교시설
㉣	판매시설	창고시설
㉤	숙박시설	위락시설

① ㉠, ㉡
② ㉠, ㉢
③ ㉡, ㉣
④ ㉢, ㉤
⑤ ㉣, ㉤

기출응용 29회

20 건축주인 甲이 5층 건축물을 종교시설로 사용하던 중 이를 의료시설로 용도변경하고자 하는 경우, 건축법령상 이에 관한 설명으로 옳은 것을 모두 고른 것은? (단, 다른 조건은 고려하지 않음)

㉠ 甲은 의료시설로 용도변경을 할 경우 피난 용도로 쓸 수 있는 광장을 옥상에 설치하여야 한다.
㉡ 甲은 의료시설에 다른 용도를 추가하여 복수용도로 용도변경 신청을 할 수 있다.
㉢ 甲은 건축물의 용도를 의료시설로 변경하려면 용도변경을 신고하여야 한다.
㉣ 甲이 용도변경을 위하여 건축물을 대수선할 경우 그 설계는 건축사가 아니어도 할 수 있다.

① ㉠, ㉡
② ㉠, ㉢
③ ㉠, ㉣
④ ㉡, ㉢
⑤ ㉠, ㉡, ㉢, ㉣

기출응용 31회

21 甲이 A도 B군에서 숙박시설로 사용승인을 받은 바닥면적의 합계가 3천m²인 건축물의 용도를 변경하려고 하는 경우, 건축법령상 이에 관한 설명으로 옳은 것은?

① A도지사는 도시·군계획에 특히 필요하다고 인정하여도 B군수의 용도변경허가를 제한할 수 없다.
② B군수는 甲이 판매시설과 위락시설의 복수 용도로 용도변경 신청을 한 경우 지방건축위원회의 심의를 거쳐 이를 허용할 수 없다.
③ 의료시설로 용도를 변경하려는 경우에는 용도변경허가를 받아야 한다.
④ 甲이 바닥면적의 합계 1천m²의 부분에 대해서만 업무시설로 용도를 변경하는 경우에도 사용승인을 받아야 한다.
⑤ 종교시설로 용도를 변경하려는 경우에는 용도변경신고를 하여야 한다.

예상문제

22 건축법령상 건축물의 용도를 변경하고자 하는 경우, 특별자치시장·특별자치도지사 또는 시장·군수·구청장의 허가를 받아야 하는 행위로 옳은 것은?

① 판매시설을 수련시설로 변경하는 행위
② 종교시설을 창고시설로 변경하는 행위
③ 노유자시설을 제1종 근린생활시설로 변경하는 행위
④ 운동시설을 업무시설로 변경하는 행위
⑤ 공장을 장례시설로 변경하는 행위

예상문제

23 건축법령상 건축물대장에 건축물과 그 대지의 현황 및 건축물의 구조내력에 관한 정보를 적어서 보관하고 이를 지속적으로 정비하여야 하는 경우를 모두 고른 것은? (단, 가설건축물은 제외함)

> ㉠ 「집합건물의 소유 및 관리에 관한 법률」에 따른 건축물대장의 신규등록 신청이 있는 경우
> ㉡ 허가권자가 건축물의 사용승인서를 내준 경우
> ㉢ 건축신고대상 건축물을 제외한 건축허가대상 건축물 외의 건축물의 공사가 끝난 후 기재요청이 있는 경우

① ㉠
② ㉡
③ ㉠, ㉡
④ ㉡, ㉢
⑤ ㉠, ㉡, ㉢

CHAPTER 03 건축물의 대지와 도로

빠른 정답 CHECK!(본책) p.251 / 정답 및 해설(책속의 책) p.63

테마 28 | 건축물의 대지와 도로

대표문제 대지의 조경

건축법령상 건축물의 대지에 조경을 하지 <u>않아도</u> 되는 건축물에 해당하는 것을 모두 고른 것은? (단, 건축협정은 고려하지 않음)

기출응용 22회·27회·31회

㉠ 자연환경보전지역인 대지에 건축하는 연면적이 330m²인 단독주택
㉡ 도시·군계획시설에서 허가를 받아 건축하는 가설건축물
㉢ 지구단위계획구역으로 지정된 관리지역의 건축물
㉣ 상업지역인 대지에 건축하는 연면적이 1,000m²인 물류시설
㉤ 연면적의 합계가 1,000m²인 축사
㉥ 연면적의 합계가 1,500m² 미만인 공장

① ㉣, ㉥
② ㉠, ㉤, ㉥
③ ㉠, ㉡, ㉤, ㉥
④ ㉡, ㉢, ㉤, ㉥
⑤ ㉠, ㉡, ㉢, ㉣, ㉤, ㉥

> **POINT**
> 건축물의 대지에 조경을 하지 않아도 되는 건축물을 정리하여야 합니다.
>
> **해설**
> ㉢ 「국토의 계획 및 이용에 관한 법률」에 따라 지정된 자연환경보전지역·농림지역 또는 관리지역의 건축물은 조경 등의 조치를 하지 않지만, 지구단위계획구역으로 지정된 지역은 조경 등의 조치를 하여야 한다.
> ㉣ 연면적의 합계가 1,500m² 미만인 물류시설은 조경 등의 조치를 하지 않지만, 주거지역과 상업지역에서는 규모에 관계없이 무조건 조경 등의 조치를 하여야 한다.
>
> 정답 ③

기출응용 26회 · 27회

01 건축법령상 공개공지 또는 공개공간을 설치하여야 하는 건축물에 해당하는 것을 모두 고른 것은? (단, 건축물은 해당 용도로 쓰는 바닥면적의 합계가 5,000m² 이상이며, 조례는 고려하지 않음)

㉠ 일반주거지역	㉡ 상업지역
㉢ 준공업지역	㉣ 준주거지역
㉤ 전용공업지역	㉥ 전용주거지역

① ㉣, ㉥
② ㉤, ㉥
③ ㉠, ㉢, ㉤
④ ㉠, ㉡, ㉢, ㉣
⑤ ㉠, ㉡, ㉢, ㉣, ㉤, ㉥

기출응용 24회

02 건축법령상 공개공지등을 확보하여야 하는 건축물의 공개공지등에 관한 설명이다. ( ) 안에 들어갈 내용을 바르게 나열한 것은?

대지에 공개공지등을 확보하여야 하는 건축물의 경우 공개공지등을 설치하는 때에는 해당 지역에 적용하는 용적률은 (㉠) 이하, 건축물의 높이제한은 해당 건축물에 적용하는 높이기준의 (㉡) 이하의 범위에서 대지면적에 대한 공개공지등 면적비율에 따라 용적률 및 건축물의 높이제한을 완화하여 적용할 수 있다.

	㉠	㉡
①	1.1배	1.1배
②	1.1배	1.5배
③	1.2배	1.2배
④	1.2배	1.5배
⑤	1.5배	1.2배

기출응용 25회

03 건축법령상 대지의 조경 및 공개공지등의 설치에 관한 설명으로 <u>틀린</u> 것은? (단, 건축법 제73조에 따른 적용 특례 및 조례는 고려하지 않음)

① 상업지역의 건축물에 설치하는 공개공지등의 면적은 대지면적의 100분의 10 이하의 범위에서 건축조례로 정한다.
② 공개공지등을 설치하는 경우 건축물의 건폐율과 건축물의 높이제한은 완화하여 적용할 수 있다.
③ 도시·군계획시설에서 건축하는 연면적의 합계가 1,500m² 이상인 가설건축물에 대하여는 조경 등의 조치를 아니할 수 있다.
④ 녹지지역에 건축하는 창고에 대해서는 조경 등의 조치를 아니할 수 있다.
⑤ 면적 5,000m² 미만인 대지에 건축하는 공장에 대하여는 조경 등의 조치를 하여야 한다.

기출응용 22회

04 甲은 대지에 높이 6m, 연면적의 합계 120m²인 건축물을 신축하려고 한다. 건축법령상 건축규제에 위반되는 것을 모두 고른 것은? (단, 조례는 고려하지 않음)

㉠ 甲의 대지는 보행과 자동차통행이 가능한 도로에 1m 접하고 있다.
㉡ 甲은 공개공지 또는 공개공간을 확보하지 않았다.
㉢ 甲은 건축을 위해 건축신고를 하였다.
㉣ 甲의 건축물은 도로면으로부터 높이 5m에 있는 창문을 열었을 때 건축선의 수직면을 넘어서는 구조로 되어 있다.
㉤ 배수에 지장이 있고 건축물 용도상 방습의 필요가 있는 곳인 甲의 대지는 인접한 도로면보다 낮게 되어 있다.

① ㉣
② ㉤
③ ㉠, ㉢, ㉤
④ ㉡, ㉢, ㉤
⑤ ㉠, ㉡, ㉢, ㉣, ㉤

기출응용 23회·25회

05 건축법령상 도시지역에 건축하는 건축물의 대지와 도로 등에 관한 설명으로 옳은 것은?

① 담장의 지표 아래 부분은 건축선의 수직면을 넘어서는 아니 된다.
② 손궤의 우려가 있는 토지에 대지를 조성하면서 설치한 옹벽의 외벽면에는 옹벽의 지지 또는 배수를 위한 시설물이 밖으로 튀어 나오게 해서는 아니 된다.
③ 연면적의 합계가 2,000m²인 공장의 대지는 너비 6m 이상의 도로에 4m 이상 접하여야 한다.
④ 군수는 건축물의 위치나 환경을 정비하기 위하여 필요하다고 인정되면 4m 이하의 범위에서 건축선을 따로 지정할 수 있다.
⑤ 바닥면적의 합계가 5,000m² 이상인 「농수산물유통 및 가격안정에 관한 법률」에 따른 농수산물유통시설의 경우에는 공개공지를 설치하여야 한다.

예상문제

06 건축법령상 공개공지등에 관한 내용으로 <u>틀린</u> 것은?

① 공개공지등을 설치하는 경우 해당 지역에 적용하는 용적률의 1.2배 이하에서 이를 완화할 수 있다.
② 종교시설로서 해당 용도로 쓰는 바닥면적의 합계가 5,000m² 이상인 건축물은 공개공지 확보대상이다.
③ 공개공지등에는 연간 60일 이내의 기간 동안 건축조례로 정하는 바에 따라 주민들을 위한 문화행사를 열거나 판촉활동을 할 수 있다.
④ 제2종 일반주거지역은 공개공지의 확보대상지역에 해당한다.
⑤ 공개공지등의 면적은 건축면적의 100분의 10 이하의 범위에서 건축조례로 정한다.

예상문제

07 건축법령상 건축선에 관한 설명으로 **틀린** 것은?

① 소요 너비에 못 미치는 도로 양쪽에 대지가 있을 경우에는 도로의 양측 경계선에서 소요 너비의 2분의 1을 후퇴한 선을 건축선으로 한다.
② 특별자치시장·특별자치도지사 또는 시장·군수·구청장은 시가지 안에서 건축물의 위치나 환경을 정비하기 위하여 필요하다고 인정하면 도시지역에는 4m 이하의 범위에서 건축선을 따로 지정할 수 있다.
③ '건축선'이란 도로와 대지와의 관계에 있어서 도로와 접한 부분에 건축물을 건축할 수 있는 선을 말한다.
④ 소요 너비에 못 미치는 도로의 건축선은 도로의 반대쪽에 경사지·하천 등이 있는 경우에는 그 경사지 등이 있는 쪽 도로 경계선에서 소요 너비에 해당하는 수평거리를 후퇴한 선을 건축선으로 한다.
⑤ 건축선은 원칙적으로 대지와 도로의 경계선으로 한다.

예상문제

08 건축법령상 건축물의 대지와 도로에 관한 설명으로 옳은 것은? (단, 건축법 제3조에 따른 적용 제외는 고려하지 않음)

① 건축물의 주변에 건축이 가능한 녹지가 있다면, 건축물의 대지가 2m 미만으로 도로에 접하여도 건축법령을 위반한 것은 아니다.
② 건축물과 담장, 지표 아래의 창고시설은 건축선의 수직면을 넘어서는 아니 된다.
③ 도로면으로부터 높이 4.5m 이하에 있는 출입구, 창문 그 밖에 이와 유사한 구조물은 열고 닫을 때 건축선의 수직면을 넘는 구조로 할 수 있다.
④ 허가권자는 주민이 오랫동안 통행로로 이용하고 있는 사실상의 통로로서 해당 지방자치단체의 조례로 정한 경우에는 이해관계인의 동의와 건축위원회의 심의를 거쳐 도로로 지정하여야 한다.
⑤ 「국토의 계획 및 이용에 관한 법률」에 따른 도시지역에서 도로의 교차각이 90°이며 해당 도로와 교차되는 도로의 너비가 각각 6m라면 도로경계선의 교차점으로부터 도로경계선에 따라 각 3m를 후퇴한 두 점을 연결한 선이 건축선이 된다.

CHAPTER 04 건축물의 구조 및 재료

빠른 정답 CHECK!(본책) p.251 / 정답 및 해설(책속의 책) p.65

테마 29 | 건축물의 구조 및 재료

대표문제 구조안전을 확인한 건축물

건축법령상 구조안전 확인 건축물 중 건축주가 착공신고 시 구조안전 확인서류를 제출하여야 하는 건축물이 <u>아닌</u> 것을 모두 고른 것은? (단, 건축법상 적용 제외 및 특례는 고려하지 않음)

기출응용 19회·29회·34회

- ㉠ 연면적이 200m²인 2층의 목구조 건축물
- ㉡ 높이가 13m인 건축물
- ㉢ 층수가 5층인 건축물
- ㉣ 연립주택
- ㉤ 처마높이가 10m인 건축물
- ㉥ 기둥과 기둥 사이의 거리가 9m인 건축물

① ㉠, ㉥
② ㉤, ㉥
③ ㉠, ㉢, ㉤
④ ㉡, ㉢, ㉥
⑤ ㉠, ㉡, ㉢, ㉣, ㉤, ㉥

POINT
구조안전 확인 건축물 중 건축주가 착공신고 시 구조안전 확인서류를 제출하여야 하는 건축물을 정리하여야 합니다.

해설
- ㉠ 목구조 건축물의 경우 건축주가 착공신고 시 구조안전 확인서류를 제출하여야 하는 건축물은 3층 이상인 건축물 또는 연면적이 500m² 이상인 건축물이다.
- ㉥ 건축주가 착공신고 시 구조안전 확인서류를 제출하여야 하는 건축물은 기둥과 기둥 사이의 거리가 10m 이상인 건축물이다.

이론+ 구조안전 확인서류의 제출

구조안전을 확인한 건축물 중 다음의 어느 하나에 해당하는 건축물의 건축주는 해당 건축물의 설계자로부터 구조안전의 확인서류를 받아 착공신고를 하는 때에 그 확인서류를 허가권자에게 제출하여야 한다. 다만, 표준설계도서에 따라 건축하는 건축물은 제외한다.

1. 층수가 2층(주요구조부인 기둥과 보를 설치하는 건축물로서 그 기둥과 보가 목재인 목구조 건축물의 경우에는 3층) 이상인 건축물
2. 연면적이 200m²(목구조 건축물의 경우에는 500m²) 이상인 건축물(단, 창고, 축사, 작물 재배사는 제외)
3. 높이가 13m 이상인 건축물
4. 처마높이가 9m 이상인 건축물
5. 기둥과 기둥 사이의 거리가 10m 이상인 건축물
6. 건축물의 용도 및 규모를 고려한 중요도가 높은 건축물로서 국토교통부령으로 정하는 건축물
7. 국가적 문화유산으로 보존할 가치가 있는 건축물로서 국토교통부령으로 정하는 것
8. 한쪽 끝은 고정되고 다른 끝은 지지(支持)되지 아니한 구조로 된 보·차양 등이 외벽(외벽이 없는 경우에는 외곽 기둥)의 중심선으로부터 3m 이상 돌출된 건축물, 무량판 구조(보가 없이 바닥판, 기둥으로 구성된 구조를 말함)를 가진 건축물로서 무량판 구조인 어느 하나의 층에 수직으로 배치된 주요구조부의 전체 단면적에서 보가 없이 배치된 기둥의 전체 단면적이 차지하는 비율의 4분의 1 이상인 건축물, 특수한 설계·시공·공법 등이 필요한 건축물로서 국토교통부장관이 정하여 고시하는 구조로 된 건축물
9. 단독주택 및 공동주택

정답 ①

기출응용 27회

01 건축법령상 고층건축물의 피난시설에 관한 내용이다. (   ) 안에 들어갈 내용을 바르게 나열한 것은?

- 층수가 63층이고 높이가 190m인 (㉠) 건축물에는 피난층 또는 지상으로 통하는 직통계단과 직접 연결되는 피난안전구역을 지상층으로부터 최대 (㉡)개 층마다 1개소 이상 설치하여야 한다.
- (㉢)층 이상인 층이 제2종 근린생활시설 중 공연장·종교집회장·인터넷컴퓨터게임시설제공업소(해당 용도로 쓰는 바닥면적의 합계가 각각 300m² 이상인 경우만 해당), 문화 및 집회시설, 종교시설, 판매시설, 위락시설 중 주점영업 또는 장례시설의 용도로 쓰는 경우에는 피난 용도로 쓸 수 있는 광장을 옥상에 설치하여야 한다.

	㉠	㉡	㉢		㉠	㉡	㉢
①	준고층	20	5	②	준고층	30	3
③	초고층	20	3	④	초고층	30	5
⑤	초고층	30	3				

기출응용 26회

02 건축법령상 실내건축의 구조·시공방법등의 기준에 해당하는 것을 모두 고른 것은?

> ⊙ 실내의 돌출부 등에는 충돌, 끼임 등 안전사고를 방지할 수 있는 완충재료를 사용할 것
> ⓒ 실내에 설치하는 칸막이는 피난에 지장이 없고, 구조적으로 안전할 것
> ⓒ 실내에 설치하는 환기시설은 누수·누전 등 안전사고가 없는 재료를 사용하고, 구조적으로 안전할 것
> ⓔ 실내에 설치하는 벽, 천장, 바닥 및 반자틀(노출된 경우에 한정)은 방화에 지장이 없는 재료를 사용할 것
> ⓜ 실내에 설치하는 난간, 창호 및 출입문은 방화에 지장이 없고, 구조적으로 안전할 것

① ⊙, ⓒ
② ⓒ, ⓔ, ⓜ
③ ⊙, ⓒ, ⓔ, ⓜ
④ ⓒ, ⓒ, ⓔ, ⓜ
⑤ ⊙, ⓒ, ⓒ, ⓔ, ⓜ

예상문제

03 건축법령상 대지 안의 피난 및 소화에 필요한 통로 설치에 관한 규정의 일부이다. ( ) 안에 들어갈 숫자를 바르게 나열한 것은?

> 「건축법 시행령」제41조【대지 안의 피난 및 소화에 필요한 통로 설치】① 건축물의 대지 안에는 그 건축물 바깥쪽으로 통하는 주된 출구와 지상으로 통하는 피난계단 및 특별피난계단으로부터 도로 또는 공지(… 생략 …)로 통하는 통로를 다음 각 호의 기준에 따라 설치하여야 한다.
> 1. 통로의 너비는 다음 각 목의 구분에 따른 기준에 따라 확보할 것
>   가. (⊙): 유효 너비 0.9m 이상
>   나. 바닥면적의 합계가 500m² 이상인 문화 및 집회시설, 종교시설, 의료시설, 위락시설 또는 장례시설: 유효 너비 (ⓒ)m 이상
>   다. 그 밖의 용도로 쓰는 건축물: 유효 너비 (ⓒ)m 이상
> 〈이하 생략〉

	⊙	ⓒ	ⓒ		⊙	ⓒ	ⓒ
①	공동주택	3	1.5	②	단독주택	3	1.5
③	단독주택	3	1.2	④	공동주택	10	1.2
⑤	단독주택	10	1.2				

예상문제

04 건축법령상 국토교통부장관이 정하여 고시하는 건축물, 건축설비 및 대지에 관한 범죄예방 기준에 따라 건축하여야 하는 건축물에 해당하는 것을 모두 고른 것은?

> ㉠ 다가구주택
> ㉡ 숙박시설 중 다중생활시설
> ㉢ 연구소 및 도서관을 제외한 교육연구시설
> ㉣ 제2종 근린생활시설 중 다중생활시설
> ㉤ 동·식물원을 제외한 문화 및 집회시설
> ㉥ 제1종 근린생활시설 중 일용품을 판매하는 소매점

① ㉣, ㉥
② ㉤, ㉥
③ ㉠, ㉢, ㉤
④ ㉡, ㉢, ㉥
⑤ ㉠, ㉡, ㉢, ㉣, ㉤, ㉥

예상문제

05 건축법령상 건축물의 피난시설에 관한 설명으로 틀린 것은?

① 층수가 11층 이상인 건축물로서 11층 이상인 층의 바닥면적의 합계가 5,000m² 이상인 건축물의 옥상에는 헬리포트를 설치하여야 한다.
② 오피스텔에 거실 바닥으로부터 높이 1.2m 이하 부분에 여닫을 수 있는 창문을 설치하는 경우에는 국토교통부령으로 정하는 기준에 따라 추락방지를 위한 안전시설을 설치하여야 한다.
③ 옥상광장 또는 2층 이상인 층에 있는 노대(露臺)나 그 밖에 이와 비슷한 것의 주위에는 높이 1.2m 이상의 난간을 설치하여야 한다.
④ 건축물의 피난층 외의 층에서는 피난층 또는 지상으로 통하는 직통계단을 거실의 각 부분으로부터 계단에 이르는 보행거리가 30m 이하가 되도록 설치하여야 한다.
⑤ 5층 이상인 층이 문화 및 집회시설, 종교시설, 판매시설 등의 용도로 쓰는 경우에는 피난 용도로 쓸 수 있는 광장을 옥상에 설치하여야 한다.

CHAPTER 05 지역 및 지구 안의 건축물

빠른 정답 CHECK!(본책) p.251 / 정답 및 해설(책속의 책) p.66

테마 30 | 지역 및 지구 안의 건축물

대표문제 건축물 바닥면적의 산정방법

건축법령상 건축물 바닥면적의 산정방법에 관한 설명으로 옳은 것은?   기출응용 29회

① 공동주택으로서 지상층에 설치한 생활폐기물 보관시설의 면적은 바닥면적에 산입한다.
② 건축물의 노대의 바닥은 난간 등의 설치 여부에 관계없이 노대의 면적에서 노대가 접한 가장 긴 외벽에 접한 길이에 1.5m를 곱한 값을 뺀 면적을 바닥면적에 산입하지 않는다.
③ 벽·기둥의 구획이 없는 건축물은 그 지붕 끝부분으로부터 수평거리 1m를 후퇴한 선으로 둘러싸인 수평투영면적으로 한다.
④ 필로티 부분은 공동주택의 경우에는 바닥면적에 산입한다.
⑤ 승강기탑은 바닥면적에 산입한다.

POINT
건축물 바닥면적의 산정방법에 대해서 정리하여야 합니다.

해설
① 공동주택으로서 지상층에 설치한 생활폐기물 보관시설의 면적은 바닥면적에 산입하지 않는다.
② 건축물의 노대의 바닥은 난간 등의 설치 여부에 관계없이 노대의 면적에서 노대가 접한 가장 긴 외벽에 접한 길이에 1.5m를 곱한 값을 뺀 면적을 바닥면적에 산입한다.
④ 필로티나 그 밖에 이와 비슷한 구조의 부분은 그 부분이 공중의 통행이나 차량의 통행 또는 주차에 전용되는 경우와 공동주택의 경우에는 바닥면적에 산입하지 않는다.
⑤ 승강기탑은 바닥면적에 산입하지 않는다.

정답 ③

기출응용 23회

01 건축법령상 건폐율 및 용적률에 관한 설명으로 틀린 것은?

① 하나의 대지에 건축물이 둘 이상 있는 경우 용적률의 제한은 대지 안에 있는 모든 건축물들의 연면적을 합하여 산정한다.
② 도시지역에서 건축물이 있는 대지를 분할하는 경우에는 건폐율 및 용적률 등에 의한 기준에 미달되게 분할할 수 없다.
③ 건폐율은 대지면적에 대한 건축면적의 비율이다.
④ 「건축법」의 규정을 통하여 「국토의 계획 및 이용에 관한 법률」상 건폐율의 최대한도를 강화 또는 완화하여 적용할 수 있다.
⑤ 용적률을 산정할 경우 연면적에는 지하층의 면적은 포함된다.

기출응용 20회·24회

02 건축법령상 1,000m²의 대지에 건축한 다음 건축물의 건폐율과 용적률은 각각 얼마인가? (단, 제시된 조건 외에 다른 조건은 고려하지 않음)

- 하나의 건축물로서 지하 1개 층, 지상 6개 층으로 구성되어 있으며, 지붕은 평지붕임
- 건축면적은 500m²이고, 지하층 포함 각 층의 바닥면적은 400m²로 동일함
- 지하 1층은 전부 제1종 근린생활시설로 사용됨
- 지상 1층은 전부 주차장으로 사용됨
- 지상 5개 층은 전부 업무시설로 사용됨

	건폐율	용적률
①	50%	200%
②	50%	250%
③	60%	200%
④	60%	250%
⑤	60%	300%

기출응용 24회

03 건축법령상 건축물이 있는 대지는 조례로 정하는 면적에 못 미치게 분할할 수 없는데, 다음 중 조례로 정할 수 있는 최소 분할면적 기준이 가장 큰 용도지역은? (단, 건축법 제3조에 따른 적용 제외는 고려하지 않음)

① 제2종 전용주거지역 ② 일반상업지역
③ 근린상업지역 ④ 준공업지역
⑤ 생산녹지지역

 기출응용 31회·33회

04 건축법령상 건축물의 면적 등 산정방법에 관한 설명으로 틀린 것을 모두 고른 것은? (단, 건축법령상 특례는 고려하지 않음)

㉠ 지하주차장의 경사로의 면적은 건축면적에 산입한다.
㉡ 건축물의 층고는 방의 바닥구조체 윗면으로부터 위층 바닥구조체의 윗면까지의 높이로 한다.
㉢ 태양열을 주된 에너지원으로 이용하는 주택의 건축면적은 건축물의 외벽 중 내측 내력벽의 중심선을 기준으로 한다.
㉣ 건축물이 부분에 따라 그 층수가 다른 경우에는 그중 가장 많은 층수와 가장 적은 층수를 평균하여 반올림한 수를 그 건축물의 층수로 본다.
㉤ 지하층에 설치한 기계실, 전기실의 면적은 용적률을 산정할 때 연면적에 산입한다.
㉥ 「건축법」상 건축물의 높이제한 규정을 적용할 때, 건축물의 1층 전체에 필로티가 설치되어 있는 경우 건축물의 높이는 필로티의 층고를 제외하고 산정한다.

① ㉣, ㉥ ② ㉤, ㉥
③ ㉠, ㉣, ㉤ ④ ㉡, ㉢, ㉥
⑤ ㉠, ㉡, ㉢, ㉣, ㉤, ㉥

기출응용 23회

05 지하층이 3개 층이고 지상층은 전체가 층의 구분이 명확하지 아니한 건축물로서, 건축물의 바닥면적은 1,200m²이며, 바닥면적 700m²에 해당하는 부분의 높이는 16m이고 나머지 500m²에 해당하는 부분의 높이는 20m이다. 이러한 건축물의 건축법령상 층수는? (단, 건축물의 높이는 건축법령에 의하여 산정한 것이고, 지표면의 고저 차는 없으며, 건축물의 옥상에는 별도의 설치물이 없음)

① 1층 ② 3층
③ 4층 ④ 5층
⑤ 6층

기출응용 21회·24회

06 건축법령상 건축물의 면적 및 층수의 산정방법에 관한 설명으로 옳은 것을 모두 고른 것은?

┌───┐
│ ㉠ 층의 구분이 명확하지 않은 건축물은 그 건축물의 높이가 4m마다 하나의 층으로 보고 층수를 산정한다. │
│ ㉡ 건축물을 리모델링하는 경우로서 미관 향상, 열의 손실 방지 등을 위하여 외벽에 부가하여 마감재 등을 설치하는 부분은 바닥면적에 산입한다. │
│ ㉢ 층고가 2m인 다락은 바닥면적에 산입하지 않는다. │
│ ㉣ 공동주택으로서 지상층에 설치한 전기실의 면적은 바닥면적에 산입하지 않는다. │
└───┘

① ㉠, ㉡ ② ㉠, ㉣
③ ㉡, ㉢ ④ ㉡, ㉣
⑤ ㉢, ㉣

기출응용 19회·25회

07 건축법령상 건축물의 높이제한에 관한 설명으로 옳은 것은? (단, 건축법 제73조에 따른 적용 특례 및 조례는 고려하지 않음)

① 허가권자는 같은 가로구역에서 건축물의 용도 및 형태에 따라 건축물의 높이를 다르게 정할 수 없다.
② 허가권자는 가로구역별 건축물의 최고 높이를 지정하려면 중앙건축위원회의 심의를 거쳐야 한다.
③ 전용주거지역과 일반주거지역 안에서 건축하는 건축물에 대하여는 일조의 확보를 위한 높이제한이 적용된다.
④ 3층 이하로서 높이가 12m 이하인 건축물에는 일조 등의 확보를 위한 건축물의 높이제한에 관한 규정을 적용하지 아니할 수 있다.
⑤ 일반상업지역에 건축하는 공동주택으로서 하나의 대지에 두 동(棟) 이상을 건축하는 경우에는 채광의 확보를 위한 높이제한이 적용된다.

기출응용 19회·26회

08 건축법령상 지역 및 지구의 건축물에 관한 설명으로 옳은 것을 모두 고른 것은? (단, 조례 및 특별건축구역에 대한 특례는 고려하지 않음)

㉠ 시장·군수는 도시의 관리를 위하여 필요하면 가로구역별 건축물의 높이를 시·군의 조례로 정할 수 있다.
㉡ 대지가 녹지지역과 관리지역에 걸치면서 녹지지역 안의 건축물이 취락지구에 걸치는 경우에는 건축물과 대지 전부에 대해 녹지지역에 관한 「건축법」의 규정을 적용한다.
㉢ 하나의 건축물이 방화벽을 경계로 방화지구와 그 밖의 구역에 속하는 부분으로 구획되는 경우, 그 밖의 구역에 속하는 부분은 방화지구 규정을 적용하지 않는다.
㉣ 상업지역에서 건축물을 건축하는 경우에는 일조의 확보를 위하여 건축물을 정북방향으로의 인접 대지경계선으로부터 1.5m 이상 띄어 건축하여야 한다.
㉤ 정북방향으로 도로 등 건축이 금지된 공지에 접하는 대지인 경우 건축물의 높이를 정남방향의 인접 대지경계선으로부터의 거리에 따라 대통령령으로 정하는 높이 이하로 할 수 있다.

① ㉠, ㉣
② ㉢, ㉤
③ ㉠, ㉢, ㉤
④ ㉡, ㉢, ㉤
⑤ ㉠, ㉡, ㉢, ㉣, ㉤

예상문제

09 건축법령상 건축물의 면적 및 높이 등의 산정방법에 관한 설명으로 <u>틀린</u> 것은?

① 건축물의 경사지붕 아래에 설치하는 대피공간의 면적은 용적률을 산정할 때에 연면적에서 제외한다.
② 건축물의 높이는 지표면으로부터 그 건축물의 상단까지의 높이로 한다.
③ 경사진 형태의 지붕의 경우, 층고가 2.1m 이하인 다락은 바닥면적에 산입하지 아니한다.
④ 공동주택으로서 지상층에 설치한 기계실의 면적은 바닥면적에 산입하지 아니한다.
⑤ 사용승인을 받은 후 15년 이상이 된 건축물을 리모델링하는 경우로서 열의 손실방지를 위하여 외벽에 부가하여 마감재를 설치하는 부분은 바닥면적에 산입하지 아니한다.

예상문제

10 건축법령상 면적·높이 등의 산정방법에 관한 설명으로 <u>틀린</u> 것은?

① 승강기탑(옥상 출입용 승강장을 포함), 계단탑, 장식탑, 다락[층고(層高)가 1.5m(경사진 형태의 지붕인 경우에는 1.8m) 이하인 것만 해당], 건축물의 내부에 설치하는 냉방설비 배기장치 전용 설치공간 등의 구조물은 바닥면적에 산입하지 아니한다.
② 건축물의 옥상에 설치되는 승강기탑·계단탑·망루·장식탑·옥탑 등으로서 그 수평투영면적의 합계가 해당 건축물 건축면적의 6분의 1 이하인 경우로서 그 부분의 높이가 12m를 넘는 경우에는 그 넘는 부분만 해당 건축물의 높이에 산입한다.
③ '바닥면적'이란 건축물의 각 층 또는 그 일부로서 벽, 기둥 그 밖에 이와 비슷한 구획의 중심선으로 둘러싸인 부분의 수평투영면적으로 한다.
④ 필로티나 그 밖에 이와 비슷한 구조(벽면적의 2분의 1 이상이 그 층의 바닥면에서 위층 바닥 아랫면까지 공간으로 된 것만 해당)의 부분은 그 부분이 공중의 통행이나 차량의 통행 또는 주차에 전용되는 경우와 공동주택의 경우에는 바닥면적에 산입하지 아니한다.
⑤ 층의 구분이 명확하지 아니한 건축물은 그 건축물의 높이 4m마다 하나의 층으로 본다.

예상문제

11 건축면적이 600m²이고 높이가 48m인 건축물의 옥상에 수평투영면적이 70m²이고, 높이가 14m인 옥탑을 설치하였을 경우, 이 건축물의 건축법령상 최대 높이는?

① 45m ② 48m
③ 50m ④ 55m
⑤ 62m

CHAPTER 06 특별건축구역 · 건축협정 및 결합건축

빠른 정답 CHECK!(본책) p.251 / 정답 및 해설(책속의 책) p.69

테마 31 | 특별건축구역 · 건축협정 및 이행강제금

대표문제 　특별건축구역

> 건축법령상 특별건축구역에 관한 설명으로 <u>틀린</u> 것은? 　　기출응용 32회
>
> ① 특별건축구역에서 '공원의 설치, 부설주차장의 설치, 미술작품의 설치'는 개별 건축물마다 적용하지 아니하고 특별건축구역 전부 또는 일부를 대상으로 통합하여 적용할 수 있다.
> ② 특별건축구역을 지정한 경우에는 「국토의 계획 및 이용에 관한 법률」에 따른 도시·군관리계획의 결정(용도지역·지구·구역의 지정 및 변경은 제외)이 있는 것으로 본다.
> ③ 국토교통부장관은 국가가 국제행사 등을 개최하는 지역의 사업구역을 특별건축구역으로 지정할 수 있다.
> ④ 특별건축구역에서의 건축기준의 특례사항은 국가나 지방자치단체가 건축하는 건축물에 적용한다.
> ⑤ 「도로법」에 따른 접도구역은 특별건축구역으로 지정될 수 있다.

POINT
자주 출제되는 테마는 아니지만, 특별건축구역에 대한 정리를 하여야 합니다.

해설
「도로법」에 따른 접도구역은 특별건축구역으로 지정될 수 없다.

정답 ⑤

기출응용 30회

01 건축법령상 결합건축을 하고자 하는 건축주가 건축허가를 신청할 때 결합건축협정서에 명시하여야 하는 사항이 아닌 것을 모두 고른 것은?

> ㉠ 「국토의 계획 및 이용에 관한 법률」 제78조에 따라 조례로 정한 건폐율과 결합건축으로 조정되어 적용되는 대지별 건폐율
> ㉡ 결합건축대상 대지별 건축계획서
> ㉢ 결합건축협정서를 체결하는 자가 자연인인 경우 성명, 주소 및 생년월일
> ㉣ 결합건축 대상대지의 용도지역

① ㉠
② ㉠, ㉡
③ ㉠, ㉢
④ ㉡, ㉢
⑤ ㉠, ㉡, ㉢, ㉣

기출응용 28회

02 건축법령상 건축협정의 인가를 받은 건축협정구역에서 연접한 대지에 대하여 관계 법령의 규정을 개별 건축물마다 적용하지 아니하고 건축협정구역을 대상으로 통합하여 적용할 수 있는 것을 모두 고른 것은?

> ㉠ 「주차장법」 제19조에 따른 부설주차장의 설치
> ㉡ 「하수도법」 제34조에 따른 개인하수처리시설의 설치
> ㉢ 용적률
> ㉣ 대지와 도로와의 관계
> ㉤ 계단의 설치

① ㉠, ㉡, ㉣
② ㉠, ㉡, ㉢, ㉤
③ ㉠, ㉢, ㉣, ㉤
④ ㉡, ㉢, ㉣, ㉤
⑤ ㉠, ㉡, ㉢, ㉣, ㉤

기출응용 27회

03 건축법령상 건축협정에 관한 설명으로 옳은 것은?

① 건축협정 체결대상 토지가 둘 이상의 특별자치시 또는 시·군·구에 걸치는 경우 건축협정 체결대상 토지면적과 상관없이 협의한 건축협정인가권자에게 인가를 신청할 수 있다.
② 협정체결자 또는 건축협정운영회의 대표자는 건축협정을 폐지하려는 경우 협정체결자 전원의 동의를 받아 건축협정인가권자의 인가를 받아야 한다.
③ 건축물의 소유자등은 과반수의 동의로 건축물의 리모델링에 관한 건축협정을 체결할 수 있다.
④ 건축협정인가권자가 건축협정을 인가하였을 때에는 해당 지방자치단체의 공보에 그 내용을 공고하지 않아도 된다.
⑤ 협정체결자 또는 건축협정운영회의 대표자는 건축협정서를 작성하여 해당 건축협정인가권자의 인가를 받아야 한다.

기출응용 31회

04 건축법령상 건축협정에 관한 설명으로 틀린 것은? (단, 조례는 고려하지 않음)

① 협정체결자 또는 건축협정운영회의 대표자는 건축협정을 폐지하려는 경우에는 협정체결자 과반수의 동의를 받아 국토교통부령으로 정하는 바에 따라 건축협정인가권자의 인가를 받아야 한다.
② 건축협정에서 달리 정하지 않는 한, 건축협정이 공고된 후에 건축협정구역에 있는 토지에 관한 권리를 협정체결자로부터 이전받은 자는 건축협정에 따르지 않아도 된다.
③ 해당 지역의 토지 또는 건축물의 소유자, 지상권자 전원이 합의를 해야 건축협정의 체결이 가능하며, 지상권자가 반대하면 체결이 불가능하다.
④ 협정체결자 또는 건축협정운영회의 대표자는 인가받은 사항을 변경하려면 국토교통부령으로 정하는 바에 따라 변경인가를 받아야 한다.
⑤ 건축협정 체결대상 토지가 둘 이상의 특별자치시 또는 시·군·구에 걸치는 경우에는 건축협정 체결대상 토지면적의 과반(過半)이 속하는 건축협정인가권자에게 인가를 신청할 수 있다.

기출응용 29회

05 건축법령상 이행강제금을 산정하기 위하여 위반 내용에 따라 곱하는 비율을 낮은 것부터 높은 순서대로 나열한 것은? (단, 조례는 고려하지 않음)

> ㉠ 신고를 하지 아니하고 건축한 경우
> ㉡ 허가를 받지 아니하고 건축한 경우
> ㉢ 용적률을 초과하여 건축한 경우
> ㉣ 건폐율을 초과하여 건축한 경우

① ㉠ – ㉡ – ㉣ – ㉢
② ㉠ – ㉣ – ㉢ – ㉡
③ ㉡ – ㉠ – ㉣ – ㉢
④ ㉣ – ㉠ – ㉡ – ㉢
⑤ ㉣ – ㉢ – ㉡ – ㉠

예상문제

06 건축법령상 특별건축구역에서 국가가 건축하는 건축물에 적용하지 <u>아니할</u> 수 있는 사항을 모두 고른 것은? (단, 건축법령상 특례 및 조례는 고려하지 않음)

> ㉠ 「건축법」 제42조 대지의 조경에 관한 사항
> ㉡ 「건축법」 제55조 건축물의 건폐율
> ㉢ 「건축법」 제56조 건축물의 용적률
> ㉣ 「건축법」 제58조 대지 안의 공지에 관한 사항
> ㉤ 「건축법」 제60조 건축물의 높이제한
> ㉥ 「건축법」 제61조 일조 등의 확보를 위한 건축물의 높이제한

① ㉣, ㉥
② ㉤, ㉥
③ ㉠, ㉢, ㉤
④ ㉡, ㉢, ㉥
⑤ ㉠, ㉡, ㉢, ㉣, ㉤, ㉥

예상문제

07 건축법령상 특별건축구역에 관한 설명으로 틀린 것은?

① 특별건축구역에서는 「주차장법」에 따른 부설주차장의 설치에 관한 규정을 개별 건축물마다 적용하지 아니하고 특별건축구역 전부 또는 일부를 대상으로 통합하여 적용할 수 있다.
② 「자연공원법」에 따른 자연공원에는 특별건축구역을 지정할 수 없다.
③ 특별건축구역을 지정하는 경우 「국토의 계획 및 이용에 관한 법률」에 따른 용도지역의 지정이 있는 것으로 본다.
④ 「도시개발법」에 따른 도시개발구역에는 특별건축구역을 지정할 수 있다.
⑤ 국토교통부장관은 지정신청을 받은 날부터 30일 이내에 중앙건축위원회의 심의를 거쳐야 한다.

예상문제

08 건축법령상 결합건축을 할 수 있는 지역·구역에 해당하지 않는 것은? (단, 조례는 고려하지 않음)

① 특별건축구역
② 「국토의 계획 및 이용에 관한 법률」에 따라 지정된 공업지역
③ 「한옥 등 건축자산의 진흥에 관한 법률」에 따른 건축자산진흥구역
④ 「도시재생 활성화 및 지원에 관한 특별법」에 따른 도시재생활성화지역
⑤ 「도시 및 주거환경정비법」에 따른 정비구역 중 주거환경개선사업의 시행을 위한 구역

예상문제

09 건축법령상 이행강제금에 관한 설명으로 옳은 것은?

① 허가대상 건축물을 허가받지 아니하고 건축하여 벌금이 부과된 자에게는 이행강제금을 부과할 수 없다.
② 시정명령을 받은 자가 그 시정명령을 이행한 경우에는 이미 부과된 이행강제금을 납부하지 않아도 된다.
③ 허가권자는 이행강제금을 부과하기 전에 이행강제금을 부과·징수한다는 뜻을 미리 문서로써 계고하여야 한다.
④ 연면적 60m² 이하의 주거용 건축물인 경우에는 법정 이행강제금의 3분의 2의 범위에서 해당 지방자치단체의 조례로 정하는 금액을 부과한다.
⑤ 허가권자는 최초의 시정명령이 있었던 날을 기준으로 하여 1년에 1회 이상의 범위에서 해당 지방자치단체의 조례로 정하는 횟수만큼 그 시정명령이 이행될 때까지 반복하여 이행강제금을 부과·징수할 수 있다.

주택법

CHAPTER 01 총칙
CHAPTER 02 주택의 건설
CHAPTER 03 주택의 공급
CHAPTER 04 주택의 리모델링

최근 5개년 출제경향 분석

최근 5개년 PART 5 출제비중
16%

CHAPTER	문항 수					비중	⭐ 빈출 키워드
	31회	32회	33회	34회	35회		
CH.01	1	2	1	2	2	25.8%	용어정의
CH.02	5	2	2	3	4	51.6%	주택조합, 주택상환사채, 사업계획승인
CH.03	1	0	1	1	1	12.9%	주택의 공급, 분양가상한제, 주택의 공급질서 교란행위, 투기과열지구, 조정대상지역, 주택의 전매행위 제한
CH.04	1	0	1	1	0	9.7%	리모델링 허가기준, 리모델링 기본계획

* 복합문제이거나, 법률이 개정 및 제정된 경우 분류 기준에 따라 위 수치와 달라질 수 있습니다.

테마 32 | 용어정의

대표문제 　국민주택 등

주택법령상 국민주택 등에 관한 설명으로 **틀린** 것은?　　기출응용 29회

① 다세대주택의 경우 주거전용면적은 건축물의 바닥면적에서 지하층 면적뿐만 아니라 지상층에 있는 공용면적과 관리사무소 등 그 밖의 공용면적 모두를 제외한 면적으로 한다.
② 아파트의 경우 복도, 계단 등 아파트의 지상층에 있는 공용면적은 주거전용면적에서 제외된다.
③ 민영주택은 국민주택을 제외한 주택을 말한다.
④ 지방자치단체의 재정으로부터 자금을 지원받아 건설되는 주택으로서 국민주택규모 이하인 주택을 '국민주택'이라고 한다.
⑤ 한국토지주택공사가 수도권에 건설한 주거전용면적이 1세대당 100m²인 아파트는 국민주택에 해당한다.

POINT
주택의 분류와 국민주택에 대해서 별도로 정리하여야 합니다.

해설
한국토지주택공사가 수도권에 건설한 주거전용면적이 1세대당 85m² 이하인 아파트는 국민주택에 해당한다.

정답 ⑤

기출응용 23회

01 주택법령상 도시형 생활주택에 관한 설명으로 옳은 것은?

① 도시형 생활주택에는 분양가상한제가 적용된다.
② 준주거지역에서 도시형 생활주택인 아파트형 주택과 주거전용면적을 85m^2 초과하는 주택 1세대는 하나의 건축물에 함께 건축할 수 있다.
③ 도시형 생활주택은 세대수가 300세대 이상이어야 한다.
④ 「국토의 계획 및 이용에 관한 법률」에 따른 도시지역에 건설하는 세대별 주거전용면적이 85m^2인 아파트는 도시형 생활주택인 아파트형 주택에 해당하지 않는다.
⑤ 「수도권정비계획법」에 따른 수도권의 경우 도시형 생활주택은 1호(戶) 또는 1세대당 주거전용면적이 100m^2 이하이어야 한다.

기출응용 27회

02 주택법령상 사업계획의 승인을 받아 건설하는 공동주택으로서의 세대구분형 공동주택의 건설기준 등으로 옳은 것은?

① 세대구분형 공동주택의 세대수가 해당 주택단지 안의 공동주택 전체 세대수의 2분의 1을 넘지 않을 것
② 세대별로 구분된 각각의 공간의 주거전용면적(주거의 용도로만 쓰이는 면적) 합계가 해당 주택단지 전체 주거전용면적 합계의 2분의 1을 넘지 않는 등 국토교통부장관이 정하여 고시하는 주거전용면적의 비율에 관한 기준을 충족할 것
③ 세대별로 구분된 각각의 공간마다 현관을 제외한 별도의 욕실, 부엌을 설치할 것
④ 공동주택의 주택 내부 공간의 일부를 세대별로 구분하여 생활이 가능한 구조로 하되, 그 구분된 공간의 일부를 구분소유할 수 있는 주택일 것
⑤ 하나의 세대가 통합하여 사용할 수 있도록 세대 간에 연결문 또는 경량구조의 경계벽 등을 설치할 것

기출응용 27회·32회

03 주택법령상 주택단지가 일정한 시설로 분리된 토지는 각각 별개의 주택단지로 보는데, 그 시설에 해당하지 않는 것을 모두 고른 것은?

> ㉠ 폭 12m의 도시계획예정도로
> ㉡ 철도
> ㉢ 폭 20m의 자동차전용도로
> ㉣ 폭 18m의 일반도로
> ㉤ 고속도로
> ㉥ 보행자 및 자동차의 통행이 가능한 도로로서 「도로법」에 의한 일반국도

① ㉣
② ㉠, ㉣
③ ㉠, ㉢, ㉣
④ ㉠, ㉣, ㉥
⑤ ㉠, ㉡, ㉢, ㉣, ㉤, ㉥

기출응용 20회·22회

04 주택법령상 용어에 관한 설명으로 옳은 것은?

① '도시형 생활주택'이란 500세대 미만의 국민주택규모에 해당하는 주택으로 대통령령으로 정하는 주택을 말한다.
② 수도권에 위치한 읍 또는 면 지역의 경우 국민주택규모의 주택이란 1호(戶) 또는 1세대당 주거전용면적이 100m² 이하인 주택만을 말한다.
③ 주택단지의 입주자 등의 생활복리를 위한 유치원은 복리시설에 해당한다.
④ 「건축법 시행령」에 따른 숙박시설로 제2종 근린생활시설에 해당하지 않는 다중생활시설은 주택에 해당한다.
⑤ 주택에 딸린 관리사무소, 주차장 그리고 주택단지 안의 도로는 복리시설에 속한다.

05 주택법령상 용어에 관한 설명으로 <u>틀린</u> 것은?

① '주택'이란 세대의 구성원이 장기간 독립된 주거생활을 할 수 있는 구조로 된 건축물의 전부 또는 일부를 말하며, 그 부속토지를 포함한다.
② 주택단지에 딸린 어린이놀이터, 근린생활시설, 유치원, 주민운동시설은 '복리시설'에 해당하며, 지역난방공급시설은 '기간시설'에 해당한다.
③ 「산업입지 및 개발에 관한 법률」에 따른 산업단지개발사업에 의하여 개발·조성되는 공동주택이 건설되는 용지는 공공택지에 해당한다.
④ '공동주택'에는 「건축법 시행령」에 따른 아파트, 연립주택, 기숙사 등이 포함된다.
⑤ '단독주택'에는 「건축법 시행령」에 따른 단독주택, 다중주택 및 다가구주택이 포함된다.

기출응용 28회·31회

06 주택법령상 용어에 관한 설명으로 옳은 것을 모두 고른 것은?

> ㉠ '간선시설'이란 도로·상하수도·전기시설·가스시설·통신시설·지역난방시설 등을 말한다.
> ㉡ '세대구분형 공동주택'이란 공동주택의 주택 내부 공간의 일부를 세대별로 구분하여 생활이 가능한 구조로 하되 그 구분된 공간의 일부를 구분소유할 수 있는 주택이다.
> ㉢ 300세대인 국민주택규모의 단지형 다세대주택은 도시형 생활주택에 해당한다.
> ㉣ 주택에 딸린 「건축법」에 따른 건축설비는 복리시설에 해당한다.
> ㉤ '공구'란 하나의 주택단지에서 둘 이상으로 구분되는 일단의 구역으로서 공구별 세대수는 300세대 이상으로 해야 한다.
> ㉥ 주택단지의 안과 밖을 연결시키는 시설은 간선시설이다.

① ㉣, ㉥
② ㉤, ㉥
③ ㉠, ㉢, ㉤
④ ㉡, ㉢, ㉥
⑤ ㉠, ㉡, ㉢, ㉣, ㉤, ㉥

예상문제

07 주택법령상 용어의 설명으로 틀린 것은?

① '세대구분형 공동주택'이란 공동주택의 주택 내부 공간의 일부를 세대별로 구분하여 생활이 가능한 구조로 하되, 그 구분된 공간 일부에 대하여 구분소유를 할 수 없는 주택을 말한다.
② '주택단지'란 주택건설사업계획 또는 대지조성사업계획의 승인을 받아 주택과 그 부대시설 및 복리시설을 건설하거나 대지를 조성하는 데 사용되는 일단의 토지를 말한다.
③ '준주택'이란 주택 외의 건축물과 그 부속토지로서 주거시설로 이용가능한 시설 등을 말하며, 오피스텔, 다중생활시설, 노유자시설, 기숙사를 말한다.
④ '간선시설'이란 도로·상하수도·전기시설·가스시설·통신시설 및 지역난방시설 등 주택단지 안의 기간시설을 그 주택단지 밖에 있는 같은 종류의 기간시설에 연결시키는 시설을 말한다.
⑤ '토지임대부 분양주택'이란 토지의 소유권은 사업계획의 승인을 받아 토지임대부 분양주택 건설사업을 시행하는 자가 가지고, 건축물 및 복리시설 등에 대한 소유권은 주택을 분양받은 자가 가지는 주택을 말한다.

예상문제

08 주택법령상 도시형 생활주택에 관한 설명으로 틀린 것은?

① 「국토의 계획 및 이용에 관한 법률 시행령」 제30조에 따른 준주거지역 또는 상업지역에서 아파트형 주택과 도시형 생활주택 외의 주택을 함께 건축하는 경우는 허용된다.
② 아파트형 주택의 세대별 주거전용면적은 국민주택규모 이하로 하여야 한다.
③ 도시형 생활주택에는 단지형 연립주택, 단지형 다세대주택, 아파트형 주택으로 구분한다.
④ 단지형 연립주택으로 도시형 생활주택을 건설하는 경우 건축위원회의 심의를 받은 경우에는 주택으로 쓰는 층수를 5개 층까지 건축할 수 있다.
⑤ 아파트형 주택은 세대별로 독립된 주거가 가능하도록 욕실 및 부엌을 설치하여야 하고, 지하층에도 세대를 설치할 수 있다.

CHAPTER 02 주택의 건설

테마 33 | 주택건설사업자

대표문제 　주택건설사업의 등록

주택법령상 주택건설사업 등의 등록과 관련하여 (　) 안에 들어갈 내용이 옳게 나열된 것은? (단, 사업등록이 필요한 경우를 전제로 함)　　기출응용 26회

- 연간 (㉠)호 이상의 단독주택 건설사업을 시행하려는 자 또는 연간 (㉡)m² 이상의 대지조성사업을 시행하려는 자는 국토교통부장관에게 등록하여야 한다.
- 연간 (㉢)세대 이상의 공동주택 건설사업을 시행하려는 자는 국토교통부장관에게 등록하여야 한다. 단, 도시형 생활주택은 (㉣)세대 이상인 경우를 말한다.

	㉠	㉡	㉢	㉣
①	10	10만	20	30
②	20	1만	20	30
③	20	10만	20	20
④	30	1만	30	30
⑤	30	10만	30	20

POINT
주택건설사업 등의 등록요건을 정리하고 암기하여야 합니다.

해설
- 연간 (㉠ 20)호 이상의 단독주택 건설사업을 시행하려는 자 또는 연간 (㉡ 1만)m² 이상의 대지조성사업을 시행하려는 자는 국토교통부장관에게 등록하여야 한다.
- 연간 (㉢ 20)세대 이상의 공동주택 건설사업을 시행하려는 자는 국토교통부장관에게 등록하여야 한다. 단, 도시형 생활주택은 (㉣ 30)세대 이상인 경우를 말한다.

정답 ②

기출응용 18회

01 주택법령상 주택건설사업 또는 대지조성사업의 등록에 관한 설명으로 <u>틀린</u> 것은?

① 근로자를 고용하고 있는 고용자가 등록사업자와 공동으로 근로자의 주택을 건설하는 주택건설사업을 시행하고자 하는 경우에는 국토교통부장관에게 등록하지 않아도 된다.
② 한국토지주택공사가 주택건설사업을 시행하고자 하는 경우에는 국토교통부장관에게 등록하지 않아도 된다.
③ 지방자치단체가 주택건설사업을 시행하고자 하는 경우에는 국토교통부장관에게 등록하지 않아도 된다.
④ 지방공사가 주택건설사업을 시행하고자 하는 경우에는 국토교통부장관에게 등록하여야 한다.
⑤ 한국토지주택공사가 대지조성사업을 시행하고자 하는 경우에는 국토교통부장관에게 등록하지 않아도 된다.

기출응용 19회

02 주택법령상 주택건설사업의 등록을 할 수 있는 자는?

① 「주택법」을 위반하여 금고 이상의 형의 집행유예선고를 받고 그 유예기간 중에 있는 자
② 거짓으로 주택건설사업을 등록하여 그 등록이 말소된 후 2년이 지나지 아니한 자
③ 미성년자·피성년후견인·피한정후견인
④ 「주택법」을 위반하여 금고 이상의 실형선고를 받고 그 집행이 면제된 날부터 2년이 지나지 아니한 자
⑤ 파산선고를 받은 자로서 복권된 후 2년이 지나지 아니한 자

기출응용 31회

03 주택법령상 주택건설사업자 등에 관한 설명으로 <u>틀린</u> 것을 모두 고른 것은?

> ㉠ 주택건설공사를 시공할 수 있는 등록사업자가 최근 3년간 200세대 이상의 공동주택을 건설한 실적이 있는 경우에는 주택으로 쓰는 층수가 6개 층 이상인 주택을 건설할 수 있다.
> ㉡ 고용자가 그 근로자의 주택을 건설하는 경우에는 대통령령으로 정하는 바에 따라 등록사업자와 공동으로 사업을 시행할 수 있다.
> ㉢ 세대수를 증가하는 리모델링주택조합이 그 구성원의 주택을 건설하는 경우에는 등록사업자와 공동으로 사업을 시행할 수 있다.

① ㉠
② ㉢
③ ㉠, ㉡
④ ㉡, ㉢
⑤ ㉠, ㉡, ㉢

예상문제

04 주택법령상 주택건설사업 또는 대지조성사업의 등록에 관한 설명으로 옳은 것은?

① 지방공사가 주택건설사업을 시행하고자 하는 경우에는 국토교통부장관에게 등록하여야 한다.
② 「공익법인의 설립·운영에 관한 법률」에 따라 주택건설사업을 목적으로 설립된 공익법인이 주택건설사업을 시행하고자 하는 경우에는 국토교통부장관에게 등록하여야 한다.
③ 근로자를 고용하고 있는 고용자가 등록사업자와 공동으로 근로자의 주택을 건설하는 주택건설사업을 시행하고자 하는 경우에는 국토교통부장관에게 등록하여야 한다.
④ 한국토지주택공사가 대지조성사업을 시행하고자 하는 경우에는 국토교통부장관에게 등록하여야 한다.
⑤ 토지소유자와 등록사업자를 공동사업주체로 본다.

예상문제

05 주택법령상 등록사업자에 관한 설명으로 틀린 것은?

① 원칙적으로 등록사업자가 건설할 수 있는 주택은 주택으로 쓰는 층수가 8개 층 이하인 주택으로 한다.
② 국가가 사업주체인 경우에는 국토교통부장관에게 등록하지 않아도 된다.
③ 주택건설사업 또는 대지조성사업의 등록을 하려는 자는 자본금이 3억원(개인인 경우에는 자산평가액 6억원) 이상이어야 한다.
④ 국토교통부장관은 등록사업자가 등록말소 또는 영업정지 사유에 해당하면 그 등록을 말소하거나 1년 이내의 기간을 정하여 영업의 정지를 명할 수 있다.
⑤ 등록말소 또는 영업정지 처분을 받은 등록사업자는 그 처분 전에 사업계획승인을 받은 사업은 계속 수행할 수 있다.

테마 34 | 주택조합

대표문제 지역주택조합의 설립인가 신청서류

주택법령상 지역주택조합의 설립인가 신청을 위하여 제출하여야 하는 서류에 해당하는 것을 모두 고른 것은?

기출응용 30회

㉠ 조합원 자격이 있는 자임을 확인하는 서류
㉡ 조합원 전원이 자필로 연명한 조합규약
㉢ 해당 주택건설대지의 15% 이상에 해당하는 토지의 사용권원을 확보하였음을 증명하는 서류
㉣ 사업계획서
㉤ 조합원의 동의를 받은 정산서
㉥ 창립총회 회의록

① ㉣, ㉥
② ㉤, ㉥
③ ㉠, ㉡, ㉤
④ ㉠, ㉡, ㉣, ㉥
⑤ ㉠, ㉡, ㉢, ㉣, ㉤, ㉥

POINT
주택조합의 설립인가 신청 시 필요한 서류를 정리하여야 합니다.

> **해설**
> ⓒ 해당 주택건설대지의 80% 이상에 해당하는 토지의 사용권원을 확보하였음을 증명하는 서류가 설립인가 신청 제출서류에 해당한다.
> ⓜ 조합원의 동의를 받은 정산서는 설립인가 신청 제출서류에는 해당하지 않고, 해산인가 신청서에 포함될 내용이다.
>
> **이론+ 지역주택조합의 설립·인가 신청 시 제출하여야 하는 서류**
>
> 지역주택조합의 설립의 인가를 받으려는 자는 신청서에 다음의 구분에 따른 서류를 첨부하여 주택건설대지를 관할하는 시장·군수 또는 구청장에게 제출하여야 한다.
> 1. 창립총회 회의록
> 2. 조합장선출동의서
> 3. 조합원 전원이 자필로 연명(連名)한 조합규약
> 4. 조합원 명부
> 5. 사업계획서
> 6. 해당 주택건설대지의 80% 이상에 해당하는 토지의 사용권원을 확보하였음을 증명하는 서류
> 7. 해당 주택건설대지의 15% 이상에 해당하는 토지의 소유권을 확보하였음을 증명하는 서류
> 8. 그 밖에 국토교통부령으로 정하는 서류
>
> 정답 ④

기출응용 26회

06 주택법령상 주택단지 전체를 대상으로 증축형 리모델링을 하기 위하여 리모델링주택조합을 설립하려는 경우 조합설립인가 신청 시 제출해야 할 첨부서류가 아닌 것을 모두 고른 것은? (단, 조례는 고려하지 않음)

> ㉠ 해당 주택건설대지의 80% 이상에 해당하는 토지의 사용권원을 확보하였음을 증명하는 서류
> ㉡ 조합원 명부
> ㉢ 조합장선출동의서
> ㉣ 해당 주택이 사용검사를 받은 후 10년 이상이 지났음을 증명하는 서류
> ㉤ 조합원 전원이 자필로 연명한 조합규약

① ㉠, ㉣
② ㉡, ㉢
③ ㉡, ㉤
④ ㉠, ㉢, ㉤
⑤ ㉠, ㉡, ㉢, ㉣, ㉤

기출응용 24회

07 주택법령상 지역주택조합에 관한 설명으로 틀린 것은?

① 조합의 설립인가를 받은 후 승인을 얻어 조합원을 추가모집하는 경우 추가모집되는 자의 조합원 자격요건의 충족 여부는 해당 조합의 추가모집공고일을 기준으로 판단한다.
② 조합원의 사망으로 인하여 조합원의 지위를 상속받으려는 자는 무주택자에 한하지 않는다.
③ 등록사업자와 공동으로 주택건설사업을 하는 조합은 국토교통부장관에게 등록하지 않아도 된다.
④ 조합설립인가 신청일부터 해당 조합주택의 입주가능일까지 주거전용면적 85m² 이하의 주택 1채를 보유하고, 6개월 이상 지역주택조합 설립지역에 거주한 세대주인 자는 조합원의 자격이 있다.
⑤ 조합과 등록사업자가 공동으로 사업을 시행하면서 시공하는 경우 등록사업자는 자신의 귀책사유로 발생한 손해에 대해서는 조합원에게 배상할 책임이 있다.

기출응용 28회·29회

08 주택법령상 지역주택조합에 관한 설명으로 틀린 것을 모두 고른 것은?

> ㉠ 조합임원의 선임을 의결하는 총회의 경우에는 조합원의 100분의 20 이상이 직접 출석하여야 한다.
> ㉡ 조합의 임원이 금고 이상의 실형을 받아 당연퇴직을 하면 그가 퇴직 전에 관여한 행위는 그 효력을 상실한다.
> ㉢ 총회의 의결로 제명된 조합원은 조합에 자신이 부담한 비용의 환급을 청구할 수 있다.
> ㉣ 조합원의 사망으로 그 지위를 상속받는 자는 조합원이 될 수 있다.
> ㉤ 조합설립인가 후에 조합원의 탈퇴로 조합원 수가 주택건설 예정 세대수의 50% 미만이 되는 경우에는 결원이 발생한 범위에서 조합원을 신규로 가입하게 할 수 없다.

① ㉠, ㉣
② ㉡, ㉤
③ ㉠, ㉢, ㉤
④ ㉡, ㉢, ㉣
⑤ ㉠, ㉡, ㉢, ㉣, ㉤

기출응용 28회·29회

09 주택법령상 지역주택조합의 조합원에 관한 설명으로 옳은 것을 모두 고른 것은?

> ㉠ 조합원이 근무로 인하여 세대주 자격을 일시적으로 상실한 경우로서 시장·군수·구청장이 인정하는 경우에는 조합원 자격이 있는 것으로 본다.
> ㉡ 조합원을 공개모집한 이후 조합원의 자격상실로 인한 결원을 충원하려면 시장·군수·구청장에게 신고하지 아니하고 선착순의 방법으로 조합원을 모집할 수 있다.
> ㉢ 조합설립에 동의한 조합원은 조합설립인가가 있은 이후에도 자신의 의사에 의해 조합에 탈퇴 의사를 알리고 탈퇴할 수 있다.
> ㉣ 조합원 추가모집에 따른 주택조합의 변경인가 신청은 조합설립인가신청일까지 하여야 한다.

① ㉠, ㉢
② ㉠, ㉣
③ ㉡, ㉣
④ ㉠, ㉡, ㉢
⑤ ㉡, ㉢, ㉣

기출응용 31회

10 주택법령상 지역주택조합이 설립인가를 받은 후 조합원을 신규로 가입하게 할 수 있는 경우와 결원의 범위에서 충원할 수 있는 경우 중 어느 하나에도 해당하지 않는 것을 모두 고른 것은?

> ㉠ 조합원의 탈퇴 등으로 조합원 수가 주택건설 예정 세대수의 55%가 된 경우
> ㉡ 사업계획승인의 과정에서 주택건설 예정 세대수가 변경되어 조합원 수가 변경된 세대수의 50%가 된 경우
> ㉢ 조합원이 사망한 경우
> ㉣ 조합원이 무자격자로 판명되어 자격을 상실하여 조합원 수가 주택건설 예정 세대수의 70%가 된 경우
> ㉤ 조합원 수가 주택건설 예정 세대수를 초과하지 아니하는 범위에서 조합원 추가모집의 승인을 받은 경우

① ㉠, ㉡
② ㉠, ㉣
③ ㉡, ㉢
④ ㉢, ㉤
⑤ ㉠, ㉡, ㉢, ㉣, ㉤

기출응용 27회

11 주택법령상 주택조합에 관한 설명으로 틀린 것은?

① 지역주택조합의 설립인가 후 조합원의 사망으로 인한 결원의 경우 조합원 수가 주택건설 예정 세대수의 50% 이상을 유지하고 있더라도 조합원을 충원할 수 있다.
② 지역주택조합이 설립인가를 받은 후에 조합원을 추가모집한 경우에는 주택조합의 변경신고를 하여야 한다.
③ 국민주택을 공급받기 위하여 설립한 직장주택조합을 해산하려면 관할 시장·군수·구청장에게 신고하여야 한다.
④ 리모델링주택조합의 경우 공동주택의 소유권이 여러 명의 공유에 속하는 경우에는 그 여러 명을 대표하는 1명을 조합원으로 본다.
⑤ 지역주택조합은 임대주택으로 건설·공급하여야 하는 세대수를 제외한 주택건설 예정 세대수의 50% 이상의 조합원으로 구성하여야 한다.

기출응용 20회

12 주택법령상 주택조합에 관한 설명으로 옳은 것은?

① 지역주택조합 또는 직장주택조합은 설립인가를 받은 후에는 원칙적으로 해당 조합원을 교체하거나 신규로 가입하게 할 수 있다.
② 주택조합의 조합원이 근무·질병치료·유학·결혼 등 부득이한 사유로 세대주 자격을 일시적으로 상실한 경우로서 시장·군수·구청장이 인정하는 경우에는 조합원 자격이 있는 것으로 본다.
③ 세대수를 증가하지 않는 리모델링주택조합은 등록사업자와 공동으로 주택건설사업을 시행할 수 있다.
④ 지역주택조합설립인가를 받으려는 자는 해당 주택건설대지의 15% 이상에 해당하는 토지의 사용권원과 해당 주택건설대지의 80% 이상에 해당하는 토지의 소유권을 확보하여야 한다.
⑤ 리모델링주택조합이 아닌 주택조합은 주택건설 예정 세대수의 20% 이상의 조합원으로 구성하되, 그 수는 50명 이상이어야 한다.

기출응용 22회·25회

13 주택법령상 주택조합에 관한 설명으로 옳은 것을 모두 고른 것은?

> ㉠ 주거전용면적 70m²의 주택 1채를 소유하고 있는 세대주인 자는 국민주택을 공급받기 위하여 설립하는 직장주택조합의 조합원이 될 수 없다.
> ㉡ 시공자와의 공사계약 체결은 조합총회의 의결을 거쳐야 한다.
> ㉢ 주택조합(리모델링주택조합 포함)은 주택건설 예정 세대수의 50% 이상의 조합원으로 구성하되, 조합원은 20명 이상이어야 한다.
> ㉣ 조합원의 공개모집 이후 조합원의 사망·자격상실·탈퇴 등으로 인한 결원을 충원하거나 미달된 조합원을 재모집하는 경우에는 신고하지 아니하고 선착순의 방법으로 조합원을 모집할 수 있다.
> ㉤ 리모델링의 허가를 신청하기 위한 동의율을 확보한 경우 리모델링 결의를 한 리모델링주택조합은 그 리모델링 결의에 찬성하지 아니하는 자의 주택 및 토지에 대하여 매도청구를 할 수 없다.

① ㉠, ㉡ ② ㉠, ㉤ ③ ㉢, ㉤
④ ㉠, ㉡, ㉣ ⑤ ㉠, ㉡, ㉢, ㉣, ㉤

기출응용 22회·28회

14 주택법령상 주택조합에 관한 설명으로 틀린 것을 모두 고른 것은?

> ㉠ 지역주택조합은 그 구성원을 위하여 건설하는 주택을 그 조합원에게 우선 공급할 수 있다.
> ㉡ 리모델링의 허가를 신청하기 위한 동의율을 확보한 경우 리모델링 결의를 한 리모델링주택조합은 그 리모델링 결의에 찬성하지 아니하는 자의 주택 및 토지에 대하여 매도청구를 할 수 없다.
> ㉢ 등록사업자와 공동으로 주택건설사업을 하는 주택조합은 등록하지 않고서는 20세대 이상의 공동주택의 건설사업을 시행할 수 없다.
> ㉣ 주택조합은 설립인가를 받은 날부터 3년 이내에 사업계획승인(사업계획승인 대상이 아닌 리모델링인 경우에는 허가)을 신청하여야 한다.

① ㉠, ㉢ ② ㉠, ㉣ ③ ㉡, ㉣
④ ㉡, ㉢, ㉣ ⑤ ㉠, ㉡, ㉢, ㉣

기출응용 31회

15 주택법령상 주택상환사채에 관한 설명으로 틀린 것은?

① 주택상환사채는 액면 또는 할인의 방법으로 발행한다.
② 등록사업자의 등록이 말소된 경우 등록사업자가 발행한 주택상환사채의 효력에는 영향을 미치지 아니한다.
③ 주택상환사채를 발행하려는 자는 주택상환사채 발행계획을 수립하고 국토교통부장관의 승인을 받아야 한다.
④ 사채권자의 명의변경은 취득자의 성명과 주소를 사채원부에 기록하는 방법으로 한다.
⑤ 주택상환사채는 무기명증권(無記名證券)으로 발행한다.

기출응용 27회

16 주택법령상 주택상환사채에 관한 설명으로 옳은 것을 모두 고른 것은?

㉠ 한국토지주택공사는 주택상환사채를 발행할 수 있다.
㉡ 주택상환사채를 발행하려는 자는 주택상환사채 발행계획을 수립하여 시·도지사의 승인을 받아야 한다.
㉢ 주택상환사채의 발행자는 주택상환사채대장을 갖추어 두고, 주택상환사채권의 발행 및 상환에 관한 사항을 적어야 한다.
㉣ 법인으로서 자본금이 3억원인 등록사업자는 주택상환사채를 발행할 수 있다.
㉤ 주택상환사채를 발행한 자는 발행조건에 따라 주택을 건설하여 사채권자에게 상환하여야 한다.

① ㉡, ㉣
② ㉣, ㉤
③ ㉠, ㉢, ㉤
④ ㉡, ㉢, ㉣
⑤ ㉠, ㉡, ㉢, ㉣, ㉤

기출응용 33회

17 주택법령상 주택상환사채에 관한 설명으로 <u>틀린</u> 것을 모두 고른 것은?

> ㉠ 주택상환사채는 취득자의 성명을 채권에 기록하지 아니하여도 사채발행자 및 제3자에게 대항할 수 있다.
> ㉡ 발행조건은 주택상환사채권에 적어야 하는 사항에 포함되지 않는다.
> ㉢ 등록사업자가 주택상환사채를 발행하려면 금융기관 또는 주택도시보증공사의 보증을 받지 않아도 된다.

① ㉠
② ㉡
③ ㉠, ㉡
④ ㉡, ㉢
⑤ ㉠, ㉡, ㉢

기출응용 23회

18 주택법령상 주택상환사채를 양도하거나 중도에 해약할 수 있는 경우에 해당하는 것은? (단, 세대원은 세대주가 포함된 세대의 구성원을 말함)

① 세대원 전원이 1년간 해외에 체류하고자 하는 경우
② 세대원 일부가 상속에 의하여 취득한 주택으로 이전하는 경우
③ 세대원의 취학으로 인하여 세대원 전원이 다른 행정구역으로 이전하는 경우
④ 세대원이 근무로 인하여 세대원 일부가 다른 행정구역으로 이전하는 경우
⑤ 세대원의 질병치료로 인하여 세대원 일부가 다른 행정구역으로 이전하는 경우

기출응용 32회

19 주택법령상 주택상환사채의 납입금이 사용될 수 있는 용도로 명시된 것을 모두 고른 것은?

> ㉠ 건설공사비에의 충당
> ㉡ 주택상환을 위하여 필요한 비용으로서 국토교통부장관의 승인을 받은 비용에의 충당
> ㉢ 주택건설자재의 구입
> ㉣ 택지의 구입 및 조성

① ㉠, ㉡
② ㉠, ㉣
③ ㉢, ㉣
④ ㉠, ㉡, ㉢
⑤ ㉠, ㉡, ㉢, ㉣

예상문제

20 주택법령상 주택조합에 관한 설명으로 틀린 것은?

① 주택조합은 등록사업자가 소유하는 공공택지를 주택건설대지로 사용해서는 아니 된다.
② 주택조합 및 주택조합의 발기인은 업무 중 계약금 등 자금의 보관업무는 신탁업자가 대행하도록 한다.
③ 주택조합의 가입을 신청한 자는 가입비 등을 예치한 날부터 30일 이내에 주택조합 가입에 관한 청약을 철회할 수 있다.
④ 주택조합은 주택조합의 설립인가를 받은 날부터 3년이 되는 날까지 사업계획승인을 받지 못하는 경우 대통령령으로 정하는 바에 따라 총회의 의결을 거쳐 해산 여부를 결정하여야 한다.
⑤ 지역주택조합 또는 직장주택조합의 설립인가를 받기 위하여 조합원을 모집하려는 자는 해당 주택건설대지의 80% 이상에 해당하는 토지의 사용권원을 확보하여 관할 시장·군수·구청장에게 신고하고, 공개모집의 방법으로 조합원을 모집하여야 한다.

예상문제

21 주택법령상 주택조합에 관한 설명으로 옳은 것은?

① 모집주체는 조합가입계약서에 대해 설명한 내용을 주택조합 가입신청자가 이해하였음을 국토교통부령으로 정하는 바에 따라 서면으로 확인을 받아 주택조합 가입신청자에게 교부하여야 하며, 그 사본을 3년간 보관하여야 한다.
② 시장·군수·구청장은 주택조합이 거짓이나 그 밖의 부정한 방법으로 설립인가를 받은 경우에도 주택조합의 설립인가를 취소할 수 없다.
③ 모집주체는 주택조합의 가입을 신청한 자에게 청약 철회를 이유로 위약금 또는 손해배상을 청구할 수 있다.
④ 주택조합의 발기인 또는 임원은 원활한 사업추진과 조합원의 권리 보호를 위하여 연간자금운용 계획 및 자금 집행 실적 등 국토교통부령으로 정하는 서류 및 자료를 국토교통부령으로 정하는 바에 따라 5년마다 시장·군수·구청장에게 제출하여야 한다.
⑤ 주택조합의 발기인은 조합원 모집신고를 하는 날 주택조합에 가입한 것으로 본다. 이 경우 주택조합의 발기인은 그 주택조합의 가입 신청자와 동일한 권리와 의무가 있다.

예상문제

22 주택법령상 주택상환사채에 관한 설명으로 틀린 것은?

① 지방자치단체가 발행하는 경우에는 금융기관 등에 보증을 받지 아니하고 발행할 수 있다.
② 등록사업자의 등록이 말소된 경우에도 등록사업자가 발행한 주택상환사채의 효력에는 영향을 미치지 아니한다.
③ 주택상환사채의 상환기간은 3년을 초과할 수 없다.
④ 주택상환사채의 납입금은 해당 보증기관과 주택상환사채발행자가 협의하여 정하는 금융기관에서 관리한다.
⑤ 주택상환사채를 상환할 때에는 주택상환사채권자가 원하면 주택상환사채의 원리금을 현금으로 상환할 수 있다.

테마 35 | 주택건설사업의 시행

대표문제 사업계획승인권자

주택법령상 (   ) 안에 들어갈 내용으로 옳게 연결된 것은? (단, 주택 외의 시설과 주택이 동일 건축물로 건축되지 않음을 전제로 함)

기출응용 26회

- 등록사업자가 서울특별시 A구에서 대지면적 10만m²에 50호의 한옥 건설사업을 시행하려는 경우 (㉠)(으)로부터 사업계획승인을 받아야 한다.
- 등록사업자가 B도 C군에서 대지면적 5만m²에 40호의 단독주택 건설사업을 시행하려는 경우 (㉡)(으)로부터 사업계획승인을 받아야 한다.

	㉠	㉡
①	국토교통부장관	국토교통부장관
②	서울특별시장	C군수
③	서울특별시장	국토교통부장관
④	A구청장	C군수
⑤	국토교통부장관	B도지사

POINT
주택건설사업의 시행 시 사업계획승인권자에 대한 정리가 필요합니다.

해설
- 등록사업자가 서울특별시 A구에서 대지면적 10만m²에 50호의 한옥 건설사업을 시행하려는 경우 (㉠ 서울특별시장)으로부터 사업계획승인을 받아야 한다.
- 등록사업자가 B도 C군에서 대지면적 5만m²에 40호의 단독주택 건설사업을 시행하려는 경우 (㉡ C군수)로부터 사업계획승인을 받아야 한다.

정답 ②

기출응용 26회

23 주택법령상 ( ) 안에 들어갈 내용이 바르게 나열된 것은?

- 도시지역에서 국민주택 건설사업계획승인을 신청하려는 경우 공구별로 분할하여 주택을 건설·공급하려면 주택단지의 전체 세대수는 (㉠)세대 이상이어야 한다.
- 사업계획승인권자는 사업계획승인의 신청을 받았을 때에는 정당한 사유가 없으면 신청받은 날부터 (㉡)일 이내에 사업주체에게 승인 여부를 통보하여야 한다.

	㉠	㉡
①	300	30
②	300	60
③	500	20
④	600	30
⑤	600	60

기출응용 28회

24 주택법령상 주택건설사업계획의 승인 등에 관한 설명으로 옳은 것은? (단, 다른 법률에 따른 사업은 제외함)

① 사업주체는 공사의 착수기간이 연장되지 않는 한 주택건설사업계획의 승인을 받은 날부터 3년 이내에 공사를 시작하여야 한다.
② 사업계획승인의 조건으로 부과된 사항을 이행함에 따라 공사착수가 지연되는 경우, 사업계획승인권자는 그 사유가 없어진 날부터 1년의 범위에서 공사의 착수기간을 연장할 수 있다.
③ 「한국토지주택공사법」에 따른 한국토지주택공사는 동일한 규모의 주택을 대량으로 건설하려는 경우에는 시장·군수·구청장에게 주택의 형별(型別)로 표본설계도서를 작성·제출하여 승인을 받을 수 있다.
④ 사업계획승인권자는 사업주체가 경매로 인하여 대지소유권을 상실한 경우에는 그 사업계획의 승인을 취소하여야 한다.
⑤ 주거전용 단독주택인 건축법령상 한옥인 경우 30호 이상의 건설사업을 시행하려는 자는 사업계획승인을 받아야 한다.

25 주택법령상 주택건설사업에 대한 사업계획의 승인에 관한 설명으로 틀린 것을 모두 고른 것은?

> ㉠ 사업주체가 승인받은 사업계획에 따라 공사를 시작하려는 경우 사업계획승인권자에게 신고하지 않아도 된다.
> ㉡ 사업계획에는 부대시설 및 복리시설의 설치에 관한 계획 등이 포함되어야 한다.
> ㉢ 주택조합이 승인받은 총사업비의 20%를 감액하는 변경을 하려면 변경승인을 받지 않아도 된다.
> ㉣ 사업주체가 주택건설대지를 사용할 수 있는 권원을 확보한 경우라도 그 대지의 소유권을 확보하지 못한 경우에는 사업계획의 승인을 받을 수 없다.
> ㉤ 사업계획승인권자는 사업계획을 승인할 때 사업주체가 제출하는 사업계획에 해당 주택건설사업과 직접적으로 관련이 없거나 과도한 기반시설의 기부채납을 요구하여서는 아니 된다.
> ㉥ 지역주택조합은 설립인가를 받은 날부터 3년 이내에 사업계획승인을 신청하여야 한다.

① ㉣, ㉥
② ㉤, ㉥
③ ㉠, ㉣, ㉥
④ ㉠, ㉢, ㉣, ㉥
⑤ ㉠, ㉡, ㉢, ㉣, ㉤, ㉥

26 주택법령상 사업계획승인 등에 관한 설명으로 옳은 것은? (단, 다른 법률에 따른 사업은 제외함)

① 사업주체는 사업계획승인을 받은 날부터 1년 이내에 공사를 착수하여야 한다.
② 사업계획에는 부대시설 및 복리시설의 설치에 관한 계획 등이 포함되지 않는다.
③ 지방공사가 사업주체인 경우 건축물의 설계와 용도별 위치를 변경하지 아니하는 범위에서의 건축물의 배치조정은 사업계획 변경승인을 받아야 한다.
④ 사업계획승인권자는 착공신고를 받은 날부터 30일 이내에 신고수리 여부를 신고인에게 통지하여야 한다.
⑤ 대지조성사업계획승인을 받으려는 자는 사업계획승인신청서에 조성한 대지의 공급계획서를 첨부하여 사업계획승인권자에게 제출하여야 한다.

기출응용 26회

27 사업주체 甲이 사업계획승인권자 乙로부터 주택건설사업을 공구별로 분할하여 시행하는 것을 내용으로 사업계획승인을 받은 경우, 주택법령상 이에 관한 설명으로 옳은 것을 모두 고른 것은?

㉠ 주택분양보증을 받지 않은 甲이 파산하여 공사 완료가 불가능한 경우, 乙은 사업계획승인을 취소할 수 있다.
㉡ 甲이 최초로 공사를 진행하는 공구 외의 공구에서 해당 주택단지에 대한 최초 착공신고일부터 2년이 지났음에도 사업주체가 공사를 시작하지 아니한 경우 乙은 사업계획승인을 취소할 수 있다.
㉢ 甲은 최초로 공사를 진행하는 공구 외의 공구에서 해당 주택단지에 대한 최초 착공신고일부터 5년 이내에 공사를 시작하여야 한다.
㉣ 乙은 사업계획승인에 관한 사항을 고시하여야 한다.
㉤ 甲이 소송진행으로 인하여 공사착수가 지연되어 연장 신청을 한 경우, 乙은 그 분쟁이 종료된 날부터 2년의 범위에서 공사의 착수기간을 연장할 수 있다.

① ㉠, ㉣
② ㉡, ㉤
③ ㉠, ㉡, ㉢
④ ㉠, ㉢, ㉤
⑤ ㉠, ㉡, ㉢, ㉣, ㉤

기출응용 30회

28 주택법령상 사업계획승인권자가 사업주체의 신청을 받아 공사의 착수기간을 연장할 수 있는 경우를 모두 고른 것은? (단, 공사에 착수하지 못할 다른 부득이한 사유는 고려하지 않음)

> ㉠ 「매장유산 보호 및 조사에 관한 법률」에 따라 국가유산청장의 매장유산 발굴허가를 받은 경우
> ㉡ 천재지변 또는 사업주체에게 책임이 없는 불가항력적인 사유로 인하여 공사착수가 지연되는 경우
> ㉢ 사업계획승인의 조건으로 부과된 사항을 이행함에 따라 공사착수가 지연되는 경우
> ㉣ 공공택지의 개발·조성을 위한 계획에 포함된 기반시설의 설치 지연으로 공사착수가 지연되는 경우
> ㉤ 해당 사업시행지에 대한 소유권 분쟁을 사업주체가 협의의 방법으로 해결하는 과정에서 공사착수가 지연되는 경우

① ㉠, ㉣
② ㉡, ㉤
③ ㉠, ㉡, ㉢
④ ㉠, ㉢, ㉤
⑤ ㉠, ㉡, ㉢, ㉣

기출응용 21회·26회

29 주택법령상 사업계획승인을 받은 사업주체에게 인정되는 매도청구권에 관한 설명으로 옳은 것을 모두 고른 것은?

> ㉠ 매도청구를 하기 위해서는 매도청구대상 대지의 소유자와 3개월 이상 협의를 하여야 한다.
> ㉡ 사업주체가 주택건설대지면적 중 100분의 90에 대하여 사용권원을 확보한 경우, 사용권원을 확보하지 못한 대지의 모든 소유자에게 매도청구를 할 수 있다.
> ㉢ 리모델링의 허가를 신청하기 위한 동의율을 확보한 경우 리모델링 결의를 한 리모델링주택조합은 그 리모델링 결의에 찬성하지 아니하는 자의 주택 및 토지에 대하여 매도청구를 할 수 없다.
> ㉣ 주택건설대지에 사용권원을 확보하지 못한 건축물이 있는 경우 그 건축물도 매도청구의 대상이 된다.
> ㉤ 매도청구권은 국민주택규모를 초과하는 주택의 주택건설사업에 대해서도 인정된다.
> ㉥ 사업주체는 매도청구대상 대지의 소유자에게 그 대지를 공시지가로 매도할 것을 청구할 수 있다.

① ㉣, ㉥
② ㉤, ㉥
③ ㉠, ㉣, ㉤
④ ㉡, ㉢, ㉥
⑤ ㉠, ㉡, ㉢, ㉣, ㉤, ㉥

기출응용 24회

30 주택법령상 주택의 사용검사 등에 관한 설명으로 옳은 것은?

① 사용검사는 그 신청일부터 30일 이내에 하여야 한다.
② 공동주택이 동별로 공사가 완료되고 임시사용승인 신청이 있는 경우 대상 주택이 사업계획의 내용에 적합하고 사용에 지장이 없는 때에도 세대별로 임시사용승인을 할 수 없다.
③ 주택건설 사업계획승인의 조건이 이행되지 않은 경우에도 공사가 완료된 주택에 대하여 동별로 사용검사를 받을 수 있다.
④ 주택건설사업을 공구별로 분할하여 시행하는 내용으로 사업계획의 승인을 받은 경우 완공된 주택에 대하여 공구별로 사용검사를 받을 수 없다.
⑤ 사업주체가 파산하여 주택건설사업을 계속할 수 없고 시공보증자도 없는 경우 국토교통부장관이 시공자를 정하여 잔여공사를 시공하고 사용검사를 받아야 한다.

31 주택법령상 주택의 사용검사 등에 관한 설명으로 옳은 것은?

① 하나의 주택단지의 입주자를 분할 모집하여 전체 단지의 사용검사를 마치기 전에 입주가 필요한 경우에는 공사가 완료된 주택에 대하여 동별로 사용검사를 받을 수 없다.
② 사용검사는 사용검사 신청일부터 20일 이내에 하여야 한다.
③ 사업주체는 건축물의 동별로 공사가 완료된 경우로서 사용검사권자의 임시사용승인을 받은 경우에도 사용검사를 받기 전에 주택을 사용하게 할 수는 없다.
④ 사업주체가 파산 등으로 사용검사를 받을 수 없는 경우에는 해당 주택의 시공을 보증한 자, 해당 주택의 시공자 또는 입주예정자는 사용검사를 받을 수 있다.
⑤ 무단거주가 아닌 입주예정자가 사업주체의 파산 등으로 사용검사를 받을 때에는 입주예정자의 대표회의가 사용검사권자에게 사용검사를 신청할 때 하자보수보증금을 예치하여야 한다.

32 주택법령상 토지임대부 분양주택에 관한 설명으로 틀린 것은?

① 토지임대부 분양주택을 공급받은 자는 「주택법」 제64조 제1항에도 불구하고 전매제한 기간이 지나기 전에 대통령령으로 정하는 바에 따라 한국토지주택공사에 해당 주택의 매입을 신청할 수 있다.
② 토지임대료는 월별 임대료를 원칙으로 하되, 토지소유자와 주택을 공급받은 자가 합의한 경우 대통령령으로 정하는 바에 따라 임대료를 선납하거나 보증금으로 전환하여 납부할 수 있다.
③ 토지임대부 분양주택의 토지에 대한 임대차기간은 40년 이내로 한다.
④ 토지임대료를 보증금으로 전환하여 납부하는 경우, 그 보증금을 산정할 때 적용되는 이자율은 「은행법」에 따른 은행의 1년 만기 정기예금 평균이자율 이상이어야 한다.
⑤ 토지임대부 분양주택 소유자의 75% 이상이 계약갱신을 청구하는 경우 40년의 범위에서 이를 갱신할 수 있다.

예상문제

33 주택법령상 사업계획승인을 받은 사업주체는 승인받은 사업계획대로 사업을 시행하여야 하고 다음의 구분에 따라 공사를 시작하여야 하는데, (   ) 안에 들어갈 내용을 옳게 나열한 것은?

> 1. 사업계획승인을 받은 경우: 승인받은 날부터 (㉠)년 이내
> 2. 공구별 분할시행을 위한 승인을 받은 경우
>   가. 최초로 공사를 진행하는 공구: 승인을 받은 날부터 (㉡)년 이내
>   나. 최초로 공사를 진행하는 공구 외의 공구: 해당 주택단지에 대한 최초 착공신고일부터 (㉢)년 이내(연장 안 됨)

	㉠	㉡	㉢
①	3	3	1
②	3	3	2
③	5	3	2
④	5	5	2
⑤	5	5	3

예상문제

34 주택법령상 주택건설사업계획의 승인절차 등에 관한 설명으로 <u>틀린</u> 것은?

① 국가 또는 지방자치단체는 그가 소유하는 토지를 매각하거나 임대하는 경우에는 국민주택규모의 주택을 50% 미만으로 건설하는 주택의 건설을 목적으로 그 토지의 매수 또는 임차를 원하는 자가 있으면 그에게 우선적으로 그 토지를 매각하거나 임대할 수 있다.
② 환지방식에 의한 도시개발사업으로 조성된 대지의 활용에서 체비지의 양도가격은 감정평가법인등이 감정평가한 감정가격을 기준으로 한다.
③ 주택건설사업 또는 대지조성사업으로서 해당 대지면적이 10만m² 이상인 경우에는 시·도지사 또는 대도시의 시장에게 사업계획승인을 신청하여야 한다.
④ 사업계획승인권자는 사업계획승인의 신청을 받은 때에는 정당한 사유가 없는 한 그 신청을 받은 날부터 60일 이내에 사업주체에게 승인 여부를 통보하여야 한다.
⑤ 주택건설사업 또는 대지조성사업으로서 해당 대지면적이 10만m² 미만인 경우에는 특별시장·광역시장·특별자치시장, 특별자치도지사 또는 시장·군수에게 사업계획승인을 신청하여야 한다.

예상문제

35 주택법령상 사업주체가 50세대의 주택과 주택 외의 시설을 동일 건축물로 건축하는 계획 및 임대주택의 건설·공급에 관한 사항을 포함한 사업계획승인신청서를 제출한 경우에 대한 설명으로 틀린 것은?

① 사업주체가 임대주택을 인수자에게 공급하는 경우 임대주택의 부속토지는 인수자에게 기부채납한 것으로 본다.
② 인수자에게 공급하는 임대주택의 선정은 주택조합이 사업주체인 경우에는 조합원에게 공급하고 남은 주택을 대상으로 수의계약의 방법에 의한다.
③ 사업계획승인권자는 「국토의 계획 및 이용에 관한 법률」에 따른 용적률을 완화하여 적용할 수 있다.
④ 사업주체는 용적률의 완화로 건설되는 임대주택을 인수자에게 공급하여야 하며, 이 경우 시·도지사가 우선 인수할 수 있다.
⑤ 사업계획승인권자가 임대주택의 건설을 이유로 용적률을 완화하는 경우 사업주체는 완화된 용적률의 30% 이상 60% 이하의 범위에서 시·도의 조례로 정하는 비율 이상에 해당하는 면적을 임대주택으로 공급하여야 한다.

예상문제

36 주택법령상 주택의 감리자에 관한 설명으로 <u>틀린</u> 것을 모두 고른 것은?

> ㉠ 설계도서가 해당 지형 등에 적합한지에 대한 확인은 감리자의 업무에 해당한다.
> ㉡ 감리자는 업무의 수행상황을 국토교통부령으로 정하는 바에 따라 사업계획승인권자 및 사업주체에게 보고하여야 한다.
> ㉢ 시공자 및 사업주체는 시정통지를 받은 경우에는 30일 이내에 해당 공사를 중지하고 위반사항을 시정한 후 감리자의 확인을 받아야 한다.
> ㉣ 사업계획승인권자는 감리자가 업무수행 중 위반사항이 있음을 알고도 묵인한 경우 그 감리자에 대하여 2년의 범위에서 감리업무의 지정을 제한할 수 있다.
> ㉤ 사업주체와 감리자 간의 책임 내용 및 범위는 이 법에서 규정한 것 외에는 당사자 간의 계약으로 정한다.
> ㉥ 감리자는 업무를 수행하면서 위반사항을 발견하였을 때에는 지체 없이 시공자 및 사업주체에게 위반사항을 시정할 것을 통지하고, 14일 이내에 사업계획승인권자에게 그 내용을 보고하여야 한다.

① ㉣, ㉥
② ㉤, ㉥
③ ㉠, ㉢, ㉤
④ ㉢, ㉣, ㉥
⑤ ㉠, ㉡, ㉢, ㉣, ㉤, ㉥

예상문제

37 주택법령상 주택의 사용검사 등에 관한 설명으로 <u>틀린</u> 것은?

① 사업계획승인조건의 미이행 등 특별한 사유가 있어 사업을 완료하지 못하고 있는 경우에는 완공된 주택에 대하여 동별로 사용검사를 받을 수 있다.
② 사업주체가 파산 등으로 사용검사를 받을 수 없는 경우에는 해당 주택의 시공을 보증한 자 또는 입주예정자대표회의가 사용검사를 받을 수 있다.
③ 사업주체는 사업계획승인을 받아 시행하는 주택건설사업 또는 대지조성사업을 완료한 경우에는 주택(부대시설과 복리시설을 포함) 또는 대지에 대하여 시장·군수·구청장에게 사용검사를 받아야 한다.
④ 공구별로 분할시행을 위한 사업계획을 승인받은 경우에는 완공된 주택에 대하여 공구별로 사용검사를 받을 수 없다.
⑤ 사업주체는 국토교통부장관으로부터 사업계획의 승인을 받은 경우에는 국토교통부장관에게 사용검사를 받아야 한다.

예상문제

38 주택법령상 토지임대부 분양주택의 토지에 관한 임대차 관계를 설명한 내용으로 옳은 것을 모두 고른 것은?

> ㉠ 토지임대부 분양주택을 양수한 자 또는 상속받은 자는 임대차계약을 승계한다.
> ㉡ 토지임대부 분양주택을 공급받은 자가 토지소유자와 임대차계약을 체결한 경우 해당 주택의 구분소유권을 목적으로 그 토지 위에 임대차기간 동안 지상권이 설정된 것으로 본다.
> ㉢ 토지임대부 분양주택의 토지임대료는 해당 토지의 조성원가 또는 감정가격 등을 기준으로 산정하되, 구체적인 토지임대료의 책정 및 변경기준, 납부절차 등에 관한 사항은 대통령령으로 정한다.
> ㉣ 토지임대부 분양주택의 토지에 대한 임대차계약을 체결하고자 하는 자는 국토교통부령으로 정하는 표준임대차계약서를 사용하여야 한다.

① ㉠, ㉡
② ㉠, ㉣
③ ㉢, ㉣
④ ㉠, ㉡, ㉢
⑤ ㉠, ㉡, ㉢, ㉣

주택의 공급

테마 36 | 주택의 공급

대표문제 주택의 분양가격 제한

주택법령상 주택의 분양가격 제한과 관련된 설명으로 옳은 것은? 　　기출응용 21회

① 분양가상한제의 적용에 있어 분양가격 산정의 기준이 되는 기본형 건축비는 시장·군수·구청장이 해당 지역의 특성을 고려하여 국토교통부령으로 정하는 범위에서 따로 정하여 고시할 수는 없다.
② 시·도지사는 분양가격의 제한 및 공시에 관한 사항을 심의하기 위하여 분양가심사위원회를 설치·운영하여야 한다.
③ 사업주체가 일반인에게 공급하는 공동주택이라도 도시형 생활주택에 대해서는 분양가상한제가 적용된다.
④ 사업주체가 공공택지에서 공급하는 주택에 대하여 입주자모집승인을 받은 경우에는 분양가상한제 적용주택이라도 입주자 모집공고에 분양가격을 공시하여야 한다.
⑤ 「관광진흥법」에 따라 지정된 관광특구에서 55층의 아파트를 건설·공급하는 경우 분양가상한제가 적용된다.

> **POINT**
> 주택의 분양가격 제한 및 공시에 관한 내용을 정리하여야 합니다.
>
> **해설**
> ① 분양가상한제의 적용에 있어 분양가격 산정의 기준이 되는 기본형 건축비는 시장·군수·구청장이 해당 지역의 특성을 고려하여 국토교통부령으로 정하는 범위에서 따로 정하여 고시할 수 있다.
> ② 시장·군수·구청장은 분양가격의 제한 및 공시에 관한 사항을 심의하기 위하여 분양가심사위원회를 설치·운영하여야 한다.
> ③ 사업주체가 일반인에게 공급하는 공동주택이라도 도시형 생활주택에 대해서는 분양가상한제가 적용되지 않는다.
> ⑤ 「관광진흥법」에 따라 지정된 관광특구에서 50층 이상의 아파트를 건설·공급하는 경우 분양가상한제는 적용되지 않는다.
>
> 정답 ④

기출응용 22회·28회

01 주택법령상 주택의 공급 및 분양가상한제에 관한 설명으로 **틀린** 것을 모두 고른 것은?

> ㉠ 사업주체가 주택을 공급하려는 경우에는 국토교통부령으로 정하는 바에 따라 벽지, 바닥재, 주방용구, 조명기구 등을 제외한 부분의 가격을 따로 제시할 수 없다.
> ㉡ 공공택지에서 주택을 공급하는 경우 분양가상한제 적용주택의 택지비는 해당 택지의 공급가격에 국토교통부령으로 정하는 택지와 관련된 비용을 가산한 금액으로 한다.
> ㉢ 토지임대부 분양주택의 분양가격은 택지비와 건축비로 구성된다.
> ㉣ 한국토지주택공사가 사업주체로서 입주자를 모집하려는 경우에는 시장·군수·구청장의 승인을 받아야 한다.
> ㉤ 사업주체가 일반인에게 공급하는 공동주택 중 공공택지에서 공급하는 주택의 경우에는 분양가상한제가 적용된다.
> ㉥ 사업주체가 부득이한 사유로 인하여 사업계획승인의 마감자재와 다르게 시공·설치하려는 경우에는 당초의 마감자재와 같은 질 이하의 자재로 설치할 수 있다.

① ㉣, ㉥
② ㉤, ㉥
③ ㉠, ㉡, ㉤
④ ㉠, ㉢, ㉣, ㉥
⑤ ㉠, ㉡, ㉢, ㉣, ㉤, ㉥

기출응용 26회

02 주택법령상 주택의 공급에 관한 설명으로 **틀린** 것은?

① 시·도지사는 주택가격상승률이 물가상승률보다 현저히 높은 지역으로서 주택가격의 급등이 우려되는 지역에 대해서 분양가상한제 적용지역으로 지정할 수 있다.
② 시장·군수·구청장은 사업계획승인 신청이 있는 날부터 20일 이내에 분양가심사위원회를 설치·운영하여야 한다.
③ 분양가상한제 적용주택의 분양가격은 택지비와 건축비로 구성된다.
④ 한국토지주택공사가 사업주체로서 복리시설의 입주자를 모집하려는 경우 시장·군수·구청장에게 신고하지 않아도 된다.
⑤ 지방공사가 사업주체로서 견본주택을 건설하는 경우에는 견본주택에 사용되는 마감자재 목록표와 견본주택의 각 실의 내부를 촬영한 영상물 등을 제작하여 시장·군수·구청장에게 제출하여야 한다.

기출응용 27회·28회

03 주택법령상 주택의 공급에 관한 설명으로 옳은 것은?

① 주택의 사용검사 후 주택단지 내 일부의 토지의 소유권을 회복한 자에게 주택소유자들이 매도청구를 하려면 해당 토지의 면적이 주택단지 전체 대지면적의 10% 미만이어야 한다.
② 사업주체가 투기과열지구에서 건설·공급되는 주택은 매매하거나 상속할 수 없다.
③ 사업주체가 마감자재 목록표의 자재와 다른 마감자재를 시공·설치하려는 경우에는 그 사실을 입주예정자에게 알려야 한다.
④ 군수는 입주자모집승인 시 사업주체에게서 받은 마감자재 목록표의 열람을 입주자가 요구하는 경우 이를 공개하지 않아도 된다.
⑤ 「관광진흥법」에 따라 지정된 관광특구에서 건설·공급하는 층수가 51층이고 높이가 140m인 아파트는 분양가상한제의 적용대상이다.

기출응용 23회·33회

04 주택법령상 주택의 공급 및 분양가상한제에 관한 설명으로 옳은 것을 모두 고른 것은?

> ㉠ 지방공사가 사업주체가 되어 입주자를 모집하려는 경우 시장·군수·구청장의 승인을 받아야 한다.
> ㉡ 사업주체가 복리시설의 입주자를 모집하려는 경우 시장·군수·구청장의 승인을 받아야 한다.
> ㉢ 「관광진흥법」에 따라 지정된 관광특구에서 건설·공급하는 높이 150m 이상의 공동주택은 분양가상한제의 적용을 받는다.
> ㉣ 사업주체는 분양가상한제 적용주택으로서 공공택지에서 공급하는 주택에 대하여 입주자모집공고에 분양가격을 공시해야 하는데, 간접비는 공시해야 하는 분양가격에 포함되지 않는다.
> ㉤ 한국토지주택공사가 사업주체로서 입주자를 모집하려는 경우에는 시장·군수·구청장의 승인을 받지 않는다.

① ㉣
② ㉤
③ ㉠, ㉢, ㉤
④ ㉡, ㉢, ㉣
⑤ ㉠, ㉡, ㉢, ㉣, ㉤

기출응용 30회

05 「주택법」상 사용검사 후 매도청구 등에 관한 조문의 일부이다. (   ) 안에 들어갈 숫자를 바르게 나열한 것은?

> 「주택법」제62조【사용검사 후 매도청구 등】① 〈생략〉
> ② 주택의 소유자들은 대표자를 선정하여 제1항에 따른 매도청구에 관한 소송을 제기할 수 있다. 이 경우 대표자는 주택의 소유자 전체의 (㉠) 이상의 동의를 받아 선정한다.
> ③ 〈생략〉
> ④ 제1항에 따라 매도청구를 하려는 경우에는 해당 토지의 면적이 주택단지 전체 대지면적의 (㉡)% 미만이어야 한다.
> ⑤ ~ ⑥ 〈생략〉

	㉠	㉡
①	4분의 3	3
②	4분의 3	5
③	3분의 2	3
④	3분의 2	5
⑤	2분의 1	3

기출응용 29회

06 주택건설사업이 완료되어 사용검사가 있은 후에 甲이 주택단지 일부의 토지에 대해 소유권이전등기 말소소송에 따라 해당 토지의 소유권을 회복하게 된 경우, 주택법령상 이에 관한 설명으로 틀린 것은?

① 甲이 소유권을 회복한 토지의 면적이 주택단지 전체 대지면적의 5% 미만이어야 매도청구를 할 수 있다.
② 甲이 해당 토지의 소유권을 회복한 날부터 2년이 경과한 이후에는 甲에게 매도청구를 할 수 없다.
③ 주택의 소유자들은 甲에게 해당 토지를 공시지가로 매도할 것을 청구할 수 있다.
④ 대표자를 선정하여 매도청구에 관한 소송을 하는 경우 그 판결은 대표자 선정에 동의하지 않은 주택의 소유자에게도 효력이 미친다.
⑤ 주택의 소유자들은 매도청구로 인하여 발생한 비용의 전부를 사업주체에게 구상할 수 있다.

예상문제

07 주택법령상 주택의 공급 및 분양가격 등에 관한 설명으로 <u>틀린</u> 것은?

① 사업주체는 공공택지에서 공급하는 분양가상한제 적용주택에 대하여 입주자모집승인을 받았을 때에는 분양가격을 공시하여야 한다.
② 분양가상한제 적용주택의 분양가격은 택지비와 건축비로 구성되며, 구체적인 명세, 산정방식, 감정평가기관 선정방법 등은 국토교통부령으로 정한다.
③ 관광특구에서 건설·공급하는 공동주택으로서 해당 건축물의 층수가 50층 이상이고 높이가 150m 이상의 공동주택일 경우에만 분양가상한제 적용을 받지 않는다.
④ 시장·군수·구청장은 사업계획승인 신청이 있는 날부터 20일 이내에 분양가심사위원회를 설치·운영하여야 한다.
⑤ 사업주체가 복리시설의 입주자를 모집하려는 경우 시장·군수·구청장에게 신고하여야 한다.

예상문제

08 주택법령상 주택건설사업 등에 의한 임대주택의 건설 및 공급에 관한 설명으로 옳은 것은?

① 리모델링을 시행하는 자를 제외한 사업주체가 임대주택의 건설·공급에 관한 사항을 포함한 사업계획승인신청서를 제출하는 경우 사업계획승인권자는 「국토의 계획 및 이용에 관한 법률」의 용도지역별 용적률 범위에서 특별시·광역시·특별자치시·특별자치도·시 또는 군의 조례로 정하는 기준에 따라 건폐율을 완화하여 적용할 수 있다.
② 사업주체는 임대주택을 국토교통부장관, 시·도지사, 한국토지주택공사 또는 지방공사에 공급하여야 하며 국토교통부장관이 우선 인수할 수 있다.
③ 사업주체는 임대주택의 준공인가를 받은 후 30일 이내에 인수자에게 등기를 촉탁 또는 신청하여야 한다.
④ 사업주체는 공급되는 주택의 전부를 대상으로 수의계약의 방법에 의하여 인수자에게 공급하는 임대주택을 선정하여야 하며, 그 선정 결과를 지체 없이 인수자에게 통보하여야 한다.
⑤ 사업주체는 사업계획승인을 신청하기 전에 미리 용적률의 완화로 건설되는 임대주택의 규모 등에 관하여 인수자와 협의하여 사업계획승인신청서에 반영하여야 한다.

테마 37 | 투기과열지구 및 전매제한

대표문제 주택의 공급질서 교란행위

주택법령상 주택공급과 관련하여 금지되는 공급질서 교란행위에 해당하는 것을 모두 고른 것은?

기출응용 24회·32회

> ㉠ 공공사업의 시행으로 인한 이주대책에 따라 주택을 공급받을 수 있는 지위의 매매
> ㉡ 주택을 공급받을 수 있는 조합원 지위의 상속
> ㉢ 주택을 공급받을 수 있는 증서로서 시장·군수·구청장이 발행한 무허가건물 확인서의 증여
> ㉣ 주택상환사채의 매매의 알선
> ㉤ 공공사업의 시행으로 인한 이주대책에 의하여 주택을 공급받을 수 있는 지위의 매매를 위한 인터넷 광고
> ㉥ 입주자저축증서의 저당

① ㉣, ㉥
② ㉤, ㉥
③ ㉡, ㉢, ㉥
④ ㉠, ㉢, ㉣, ㉤
⑤ ㉠, ㉡, ㉢, ㉣, ㉤, ㉥

POINT
주택공급 시 금지되는 공급질서 교란행위를 정리하고 암기하여야 합니다.

해설
㉡ 주택을 공급받을 수 있는 조합원 지위의 상속은 공급받거나 공급받게 할 수 있다.
㉥ 입주자저축증서의 저당은 공급받거나 공급받게 할 수 있다.

이론+ 공급질서 교란금지

> 누구든지 「주택법」에 따라 건설·공급되는 주택을 공급받거나 공급받게 하기 위하여 다음의 어느 하나에 해당하는 증서 또는 지위를 양도·양수(매매·증여나 그 밖에 권리 변동을 수반하는 모든 행위를 포함하되, 상속·저당의 경우는 제외) 또는 이를 알선하거나 양도·양수 또는 이를 알선할 목적으로 하는 광고(각종 간행물·인쇄물·전화·인터넷 그 밖의 매체를 통한 행위를 포함)를 하여서는 아니 되며, 누구든지 거짓이나 그 밖의 부정한 방법으로 이 법에 따라 건설·공급되는 증서나 지위 또는 주택을 공급받거나 공급받게 하여서는 아니 된다.
> 1. 주택을 공급받을 수 있는 지위
> 2. 입주자저축증서
> 3. 주택상환사채

> 4. 시장·군수·구청장이 발행한 무허가건물 확인서, 건물철거예정 증명서 또는 건물철거 확인서
> 5. 공공사업의 시행으로 인한 이주대책에 따라 주택을 공급받을 수 있는 지위 또는 이주대책대상자 확인서
>
> 정답 ④

기출응용 23회

09 주택법령상 주택공급과 관련하여 금지되는 공급질서 교란행위에 해당하지 않는 것을 모두 고른 것은?

> ㉠ 공공사업의 시행으로 인한 이주대책에 따라 주택을 공급받을 수 있는 지위의 매매
> ㉡ 도시개발채권의 양도
> ㉢ 시장이 발행한 무허가건물 확인서를 매매할 목적으로 하는 광고
> ㉣ 입주자저축증서의 매매의 알선
> ㉤ 주택상환사채의 저당
> ㉥ 주택상환사채의 증여

① ㉡, ㉤
② ㉣, ㉥
③ ㉠, ㉢, ㉤
④ ㉡, ㉢, ㉥
⑤ ㉠, ㉡, ㉢, ㉣, ㉤, ㉥

기출응용 25회

10 주택법령상 주택공급질서의 교란을 방지하기 위하여 금지되는 행위가 아닌 것은?

① 입주자저축증서의 증여
② 주택상환사채의 매입을 목적으로 하는 전화 광고
③ 주택을 공급받을 수 있는 증서로서 군수가 발행한 건물철거 확인서의 매매
④ 주택을 공급받을 수 있는 조합원 지위의 매매를 위한 인터넷 광고
⑤ 주택을 공급받을 수 있는 조합원 지위의 저당

기출응용 32회

11 주택법령상 투기과열지구의 지정기준에 관한 설명이다. (   ) 안에 들어갈 내용을 바르게 나열한 것은?

- 투기과열지구지정 직전월의 (㉠)이 전달보다 (㉡)% 이상 감소하여 주택공급이 위축될 우려가 있는 곳
- 신도시 개발이나 주택 전매행위의 성행 등으로 투기 및 주거불안의 우려가 있는 곳으로서 해당 지역이 속하는 시·도의 (㉢)이 전국 평균 (㉣)인 곳

	㉠	㉡	㉢	㉣
①	주택분양실적	30	주택보급률	이하
②	주택분양실적	10	주택보급률	초과
③	건축허가실적	30	자가주택비율	이하
④	건축허가실적	10	자가주택비율	초과
⑤	주택분양실적	20	자가주택비율	이하

기출응용 28회

12 주택법령상 투기과열지구의 지정기준에 관한 조문의 일부이다. (   ) 안에 들어갈 숫자를 바르게 나열한 것은?

주택공급이 있었던 (㉠)개월 동안 해당 지역에서 공급되는 주택의 월별 평균 청약경쟁률이 모두 (㉡)대 1을 초과하였거나 국민주택규모 주택의 월별 평균 청약경쟁률이 모두 (㉢)대 1을 초과한 곳

	㉠	㉡	㉢
①	2	5	10
②	2	10	40
③	6	5	30
④	6	10	30
⑤	6	10	40

기출응용 21회

13 주택법령상 투기과열지구에 관한 설명으로 **틀린** 것은?

① 투기과열지구에서 제한되는 전매는 상속을 제외한 권리의 변동을 수반하는 모든 행위를 말한다.
② 투기과열지구에서 주택의 입주자로 선정된 지위는 이혼으로 인하여 배우자에게 이전이 불가피하고 한국토지주택공사의 동의를 받은 경우에는 배우자에게 이전할 수 있다.
③ 국토교통부장관이 투기과열지구를 지정하거나 해제할 경우에는 미리 시·도지사의 의견을 듣고 그 의견에 대한 검토의견을 회신하여야 한다.
④ 국토교통부장관은 5년마다 주거정책심의위원회의 회의를 소집하여 투기과열지구로 지정된 지역별로 해당 지역의 주택가격 안정 여건의 변화 등을 고려하여 투기과열지구 지정의 유지 여부를 재검토하여야 한다.
⑤ 투기과열지구 지정 후 해당 지역의 주택가격이 안정되어 지정사유가 없어진 경우, 해당 지역의 시·도지사 또는 시장·군수·구청장은 국토교통부장관 또는 시·도지사에게 투기과열지구 지정의 해제를 요청할 수 있다.

기출응용 25회

14 주택법령상 투기과열지구에 관한 설명으로 옳은 것을 모두 고른 것은?

㉠ 주택분양실적이 전달보다 30% 이상 증가한 곳은 투기과열지구로 지정하여야 한다.
㉡ 투기과열지구로 지정되면 투기과열지구 내의 기존 주택에 대해서 주택의 전매제한이 적용된다.
㉢ 투기과열지구에서 건설·공급되는 주택의 입주자로 선정된 지위를 세대원 전원이 해외로 이주하게 되어 한국토지주택공사의 동의를 받아 전매하는 경우에는 전매제한이 적용되지 않는다.
㉣ 국토교통부장관 또는 시·도지사는 주택가격의 안정을 위하여 필요한 경우에는 주거정책심의위원회의 심의를 거쳐 일정한 지역을 투기과열지구로 지정하거나 이를 해제할 수 있다.
㉤ 국토교통부장관은 시·도의 주택보급률 또는 자가주택비율이 전국 평균 이하인 지역을 투기과열지구로 지정할 수 있다.
㉥ 시·도지사가 투기과열지구를 지정하는 경우 해당 지역의 시장·군수·구청장과 협의하여야 한다.

① ㉣, ㉥ ② ㉤, ㉥ ③ ㉢, ㉣, ㉤
④ ㉡, ㉢, ㉤, ㉥ ⑤ ㉠, ㉡, ㉢, ㉣, ㉤, ㉥

기출응용 29회

15 주택법령상 투기과열지구 및 조정대상지역에 관한 설명으로 옳은 것은?

㉠ 투기과열지구의 지정기간은 3년으로 하되, 해당 지역 시장·군수·구청장의 의견을 들어 연장할 수 있다.
㉡ 조정대상지역으로 지정된 지역의 시장·군수·구청장은 조정대상지역으로 유지할 필요가 없다고 판단되는 경우 국토교통부장관에게 그 지정의 해제를 요청할 수 있다.
㉢ 시·도지사는 주택의 분양·매매 등 거래가 위축될 우려가 있는 지역을 시·도 주거정책심의위원회의 심의를 거쳐 조정대상지역으로 지정할 수 있다.

① ㉠
② ㉡
③ ㉠, ㉢
④ ㉡, ㉢
⑤ ㉠, ㉡, ㉢

기출응용 22회·24회

16 세대주인 甲이 취득한 주택은 주택법령에 의한 전매제한기간 중에 있는데, 다음 중 甲이 이 주택을 전매할 수 있는 경우를 모두 고른 것은? (단, 다른 요건은 충족됨)

㉠ 세대원인 甲의 가족은 국내에 체류하고, 甲은 해외로 이주하고자 하는 경우
㉡ 甲이 이 주택의 일부를 배우자에게 증여하는 경우
㉢ 세대원인 甲의 아들이 결혼으로 甲의 세대원 전원이 수도권 안에서 이전하는 경우
㉣ 甲은 상속에 의하여 취득한 주택으로 이전하면서, 甲을 제외한 나머지 세대원은 다른 새로운 주택으로 이전하는 경우
㉤ 甲이 이혼으로 인하여 주택을 그 배우자에게 이전하는 경우
㉥ 甲의 세대원 전원이 1년 6개월간 해외에 체류하고자 하는 경우

① ㉡, ㉤
② ㉤, ㉥
③ ㉠, ㉢, ㉤
④ ㉡, ㉢, ㉥
⑤ ㉠, ㉡, ㉢, ㉣, ㉤, ㉥

기출응용 25회·27회

17 주택법령상 주택의 전매행위 제한 등에 관한 설명으로 틀린 것은?

① 사업주체가 전매행위가 제한되는 투기과열지구에서 공급하는 경우 그 주택의 소유권을 제3자에게 이전할 수 없음을 소유권에 관한 등기에 부기등기하여야 한다.
② 전매행위 제한을 위반하여 주택의 입주자로 선정된 지위의 전매가 이루어진 경우 사업주체가 이미 납부한 입주금과 그 입주금에 은행의 1년 만기 정기예금의 평균이자율을 적용한 이자를 합산한 금액(매입비용)을 그 매수인에게 지급한 경우에는 그 지급한 날에 사업주체가 해당 입주자로 선정된 지위를 취득한 것으로 본다.
③ 제한되는 전매에는 매매·증여나 그 밖에 권리의 변동을 수반하는 모든 행위가 포함되지만, 상속은 그렇지 않다.
④ 상속에 의하여 취득한 주택으로 세대원 전원이 이전하는 경우 한국토지주택공사의 동의를 받은 경우에는 전매제한의 대상이 되는 주택이라도 전매할 수 있다.
⑤ 투기과열지구에서 건설·공급되는 주택의 입주자로 선정된 지위의 전매제한기간은 해당 주택의 입주자로 선정된 날부터 수도권은 3년, 수도권 외의 지역은 1년으로 한다.

기출응용 27회

18 주택법령상 주택의 전매행위 제한에 관한 설명으로 틀린 것을 모두 고른 것은? (단, 수도권은 수도권정비계획법에 의한 것임)

㉠ 상속에 의하여 취득한 주택으로 세대원 전원이 이전하는 경우로서 한국토지주택공사의 동의를 받은 경우에는 전매제한 주택을 전매할 수 있다.
㉡ 수도권이 아닌 지역으로서 공공택지 외의 택지에서 건설·공급되는 주택의 소유자가 국가에 대한 채무를 이행하지 못하여 공매가 시행되는 경우에는 한국토지주택공사의 동의 없이도 전매를 할 수 있다.
㉢ 전매제한기간은 주택의 수급상황 및 투기우려 등을 고려하여 지역별로 달리 정할 수 있다.
㉣ 세대원 전원이 1년 동안 해외에 체류하고자 하는 경우로서 한국토지주택공사의 동의를 받은 경우에는 전매제한 주택을 전매할 수 있다.

① ㉠, ㉢
② ㉡, ㉣
③ ㉠, ㉢, ㉣
④ ㉡, ㉢, ㉣
⑤ ㉠, ㉡, ㉢, ㉣

예상문제

19 주택법령상 주택공급과 관련하여 금지되는 공급질서 교란행위를 한 자에게 행하는 제재수단이 아닌 것은?

① 주택공급질서의 교란행위를 위반한 자에 대하여는 3년 이하의 징역 또는 3천만원 이하의 벌금을 처한다.
② 국토교통부장관은 주택공급질서 교란행위를 위반한 자에 대하여 10년의 범위에서 국토교통부령으로 정하는 바에 따라 주택의 입주자자격을 제한할 수 있다.
③ 사업주체가 주택공급질서 교란행위를 위반한 자에게 대통령령으로 정하는 바에 따라 산정한 주택가격에 해당하는 금액을 지급한 경우에는 그 지급한 날에 그 주택을 취득한 것으로 본다.
④ 위반행위가 발생한 시점에서 위반행위를 한 자의 양도차익을 전액 몰수한다.
⑤ 국토교통부장관 또는 사업주체는 위반행위를 한 자에 대하여는 그 주택 공급을 신청할 수 있는 지위를 무효로 하거나 이미 체결된 주택의 공급계약을 취소하여야 한다.

예상문제

20 주택법령상 조정대상지역의 지정기준에 관한 조문의 일부이다. ( ) 안에 들어갈 숫자를 바르게 나열한 것은?

> 조정대상지역으로 지정하는 날이 속하는 달의 바로 전달부터 소급하여 (㉠)개월간의 해당 지역 주택가격상승률이 그 지역이 속하는 시·도 소비자물가상승률의 (㉡)배를 초과한 지역으로서 다음 각 목에 해당하는 지역
> 가. 조정대상지역지정 직전월부터 소급하여 주택공급이 있었던 2개월 동안 해당 지역에서 공급되는 주택의 월별 평균 청약경쟁률이 모두 5대 1을 초과했거나 국민주택규모 주택의 월별 평균 청약경쟁률이 모두 10대 1을 초과한 지역
> 나. 조정대상지역지정 직전월부터 소급하여 (㉠)개월간의 분양권 전매거래량이 직전연도의 같은 기간보다 (㉢)% 이상 증가한 지역
> 다. 〈생략〉

	㉠	㉡	㉢
①	2	1.2	30
②	2	1.3	20
③	3	1.2	30
④	3	1.3	20
⑤	3	1.3	30

예상문제

21 국토교통부장관이 A지역을 투기과열지구로 지정하였을 경우, 이 지역에 관한 설명으로 틀린 것은?

① A지역에서 건설·공급되는 주택을 공급받기 위하여 입주자저축증서를 상속하는 것은 허용된다.
② A지역에서 건설·공급되는 주택의 입주자로 선정된 지위의 일부를 생업상의 사정으로 한국토지주택공사의 동의를 받아 배우자에게 증여하는 것은 허용된다.
③ A지역에서 주택건설사업이 시행되는 경우, 시·도지사는 사업주체로 하여금 입주자모집공고 시 해당 주택건설 지역이 투기과열지구에 포함된 사실을 공고하게 하여야 한다.
④ 사업주체가 A지역에서 분양가상한제 주택을 건설·공급하는 경우에는 그 주택의 소유권을 제3자에게 이전할 수 없음을 소유권에 관한 등기에 부기등기하여야 한다.
⑤ A지역에서 주택을 보유하고 있던 자는 투기과열지구의 지정 이후에도 주택의 전매행위 제한에 영향을 받지 않는다.

기출응용 35회

22 주택법령상 입주자저축에 관한 설명으로 옳은 것은?

① '입주자저축'이란 국민주택과 민영주택을 공급받기 위하여 가입하는 주택청약종합저축을 말한다.
② 입주자저축은 한 사람이 두 계좌까지만 가입할 수 있다.
③ 입주자저축정보를 제공하는 입주자저축취급기관의 장은 입주자저축정보의 명의인이 요구하더라도 입주자저축정보의 제공사실을 통보하지 아니할 수 있다.
④ 국토교통부장관으로부터 「주택법」에 따라 입주자저축정보의 제공 요청을 받은 입주자저축취급기관의 장은 「금융실명거래 및 비밀보장에 관한 법률」에도 불구하고 입주자저축정보를 제공하지 아니할 수 있다.
⑤ 국토교통부장관은 입주자저축의 납입방식·금액 및 조건 등에 필요한 사항에 관한 국토교통부령을 제정하거나 개정할 때에는 행정안전부장관과 미리 협의해야 한다.

CHAPTER 04 주택의 리모델링

테마 38 | 리모델링 허가

대표문제　리모델링

주택법령상 리모델링에 관한 설명으로 **틀린** 것을 모두 고른 것은? (단, 조례는 고려하지 않음)

기출응용 25회

> ㉠ 소유자 전원의 동의를 받은 입주자대표회의는 시장·군수·구청장에게 신고하고 리모델링을 할 수 있다.
> ㉡ 리모델링주택조합이 시공자를 선정하는 경우 경쟁입찰의 방법으로 선정하여야 한다.
> ㉢ 기존 14층 건축물에 수직증축형 리모델링이 허용되는 경우 3개 층까지 증축할 수 있다.
> ㉣ 리모델링주택조합의 설립인가를 받으려는 자는 인가신청서에 해당 주택소재지의 100분의 80 이상의 토지에 대한 토지사용승낙서를 첨부하여 관할 시장·군수 또는 구청장에게 제출하여야 한다.
> ㉤ 리모델링 기본계획을 수립하거나 변경하려면 14일 이상 주민에게 공람하고, 지방의회의 의견을 들어야 한다.
> ㉥ 수직증축형 리모델링의 경우 리모델링주택조합의 설립인가신청서에 당해 주택이 사용검사를 받은 후 15년 이상의 기간이 경과하였음을 증명하는 서류를 첨부하여야 한다.

① ㉣, ㉥　　② ㉤, ㉥　　③ ㉠, ㉢, ㉣
④ ㉡, ㉢, ㉥　　⑤ ㉠, ㉡, ㉢, ㉣, ㉤, ㉥

POINT
주택법령상 리모델링에 관한 전반적인 내용을 정리하여야 합니다.

해설
㉠ 소유자 전원의 동의를 받은 입주자대표회의는 시장·군수·구청장에게 리모델링 허가를 받아야 한다.
㉢ 기존 14층 이하 건축물에 수직증축형 리모델링이 허용되는 경우 2개 층까지 증축할 수 있고, 기존 건축물의 층수가 15층 이상인 경우에는 3개 층까지 증축할 수 있다.
㉣ 리모델링주택조합의 경우에는 토지의 사용승낙서가 필요하지 않다.

정답 ③

기출응용 28회

01 주택법령상 공동주택의 리모델링에 관한 설명으로 옳은 것은? (단, 조례는 고려하지 않음)

① 리모델링주택조합의 설립인가를 받으려는 자가 주택단지 전체를 리모델링하고자 하는 경우에는 주택단지 전체의 구분소유자와 의결권의 각 4분의 3 이상의 결의 및 각 동의 구분소유자와 의결권의 각 과반수의 결의를 얻어야 한다.
② 대수선 리모델링을 하려는 자는 시장·군수·구청장에게 안전진단을 요청하여야 한다.
③ 입주자·사용자 또는 관리주체가 리모델링하려고 하는 경우에는 공사기간, 공사방법 등이 적혀 있는 동의서에 입주자 과반수의 동의를 받아야 한다.
④ 수직증축형 리모델링의 대상이 되는 기존 건축물의 층수가 15층 이상인 경우에는 4개 층까지 증축할 수 있다.
⑤ 리모델링에 동의한 소유자는 입주자대표회의가 시장·군수·구청장에게 허가신청서를 제출하기 전까지 서면으로 동의를 철회할 수 있다.

 기출응용 31회·33회

02 주택법령상 공동주택의 리모델링에 관한 설명으로 옳은 것을 모두 고른 것은? (단, 조례는 고려하지 않음)

㉠ 사업비에 관한 사항은 세대수가 증가되는 리모델링을 하는 경우 수립하여야 하는 권리변동계획에 포함되어야 한다.
㉡ 리모델링주택조합 설립에 동의한 자로부터 건축물을 취득하였더라도 리모델링주택조합 설립에 동의한 것으로 본다.
㉢ 대수선은 리모델링에 포함되지 않는다.
㉣ 입주자대표회의가 리모델링하려는 경우에는 리모델링설계개요, 공사비, 소유자의 비용분담 명세가 적혀 있는 결의서에 주택단지 소유자 과반수의 동의를 받아야 한다.
㉤ 공동주택의 리모델링은 동별로 할 수 없다.

① ㉠, ㉡
② ㉡, ㉤
③ ㉠, ㉢, ㉤
④ ㉡, ㉢, ㉣
⑤ ㉠, ㉡, ㉢, ㉣, ㉤

기출응용 34회

03 주택법령상 리모델링에 관한 설명으로 옳은 것은? (단, 조례는 고려하지 않음)

① 세대수 증가형 리모델링으로 인한 도시과밀, 이주수요 집중 등을 체계적으로 관리하기 위하여 수립하는 계획을 리모델링 기본계획이라 한다.
② 리모델링에 동의한 소유자는 리모델링 결의를 한 리모델링주택조합이나 소유자 전원의 동의를 받은 입주자대표회의가 시장·군수·구청장에게 리모델링 허가신청서를 제출하기 전까지 서면으로 동의를 철회할 수 없다.
③ 특별시장·광역시장 및 대도시의 시장은 리모델링 기본계획을 수립하거나 변경한 때에는 이를 30일 이내에 해당 지방자치단체의 공보에 고시하여야 한다.
④ 수직증축형 리모델링의 설계자는 시·도지사가 정하여 고시하는 구조기준에 맞게 구조설계도서를 작성하여야 한다.
⑤ 대수선인 리모델링을 하려는 자는 시장·군수·구청장에게 안전진단을 요청하여야 한다.

기출응용 30회

04 주택법령상 청문을 하여야 하는 처분을 모두 고른 것은? (단, 다른 법령에 따른 청문은 고려하지 않음)

> ㉠ 공동주택 리모델링허가의 취소
> ㉡ 주택건설 사업계획승인의 취소
> ㉢ 주택건설사업의 등록말소
> ㉣ 주택조합의 설립인가취소

① ㉠, ㉢ ② ㉠, ㉣
③ ㉡, ㉣ ④ ㉡, ㉢, ㉣
⑤ ㉠, ㉡, ㉢, ㉣

예상문제

05 주택법령상 세대수가 증가되는 리모델링을 하는 경우 권리변동계획에 포함되는 사항을 모두 고른 것은?

㉠ 리모델링 전후의 대지 및 건축물의 권리변동 명세
㉡ 조합원의 비용분담
㉢ 사업비
㉣ 조합원 외의 자에 대한 분양계획

① ㉠, ㉢
② ㉠, ㉣
③ ㉡, ㉣
④ ㉡, ㉢, ㉣
⑤ ㉠, ㉡, ㉢, ㉣

예상문제

06 주택법령상 리모델링 기본계획에 관한 설명으로 틀린 것은?

① 특별시장·광역시장 및 대도시의 시장은 5년마다 리모델링 기본계획의 타당성을 검토하여 그 결과를 리모델링 기본계획에 반영하여야 한다.
② 특별시장·광역시장 및 대도시의 시장은 리모델링 기본계획을 수립하거나 변경하려면 14일 이상 주민에게 공람하고, 지방의회의 의견을 들어야 한다. 이 경우 지방의회는 의견제시를 요청받은 날부터 20일 이내에 의견을 제시하여야 한다.
③ 리모델링 기본계획의 작성기준 및 작성방법 등은 국토교통부장관이 정한다.
④ 특별시장·광역시장 및 대도시의 시장은 관할 구역에 대하여 리모델링 기본계획을 10년 단위로 수립하여야 한다.
⑤ 대도시가 아닌 시의 시장은 세대수 증가형 리모델링에 따른 도시과밀이나 일시집중 등이 우려되어 도지사가 리모델링 기본계획의 수립이 필요하다고 인정한 경우 리모델링 기본계획을 수립하여야 한다.

농지법

CHAPTER 01 농지의 소유
CHAPTER 02 농지의 이용 및 보전

최근 5개년 출제경향 분석

최근 5개년 PART 6 출제비중 **5.2%**

CHAPTER	문항 수					비중	⭐ 빈출 키워드
	31회	32회	33회	34회	35회		
CH.01	0	1	1	1	1	40%	농지소유상한, 농지취득자격증명
CH.02	2	1	1	1	1	60%	대리경작제도, 농지의 임대차 또는 사용대차, 농업진흥지역, 농지의 전용, 농지보전부담금

* 복합문제이거나, 법률이 개정 및 제정된 경우 분류 기준에 따라 위 수치와 달라질 수 있습니다.

CHAPTER 01 농지의 소유

빠른 정답 CHECK!(본책) p.251 / 정답 및 해설(책속의 책) p.93

테마 39 | 용어정의 및 농지의 소유

대표문제   용어정의

농지법령상 용어에 관한 설명으로 옳은 것은?   기출응용 27회

① 900m²의 농지에서 농작물을 경작하면서 1년 중 80일을 농업에 종사하는 개인은 '농업인'에 해당한다.
② 농지소유자가 타인에게 일정한 보수를 지급하기로 약정하고 농작업의 전부가 아닌 일부만을 위탁하여 농업경영하는 경우에만 '위탁경영'에 해당한다.
③ 실제로 농작물 경작지로 이용되는 토지이더라도 법적 지목이 과수원인 경우는 '농지'에 해당하지 않는다.
④ 소가축 80두를 사육하면서 1년 중 100일을 축산업에 종사하는 개인은 '농업인'에 해당한다.
⑤ '농업법인'이란 「농어업경영체 육성 및 지원에 관한 법률」에 따라 설립된 영농조합법인과 같은 법에 따라 설립되고 업무집행권을 가진 자 중 3분의 1 이상이 농업인인 농업회사법인을 말한다.

> **POINT**
> 농지법령상 용어에 대한 정리가 필요합니다.
>
> **해설**
> ① 1,000m² 이상의 농지에서 농작물 또는 다년생식물을 경작 또는 재배하거나 1년 중 90일 이상을 농업에 종사하는 개인은 '농업인'에 해당한다.
> ② 농지소유자가 타인에게 일정한 보수를 지급하기로 약정하고 농작업의 일부 또는 전부를 위탁하여 행하는 농업경영을 '위탁경영'이라고 한다.
> ③ '농지'란 전·답, 과수원 그 밖에 법적 지목(地目)을 불문하고 실제로 농작물 경작지 또는 다년생식물 재배지로 이용되는 토지를 말한다.
> ④ 소가축 100두 이상을 사육하거나 1년 중 120일 이상을 축산업에 종사하는 개인은 '농업인'에 해당한다.
>
> 정답 ⑤

기출응용 15회·30회

01 농지법령상 농지에 해당하는 것을 모두 고른 것은?

> ㉠ 「공간정보의 구축 및 관리 등에 관한 법률」에 따른 지목이 답(畓)이고 농작물 경작지로 실제로 이용되는 토지의 개량시설에 해당하는 양·배수시설의 부지
> ㉡ 농작물의 경작에 이용되고 있는 토지에 설치한 농막과 「초지법」에 의하여 조성된 초지
> ㉢ 농작물의 경작에 이용되고 있는 토지에 설치한 고정식온실 및 비닐하우스와 그 부속시설의 부지
> ㉣ 관상용 수목의 묘목을 조경 목적으로 식재한 재배지로 실제로 이용되는 토지

① ㉠, ㉡
② ㉠, ㉢
③ ㉠, ㉣
④ ㉡, ㉣
⑤ ㉠, ㉡, ㉢, ㉣

기출응용 20회·28회

02 농지법령상 농업에 종사하는 개인으로서 농업인에 해당하는 자를 모두 고른 것은?

> ㉠ 가금(家禽; 집에서 기르는 날짐승) 800수를 사육하는 자
> ㉡ 농업경영을 통한 농산물의 연간 판매액이 150만원인 자
> ㉢ 대가축 5두를 사육하는 자
> ㉣ 농지에 300m²의 비닐하우스를 설치하여 다년생식물을 재배하는 자
> ㉤ 꿀벌 12군을 사육하는 자
> ㉥ 1년 중 130일을 축산업에 종사하는 자

① ㉣, ㉥
② ㉤, ㉥
③ ㉠, ㉢, ㉤
④ ㉡, ㉢, ㉤, ㉥
⑤ ㉠, ㉡, ㉢, ㉣, ㉤, ㉥

기출응용 33회

03 농지법령상 농지는 자기의 농업경영에 이용하거나 이용할 자가 아니면 소유하지 못함이 원칙인데, 그 예외에 해당하는 것을 모두 고른 것은?

> ㉠ 주말·체험영농을 하려고 농업진흥지역 내의 농지를 소유하는 경우
> ㉡ 「초·중등교육법」 및 「고등교육법」에 따른 학교가 그 목적사업을 수행하기 위하여 필요한 연구지·실습지로 쓰기 위하여 농림축산식품부령으로 정하는 바에 따라 농지를 취득하여 소유하는 경우
> ㉢ 8년 이상 농업경영을 하던 사람이 이농한 후에도 이농 당시 소유 농지 중 10,000m²를 계속 소유하면서 농업경영에 이용되도록 하는 경우
> ㉣ 국토교통부장관과 협의를 마치고 「공익사업을 위한 토지 등의 취득 및 보상에 관한 법률」에 따라 농지를 취득하여 소유하면서 농업경영에 이용되도록 하는 경우

① ㉠, ㉡ ② ㉠, ㉢ ③ ㉡, ㉢
④ ㉡, ㉢, ㉣ ⑤ ㉠, ㉡, ㉢, ㉣

기출응용 19회·21회

04 농지법령상 농지소유상한에 관한 내용이다. ( ) 안에 들어갈 숫자를 바르게 나열한 것은? [단, 농지소유자가 농지법령에 따라 임대하거나 사용대(使用貸)하는 경우는 제외함]

> • 상속으로 농지를 취득한 자로서 농업경영을 하지 아니하는 자는 그 상속 농지 중에서 총 (㉠)m²까지만 소유할 수 있다.
> • 8년 이상 농업경영을 한 후 이농한 자는 이농 당시 소유한 농지 중에서 총 (㉡)m²까지만 소유할 수 있다.
> • 주말·체험영농을 하려는 사람은 총 (㉢)m² 미만의 농지를 소유할 수 있다. 이 경우 면적 계산은 그 세대원 전부가 소유하는 총면적으로 한다.

	㉠	㉡	㉢
①	5,000	5,000	2,000
②	10,000	5,000	1,500
③	10,000	10,000	1,000
④	30,000	10,000	1,000
⑤	30,000	30,000	2,000

기출응용 26회·32회

05 농지법령상 농지취득자격증명을 발급받지 아니하고 농지를 취득할 수 있는 경우를 모두 고른 것은?

㉠ 상속으로 농지를 취득하는 경우
㉡ 주말·체험영농을 하려고 농업진흥지역 외의 농지를 소유하는 경우
㉢ 국가나 지방자치단체가 농지를 소유하는 경우
㉣ 공유농지의 분할로 농지를 취득하는 경우
㉤ 농지를 농업인 주택의 부지로 전용하려고 농지전용신고를 한 자가 그 농지를 취득하는 경우
㉥ 농업법인의 합병으로 농지를 취득하는 경우

① ㉡, ㉣, ㉥
② ㉠, ㉡, ㉢, ㉤
③ ㉠, ㉢, ㉣, ㉥
④ ㉡, ㉢, ㉤, ㉥
⑤ ㉠, ㉡, ㉢, ㉣, ㉤, ㉥

기출응용 19회

06 농지법령상 농지소유상한 및 농지취득자격증명에 관한 설명으로 옳은 것은?

① 농지소재지를 관할하는 시장, 군수 또는 구청장은 농지취득자격증명을 발급할 수 있다.
② 농림축산식품부장관은 농지소유상한을 위반하여 농지를 소유할 목적으로 거짓으로 농지취득자격증명을 발급받은 자를 주무관청에 신고하는 자에게 포상금을 지급할 수 있다.
③ 농지소유에 관하여는 「농지법」에 정한 경우 외에 특례를 정할 수 있다.
④ 농지소유상한을 위반하여 농지를 소유할 목적으로 부정한 방법에 의해 농지취득자격증명을 발급받은 자는 3년 이하의 징역 또는 3천만원 이하의 벌금에 처한다.
⑤ 지방자치단체가 농지를 임대할 목적으로 소유하는 경우에는 총 10,000m^2까지 소유할 수 있다.

기출응용 25회·29회·30회

07 농지법령상 농지의 소유자가 소유농지를 위탁경영할 수 있는 경우를 모두 고른 것은?

> ㉠ 3개월간 대한민국 전역을 일주하는 여행 중인 경우
> ㉡ 선거에 따른 지방의회의원 취임으로 자경할 수 없는 경우
> ㉢ 교통사고로 2개월간 치료가 필요한 경우
> ㉣ 구치소에 수용 중이어서 자경할 수 없는 경우
> ㉤ 과수를 가지치기 또는 열매솎기, 재배관리 및 수확하는 농작업에 1년 중 4주간을 직접 종사하는 경우
> ㉥ 농업법인이 소송 중인 경우

① ㉡, ㉣
② ㉠, ㉢, ㉣
③ ㉡, ㉢, ㉤
④ ㉡, ㉣, ㉥
⑤ ㉠, ㉡, ㉣, ㉤, ㉥

기출응용 25회

08 농지법령상 농업경영에 이용하지 아니하는 농지의 처분의무에 관한 설명으로 틀린 것은?

① 농지전용신고를 하고 그 농지를 취득한 자가 질병으로 인하여 취득한 날부터 2년이 초과하도록 그 목적사업에 착수하지 아니한 경우에는 농지를 처분하여야 한다.
② 농지소유자가 시장·군수 또는 구청장으로부터 농지처분명령을 받은 경우 한국농어촌공사에 그 농지의 매수를 청구할 수 있다.
③ 농지소유상한을 초과하여 소유한 것이 판명된 경우에는 소유농지를 초과하는 면적에 해당하는 농지만 처분하여야 한다.
④ 농지소유자가 선거에 따른 공직취임으로 휴경하는 경우에도 소유농지를 자기의 농업경영에 이용하지 아니하면 농지를 처분하여야 한다.
⑤ 농지처분의무 기간은 처분사유가 발생한 날부터 1년 이내이다.

기출응용 26회

09 농지법령상 주말·체험영농을 하려고 농지를 소유하는 경우에 관한 설명으로 틀린 것을 모두 고른 것은?

> ㉠ 농지를 취득하려면 농지취득자격증명을 발급받아야 한다.
> ㉡ 농지를 취득한 자가 징집으로 인하여 그 농지를 주말·체험영농에 이용하지 못하게 되면 1년 이내에 그 농지를 처분하여야 한다.
> ㉢ 세대원 전부가 소유한 면적을 합하여 총 1,000m²의 농지를 소유할 수 있다.
> ㉣ 농업인이 아닌 개인도 농지를 소유할 수 있다.

① ㉡
② ㉠, ㉣
③ ㉡, ㉢
④ ㉡, ㉣
⑤ ㉠, ㉡, ㉢, ㉣

기출응용 35회

10 농지법령상 농지의 타용도 일시사용신고를 할 수 있는 용도에 해당하지 않는 것은? (단, 일시사용기간은 6개월 이내이며, 신고의 다른 요건은 충족한 것으로 봄)

① 썰매장으로 사용하는 경우
② 지역축제장으로 사용하는 경우
③ 해당 농지에서 허용되는 주목적사업을 위하여 물건을 매설하는 경우
④ 해당 농지에서 허용되는 주목적사업을 위하여 현장 사무소를 설치하는 경우
⑤ 「전기사업법」상 전기사업을 영위하기 위한 목적으로 「신에너지 및 재생에너지 개발·이용·보급 촉진법」에 따른 태양에너지 발전설비를 설치하는 경우

예상문제

11 농지법령상 농지에 관한 정의로 <u>틀린</u> 것은?

① 전·답, 과수원인 토지
② 실제로 농작물 경작지 또는 다년생식물(과수·유실수 그 밖의 생육기간이 1년 이상) 재배지로 이용되는 토지
③ 농지개량시설[유지(溜池), 양·배수시설, 수로, 농로, 제방]의 부지
④ 농축산물생산시설(고정식온실·버섯재배사 및 비닐하우스와 그 부속시설)의 부지
⑤ 조경 또는 관상용 수목과 그 묘목(조경 목적으로 식재한 것을 제외)

예상문제

12 농업경영계획서를 작성하지 아니하고 농지취득자격증명 발급을 신청할 수 있는 사유로 <u>틀린</u> 것은?

① 농림축산식품부령으로 정하는 농업연구기관이 그 목적사업을 수행하기 위하여 필요한 연구지로 쓰기 위하여 농림축산식품부령으로 정하는 바에 따라 농지를 취득하여 소유하는 경우
② 농지전용허가를 받거나 농지전용신고를 한 자가 그 농지를 소유하는 경우
③ 「한국농어촌공사 및 농지관리기금법」에 따른 농지의 개발사업지구에 있는 농지로서 대통령령으로 정하는 2,000㎡ 미만의 농지를 취득하여 소유하는 경우
④ 농업진흥지역 밖의 농지 중 최상단부부터 최하단부까지의 평균경사율이 15% 이상인 농지로서 대통령령으로 정하는 농지를 소유하는 경우
⑤ 「공공토지의 비축에 관한 법률」에 해당하는 토지 중 공공토지비축심의위원회가 비축이 필요하다고 인정하는 토지로서 「국토의 계획 및 이용에 관한 법률」에 따른 계획관리지역과 자연녹지지역 안의 농지를 한국토지주택공사가 취득하여 소유하는 경우

예상문제

13 농지법령상 농지취득자격증명에 관한 설명으로 옳은 것은?

① 시효의 완성으로 농지를 취득하는 경우에는 농지취득자격증명을 발급받지 아니하고 농지를 취득할 수 없다.
② 취득대상 농지에서 농업경영을 하는 데에 필요한 노동력 및 농업 기계·장비·시설의 확보 방안은 농업경영계획서에 포함되지 않는다.
③ 농지취득자격증명을 발급받으려는 자는 농업경영계획서 또는 주말·체험영농계획서를 작성하고 농림축산식품부령으로 정하는 서류를 첨부하여 농지소재지를 관할하는 시장·구청장·읍장 또는 면장에게 발급을 신청하여야 한다.
④ 농업법인의 합병으로 농지를 취득하는 경우에는 농지취득자격증명을 발급받지 아니하고 농지를 취득할 수 없다.
⑤ 학교, 공공단체·농업연구기관·농업생산자단체가 그 목적사업을 수행하기 위하여 필요한 시험지·연구지·실습지로 쓰기 위하여 농지를 취득하여 소유하는 경우에는 농지취득자격증명을 발급받지 아니하고 농지를 취득할 수 있다.

예상문제

14 농지법령상 농지의 소유에 관한 설명으로 **틀린** 것은?

①「농지법」에서 허용된 경우 외에 농지소유에 관한 특례를 정할 수 있다.
② 주말·체험영농을 하려고 농업진흥지역 외의 농지를 소유하는 경우에는 자기의 농업경영에 이용하지 아니할지라도 농지를 소유할 수 있다.
③ 농지는 자기의 농업경영에 이용하거나 이용할 자가 아니면 이를 소유하지 못한다.
④ 농지를 임대하거나 무상사용하게 하는 경우에는 임대하거나 무상사용하게 하는 기간 동안 농지를 계속 소유할 수 있다.
⑤「초·중등교육법」및「고등교육법」에 따른 학교가 실습지로 쓰기 위하여 농지를 소유하는 경우에는 자기의 농업경영에 이용하지 아니할지라도 농지를 소유할 수 있다.

CHAPTER 02 농지의 이용 및 보전

빠른 정답 CHECK!(본책) p.251 / 정답 및 해설(책속의 책) p.96

테마 40 | 농지의 이용 및 보전

대표문제 대리경작, 임대차, 이행강제금

농지법령상 (   ) 안에 들어갈 내용을 바르게 나열한 것은? 기출응용 23회·28회

- 유휴농지를 대리경작하는 경우 대리경작자는 수확량의 (㉠)을 그 농지의 소유권자나 임차권자에게 토지사용료로 지급하여야 한다.
- 유휴농지의 대리경작기간은 따로 정하지 아니하면 (㉡)년으로 한다.
- 임대차기간은 (㉡)년 이상(자경 농지를 농림축산식품부장관이 정하는 이모작을 위하여 8개월 이내로 임대하거나 무상사용하게 하는 경우는 제외)으로 하여야 한다. 다만, 다년생식물 재배지 등의 경우에는 (㉢)년 이상으로 하여야 한다.
- 군수는 처분명령을 받은 후 정당한 사유 없이 지정기간까지 그 처분명령을 이행하지 아니한 자에게 해당 농지를 감정평가한 감정가격 또는 개별공시지가 중 더 높은 가액의 100분의 (㉣)에 해당하는 이행강제금을 부과한다.

	㉠	㉡	㉢	㉣
①	100분의 10	3	3	25
②	100분의 10	3	5	25
③	100분의 20	3	5	50
④	100분의 20	5	3	50
⑤	100분의 30	5	10	50

> **POINT**
> 농지법령에 나오는 숫자를 전체적으로 정리하고 암기하여야 합니다.
>
> **해설**
> - 유휴농지를 대리경작하는 경우 대리경작자는 수확량의 (㉠ 100분의 10)을 그 농지의 소유권자나 임차권자에게 토지사용료로 지급하여야 한다.
> - 유휴농지의 대리경작기간은 따로 정하지 아니하면 (㉡ 3)년으로 한다.
> - 임대차기간은 (㉡ 3)년 이상(자경 농지를 농림축산식품부장관이 정하는 이모작을 위하여 8개월 이내로 임대하거나 무상사용하게 하는 경우는 제외)으로 하여야 한다. 다만, 다년생식물 재배지 등의 경우에는 (㉢ 5)년 이상으로 하여야 한다.
> - 군수는 처분명령을 받은 후 정당한 사유 없이 지정기간까지 그 처분명령을 이행하지 아니한 자에게 해당 농지를 감정평가한 감정가격 또는 개별공시지가 중 더 높은 가액의 100분의 (㉣ 25)에 해당하는 이행강제금을 부과한다.
>
> 정답 ②

기출응용 32회

01 농지법령상 유휴농지에 대한 대리경작자의 지정에 관한 설명으로 **틀린** 것은?

① 대리경작자가 경작을 게을리하는 경우에는 대리경작기간이 끝나기 전이라도 대리경작자 지정을 해지할 수 있다.
② 지력의 증진을 위하여 필요한 기간 동안 휴경하는 농지에 대하여는 대리경작자를 지정할 수 없다.
③ 농지 소유권자나 농지 임차권자를 대신할 대리경작자를 지정할 수 있다.
④ 대리경작자 지정은 유휴농지를 경작하려는 농업인 또는 농업법인의 신청이 있을 때 지정할 수 있고, 직권으로도 지정할 수 있다.
⑤ 토양의 개량·보전을 위하여 필요한 기간 동안 휴경하는 농지에 대하여는 대리경작자를 지정할 수 있다.

기출응용 31회

02 농지법령상 농지의 임대차에 관한 설명으로 옳은 것은? (단, 농업경영을 하려는 자에게 임대하는 경우를 전제로 함)

① 농지의 임차인이 농작물의 재배시설로서 비닐하우스를 설치한 농지의 임대차기간은 5년 이상으로 하여야 한다.
② 농지임대차조정위원회에서 작성한 조정안을 임대차계약 당사자가 수락한 때에도 이를 당사자 간에 체결된 계약의 내용으로 보지 않는다.
③ 농지를 임차한 임차인이 그 농지를 정당한 사유 없이 농업경영에 사용하지 아니할 때에는 농림축산식품부장관은 임대차의 종료를 명할 수 있다.
④ 60세 이상 농업인은 자신이 거주하는 시·군에 있는 소유농지 중에서 자기의 농업경영에 이용한 기간이 5년이 넘은 농지를 임대할 수 없다.
⑤ 임대차계약은 그 등기가 없는 경우에도 임차인이 농지소재지를 관할하는 시·구·읍·면의 장의 확인을 받고, 해당 농지를 인도받은 경우에는 그날부터 제3자에 대하여 효력이 생긴다.

기출응용 21회 · 24회

03 농지법령상 농지의 임대차에 관한 설명으로 옳은 것을 모두 고른 것은? (단, 농업경영을 하려는 자에게 임대하는 경우이며, 국유농지와 공유농지가 아님을 전제로 함)

> ㉠ 자기의 농업경영을 위해 농지를 소유하는 자는 3년 이상 소유한 농지를 주말·체험영농을 하려는 자에게 임대하는 것을 업(業)으로 하는 자에게 자신의 농지를 임대할 수 없다.
> ㉡ 「농지법」에 위반된 약정으로 임차인에게 불리한 것은 그 효력이 없다.
> ㉢ 임대차계약은 그 등기가 있어야만 해당 농지를 인도받은 경우에 그 다음 날부터 제3자에 대하여 효력이 생긴다.
> ㉣ 임대농지의 양수인은 「농지법」에 따른 임대인의 지위를 승계한 것으로 본다.
> ㉤ 농작물 경작지의 임대차기간을 정하지 아니하거나 5년보다 짧은 경우는 5년으로 약정된 것으로 본다.
> ㉥ 농업경영을 하려는 자에게 농지를 임대하는 경우 서면계약을 원칙으로 한다.

① ㉡, ㉣
② ㉠, ㉢, ㉣
③ ㉡, ㉢, ㉤
④ ㉡, ㉣, ㉥
⑤ ㉠, ㉡, ㉣, ㉤, ㉥

기출응용 27회

04 농지법령상 농작물 경작지의 용도인 국·공유재산이 아닌 A농지와 국유재산인 B농지를 농업경영을 하려는 자에게 임대차하는 경우에 관한 설명으로 틀린 것은?

① A농지의 임차인이 그 농지를 정당한 사유 없이 농업경영에 사용하지 아니할 경우 농지소재지 시장·군수·구청장은 임대차의 종료를 명할 수 있다.
② A농지의 임대차계약은 등기가 없는 경우에도 임차인이 농지소재지를 관할하는 시·구·읍·면의 장의 확인을 받고, 해당 농지를 인도받은 경우에는 그 다음 날부터 제3자에 대하여 효력이 생긴다.
③ B농지의 임대차기간은 3년 이상으로 하여야 한다.
④ 임대인이 취학을 이유로 A농지를 임대하는 경우 임대차기간을 3년 미만으로 정할 수 있다.
⑤ 임대인이 질병을 이유로 A농지를 임대하였다가 같은 이유로 임대차계약을 갱신하는 경우 임대차기간을 3년 미만으로 정할 수 있다.

기출응용 22회 · 31회

05 농지법령상 농업진흥지역에 관한 설명으로 틀린 것을 모두 고른 것은?

> ㉠ 녹지지역을 포함하는 농업진흥지역을 지정하는 경우 농림축산식품부장관이 승인하기 전에 국토교통부장관과 협의하여야 한다.
> ㉡ 농업보호구역의 용수원 확보, 수질보전 등 농업환경을 보호하기 위하여 필요한 지역을 농업진흥구역으로 지정할 수 있다.
> ㉢ 농업보호구역에서는 매장유산의 발굴행위를 할 수 있다.
> ㉣ 특별시의 관리지역은 농업진흥지역의 지정대상이 아니다.

① ㉡
② ㉠, ㉣
③ ㉡, ㉢
④ ㉡, ㉣
⑤ ㉠, ㉡, ㉢, ㉣

기출응용 29회

06 농지법령상 농지의 전용에 관한 설명으로 틀린 것은?

① 농지를 농업인 주택의 부지로 전용하려는 경우에는 시장·군수 또는 자치구구청장에게 농지전용신고를 하여야 한다.
② 농지전용신고를 하고 농지를 전용하는 경우에는 농지를 전·답·과수원 외의 지목으로 변경할 수 있다.
③ 전용허가를 받은 농지의 위치를 동일 필지 안에서 변경하는 경우에는 농지전용허가를 받아야 한다.
④ 과수원인 토지를 재해로 인한 농작물의 피해를 방지하기 위한 방풍림 부지로 사용하는 것은 농지의 전용에 해당한다.
⑤ 산지전용허가를 받지 아니하고 불법으로 개간한 농지라도 이를 다시 산림으로 복구하려면 농지전용허가를 받지 아니한다.

기출응용 23회·24회·28회

07 농지법령상 농지의 전용에 관한 설명으로 <u>틀린</u> 것을 모두 고른 것은?

> ㉠ 다른 법률에 따라 농지전용허가가 의제되는 협의를 거쳐 농지를 전용하는 경우는 농지전용허가를 받지 않아도 된다.
> ㉡ 농지전용허가를 받은 자가 관계 공사의 중지명령을 위반한 경우에는 허가를 취소하거나 조업의 정지를 명할 수 있다.
> ㉢ 해당 농지에서 허용되는 주목적사업을 위하여 현장사무소를 설치하는 용도로 농지를 일시 사용하려는 자는 시장·군수 또는 자치구구청장에게 신고하여야 한다.
> ㉣ 농지의 타용도 일시사용허가를 받는 자는 농지보전부담금을 납부하지 않는다.
> ㉤ 농업진흥지역 밖의 농지를 농지전용허가를 받지 아니하고 전용한 자는 3년 이하의 징역 또는 해당 토지가액의 100분의 25에 해당하는 금액 이하의 벌금에 처한다.
> ㉥ 농지를 전용하려는 자는 농지보전부담금의 전부 또는 일부를 농지전용허가·농지전용신고 전까지 납부하여야 한다.

① ㉡, ㉣ ② ㉠, ㉢, ㉣
③ ㉡, ㉢, ㉤ ④ ㉡, ㉣, ㉥
⑤ ㉠, ㉡, ㉣, ㉤, ㉥

예상문제

08 농지법령상 대리경작제도에 관한 설명으로 <u>틀린</u> 것은?

① 시장·군수 또는 구청장은 대리경작자를 지정하려면 농림축산식품부령으로 정하는 바에 따라 그 농지의 소유권자 또는 임차권자에게 예고하여야 한다.
② 대리경작자를 지정하면 그 농지의 대리경작자와 소유권자 또는 임차권자에게 지정통지서를 보내야 한다.
③ 대리경작자 지정예고에 대하여 이의가 있는 농지소유자 또는 임차권자는 지정예고를 받은 날부터 10일 이내에 이의를 신청할 수 있다.
④ 이의신청을 받은 시장·군수·구청장은 7일 이내에 심사하여 그 결과를 신청인에게 통지하여야 한다.
⑤ 시장·군수 또는 구청장은 농지전용신고를 한 농지의 소유권자나 임차권자를 대신하여 농작물을 경작할 자(대리경작자)를 직권으로 지정할 수 있다.

예상문제

09 농지법령상 농업보호구역에서 토지이용행위를 할 수 없는 것은?

① 농업진흥구역에서 허용되는 토지이용행위
② 관광농원사업으로 설치하는 시설로서 농업보호구역 안의 부지면적이 20,000m² 미만인 것
③ 주말농원사업으로 설치하는 시설로서 농업보호구역 안의 부지면적이 3,000m² 미만인 것
④ 제1종 근린생활시설 중 양수장, 정수장, 대피소, 공중화장실로서 농업보호구역 안의 부지면적이 5,000m² 미만인 것
⑤ 단독주택으로서 농업보호구역 안의 부지면적이 1,000m² 미만인 것

예상문제

10 농지법령상 농업진흥구역에서의 토지이용행위가 아닌 것은?

① 관광농원사업으로 설치하는 시설로서 그 부지가 10,000m²인 것
② 국가유산의 보수·복원·이전
③ 농업인 주택의 설치
④ 하천, 제방 그 밖에 이에 준하는 국토 보존시설의 설치
⑤ 국방·군사시설의 설치

예상문제

11 농지법령상 농지의 전용 등에 관한 설명으로 틀린 것은?

① 「산지관리법」에 따른 산지전용허가를 받지 아니하거나 산지전용신고를 하지 아니하고 불법으로 개간한 농지를 산림으로 복구하는 경우에는 농지전용허가의 대상이 아니다.

② 농림축산식품부장관은 농지전용허가를 받은 자가 거짓이나 그 밖의 부정한 방법으로 허가를 받은 것이 판명된 경우에는 그 허가를 취소하거나 관계 공사의 중지, 조업의 정지, 사업규모의 축소 등 필요한 조치를 명할 수 있다.

③ 농업진흥지역 밖의 농지를 마을회관 부지로 전용하려는 자는 농지전용신고를 하여야 한다.

④ 농지의 타용도 일시사용허가를 받는 자는 농지보전부담금의 납입대상이 아니다.

⑤ 농지전용허가를 받은 자가 조업의 정지명령을 위반한 경우에는 그 허가를 취소할 수 있다.

빠른 정답 CHECK!

PART 1 국토의 계획 및 이용에 관한 법률

CHAPTER 01 | 총칙 　　해설집 p.2

01	④	02	⑤	03	④	04	④	05	②
06	④								

CHAPTER 02 | 광역도시계획 　　해설집 p.3

01	①	02	①	03	②	04	③	05	④

CHAPTER 03 | 도시·군계획 　　해설집 p.5

01	④	02	④	03	③	04	①	05	①
06	②	07	③	08	④	09	④	10	②

CHAPTER 04 | 용도지역·용도지구·용도구역 　　해설집 p.8

01	①	02	②	03	⑤	04	⑤	05	②
06	①	07	②	08	③	09	⑤	10	③
11	②	12	①	13	②	14	①	15	⑤
16	①	17	④	18	⑤	19	③		

CHAPTER 05 | 도시·군계획시설사업의 시행 　　해설집 p.12

01	⑤	02	①	03	②	04	②	05	⑤
06	③	07	⑤	08	②	09	⑤	10	④
11	④	12	①	13	③				

CHAPTER 06 | 지구단위계획 　　해설집 p.16

01	②	02	③	03	⑤	04	①	05	⑤
06	①	07	④						

CHAPTER 07 | 개발행위의 허가 등 　　해설집 p.18

01	②	02	②	03	⑤	04	⑤	05	④
06	④	07	⑤	08	③	09	⑤	10	②
11	②	12	①	13	②	14	⑤	15	③
16	①	17	②	18	②	19	②	20	⑤

PART 2 도시개발법

CHAPTER 01 | 도시개발계획 및 구역 지정 　　해설집 p.24

01	①	02	④	03	③	04	②	05	③
06	②	07	⑤	08	①	09	④	10	②
11	④								

CHAPTER 02 | 도시개발사업 　　해설집 p.27

01	⑤	02	①	03	④	04	②	05	③
06	③	07	②	08	①	09	④	10	②
11	②	12	①	13	②	14	⑤	15	⑤
16	②	17	⑤	18	⑤	19	⑤	20	⑤
21	③	22	②	23	⑤	24	⑤	25	②
26	①	27	②	28	⑤	29	②	30	⑤
31	①	32	①	33	⑤	34	④	35	⑤
36	③								

CHAPTER 03 | 비용부담 등 　　해설집 p.36

01	④	02	②	03	①	04	⑤

PART 3 도시 및 주거환경정비법

CHAPTER 01 | 총칙 　　해설집 p.38

01	⑤	02	②	03	④	04	①

CHAPTER 02 | 기본계획 수립 및 정비구역 지정 　　해설집 p.39

01	①	02	②	03	④	04	⑤	05	④
06	④	07	①	08	④	09	④	10	⑤

CHAPTER 03 | 정비사업 　　해설집 p.42

01	④	02	③	03	⑤	04	①	05	②
06	①	07	②	08	⑤	09	③	10	①
11	①	12	③	13	①	14	④	15	②
16	③	17	④	18	⑤	19	⑤	20	⑤
21	⑤	22	②	23	④	24	②	25	①
26	①	27	②	28	⑤	29	③	30	②
31	④	32	③	33	④	34	③	35	④
36	②	37	②	38	①	39	④	40	⑤
41	⑤	42	④	43	③				

PART 4 건축법

CHAPTER 01 | 총칙
해설집 p.53

01	③	02	⑤	03	④	04	②	05	④
06	⑤	07	①	08	③	09	①	10	⑤
11	②	12	②	13	④	14	③	15	②
16	①								

CHAPTER 02 | 건축물의 건축
해설집 p.57

01	③	02	④	03	①	04	②	05	①
06	⑤	07	②	08	①	09	②	10	①
11	②	12	④	13	②	14	①	15	②
16	②	17	⑤	18	②	19	⑤	20	④
21	④	22	⑤	23	③				

CHAPTER 03 | 건축물의 대지와 도로
해설집 p.63

01	④	02	①	03	⑤	04	③	05	④
06	⑤	07	①	08	⑤				

CHAPTER 04 | 건축물의 구조 및 재료
해설집 p.65

01	④	02	③	03	②	04	⑤	05	①

CHAPTER 05 | 지역 및 지구 안의 건축물
해설집 p.66

01	⑤	02	①	03	⑤	04	③	05	④
06	②	07	③	08	①	09	③	10	⑤
11	③								

CHAPTER 06 | 특별건축구역·건축협정 및 결합건축
해설집 p.69

01	①	02	①	03	⑤	04	②	05	②
06	⑤	07	③	08	②	09	③		

PART 5 주택법

CHAPTER 01 | 총칙
해설집 p.72

01	②	02	⑤	03	①	04	③	05	④
06	②	07	③	08	⑤				

CHAPTER 02 | 주택의 건설
해설집 p.74

01	④	02	⑤	03	③	04	⑤	05	①
06	①	07	①	08	②	09	④	10	①
11	②	12	②	13	①	14	②	15	⑤
16	③	17	⑤	18	②	19	⑤	20	⑤
21	⑤	22	①	23	⑤	24	②	25	④
26	④	27	①	28	⑤	29	③	30	③
31	⑤	32	④	33	③	34	①	35	⑤
36	④	37	④	38	⑤				

CHAPTER 03 | 주택의 공급
해설집 p.84

01	④	02	①	03	③	04	②	05	②
06	③	07	③	08	⑤	09	①	10	⑤
11	①	12	①	13	⑤	14	⑤	15	②
16	①	17	①	18	②	19	④	20	⑤
21	③	22	①						

CHAPTER 04 | 주택의 리모델링
해설집 p.91

01	⑤	02	①	03	①	04	⑤	05	⑤
06	②								

PART 6 농지법

CHAPTER 01 | 농지의 소유
해설집 p.93

01	②	02	④	03	③	04	③	05	③
06	②	07	①	08	④	09	③	10	⑤
11	②	12	③	13	③	14	①		

CHAPTER 02 | 농지의 이용 및 보전
해설집 p.96

01	⑤	02	①	03	③	04	③	05	④
06	④	07	③	08	⑤	09	④	10	①
11	⑤								

에듀윌이
너를
지지할게

ENERGY

삶의 순간순간이
아름다운 마무리이며
새로운 시작이어야 한다.

- 법정 스님

memo

2025 에듀윌 공인중개사 2차 기출응용 예상문제집 부동산공법

발 행 일	2025년 4월 18일
편 저 자	오시훈
펴 낸 이	양형남
펴 낸 곳	(주)에듀윌
I S B N	979-11-360-3686-5
등록번호	제25100-2002-000052호
주　　소	08378 서울특별시 구로구 디지털로34길 55 코오롱싸이언스밸리 2차 3층

* 이 책의 무단 인용·전재·복제를 금합니다.

www.eduwill.net
대표전화 1600-6700

여러분의 작은 소리
에듀윌은 크게 듣겠습니다.

본 교재에 대한 여러분의 목소리를 들려주세요.
공부하시면서 어려웠던 점, 궁금한 점,
칭찬하고 싶은 점, 개선할 점, 어떤 것이라도 좋습니다.

에듀윌은 여러분께서 나누어 주신 의견을
통해 끊임없이 발전하고 있습니다.

에듀윌 도서몰 book.eduwill.net
- 부가학습자료 및 정오표: 에듀윌 도서몰 → 도서자료실
- 교재 문의: 에듀윌 도서몰 → 문의하기 → 교재(내용, 출간) / 주문 및 배송

에듀윌 **직영학원**에서 합격을 수강하세요

언제나 전문 학습 매니저와 상담이 가능한 안내데스크

고품질 영상 및 음향 장비를 갖춘 최고의 강의실

재충전을 위한 카페 분위기의 아늑한 휴게실

에듀윌의 상징 노란색의 환한 학원 입구

에듀윌 직영학원 대표전화

공인중개사 학원 02)815-0600	공무원 학원 02)6328-0600	편입 학원 02)6419-0600
주택관리사 학원 02)815-3388	소방 학원 02)6337-0600	부동산아카데미 02)6736-0600
전기기사 학원 02)6268-1400		

공인중개사학원 바로가기

합격하고 꼭 해야 할 것 1

에듀윌 공인중개사
동문회 특권

1. 에듀윌 공인중개사 합격자 모임

2. 앰배서더 가입 자격 부여

3. 동문회 인맥북	4. 개업 축하 선물	5. 온라인 커뮤니티
업계 최대 네트워크		부동산 정보 실시간 공유
6. 오프라인 커뮤니티	7. 공인중개사 취업박람회	8. 동문회 주최 실무 특강
지부/기수 정기모임		
9. 프리미엄 복지혜택	10. 마이오피스	11. 동문회와 함께하는 사회공헌활동
숙박/자기계발/의료 및 소식지 무료 구독	동문 사무소 등록/조회	

※ 본 특권은 회원별로 상이하며, 예고 없이 변경될 수 있습니다.

에듀윌 공인중개사 동문회 | dongmun.eduwill.net
문의 | 1600-6700

2025 에듀윌 공인중개사 기출응용 예상문제집
2차 부동산공법

오답 노트가 되는
정답 및 해설

2025

공인중개사
기출응용 예상문제집

2차 부동산공법

2025

에듀윌 공인중개사 기출응용 예상문제집
2차 부동산공법

오답 노트가 되는

정답 및 해설

PART 1 국토의 계획 및 이용에 관한 법률

CHAPTER 01 총칙

01	④	02	⑤	03	④	04	④	05	②
06	④								

01 용어정의 정답 ④

(㉠ 용도구역)이란 토지의 이용 및 건축물의 용도·건폐율·용적률·높이 등에 대한 (㉡ 용도지역 및 용도지구)의 제한을 강화하거나 완화하여 따로 정함으로써 시가지의 무질서한 확산방지, 계획적이고 단계적인 토지이용의 도모, 혁신적이고 복합적인 토지활용의 촉진, 토지이용의 종합적 조정·관리 등을 위하여 도시·군관리계획으로 결정하는 지역을 말한다.

02 기반시설의 종류 정답 ⑤

공간시설은 광장·공원·녹지·유원지·공공공지 등으로 구분되며, 유수지는 방재시설에 속한다.

03 기반시설의 종류 정답 ④

① 환경기초시설 – 폐차장
② 환경기초시설 – 하수도
③ 교통시설 – 궤도
⑤ 보건위생시설 – 도축장

04 도시·군계획사업 정답 ④

'도시·군계획사업'이란 도시·군관리계획을 시행하기 위한 도시·군계획시설사업, 「도시개발법」에 따른 도시개발사업(㉡), 「도시 및 주거환경정비법」에 따른 정비사업(㉢)을 말한다.

05 지구단위계획   정답 ②

'지구단위계획'이란 도시·군계획 수립대상지역 일부에 대하여 체계적 관리를 위해 수립하는 도시·군관리계획을 말한다.

06 용어정의   정답 ④

① '용도지역'이란 토지의 이용 및 건축물의 용도·건폐율·용적률·높이 등을 제한함으로써 토지를 경제적·효율적으로 이용하고 공공복리의 증진을 도모하기 위하여 서로 중복되지 아니하게 도시·군관리계획으로 결정하는 지역을 말한다.
② '공간재구조화계획'이란 토지의 이용 및 건축물이나 그 밖의 시설의 용도·건폐율·용적률·높이 등을 완화하는 용도구역의 효율적이고 계획적인 관리를 위하여 수립하는 계획을 말한다.
③ '성장관리계획'이란 성장관리계획구역에서의 난개발을 방지하고 계획적인 개발을 유도하기 위하여 수립하는 계획을 말한다.
⑤ '개발밀도관리구역'이란 개발로 인하여 기반시설이 부족할 것으로 예상되나 기반시설을 설치하기 곤란한 지역을 대상으로 건폐율이나 용적률을 강화하여 적용하기 위하여 지정하는 구역을 말한다.

CHAPTER 02 광역도시계획

| 01 | ① | 02 | ① | 03 | ② | 04 | ③ | 05 | ④ |

01 광역도시계획   정답 ①

② 광역도시계획을 수립 또는 변경하고자 하는 때에는 미리 공청회를 개최하여야 한다.
③ 광역도시계획을 시·도지사가 공동으로 수립하는 경우 그 내용에 관하여 서로 협의가 되지 아니하면 공동 또는 단독으로 국토교통부장관에게 조정을 신청할 수 있다.
④ 광역도시계획을 수립할 때에는 미리 관계 시·도, 시 또는 군의 의회와 관계 시장 또는 군수의 의견을 들어야 하지만, 구 의회는 해당하지 않는다.
⑤ 광역도시계획을 수립한 때에는 이를 공고하여 관계 서류를 30일 이상 일반인이 열람할 수 있도록 하여야 한다.

02 광역도시계획   정답 ①

② 광역계획권이 둘 이상의 특별시·광역시·특별자치시 또는 특별자치도('시·도')의 관할 구역에 걸쳐 있는 경우에는 국토교통부장관이 지정하며, 광역계획권이 같은 도의 관할 구역에 속하여 있는 경우에는 도지사가 지정한다.
③ 시장 또는 군수는 광역도시계획을 수립하려면 도지사의 승인을 받아야 한다.
④ 국토교통부장관은 시·도지사가 요청하는 경우에는 시·도지사와 공동으로 광역도시계획을 수립할 수 있다.
⑤ 국토교통부장관이 조정의 신청을 받아 광역도시계획의 내용을 조정하는 경우 중앙도시계획위원회의 심의를 거쳐야 한다.

03 광역도시계획   정답 ②

① 광역도시계획의 수립을 위한 공청회는 광역계획권 단위로 개최하되, 필요한 경우에는 광역계획권을 여러 개의 지역으로 구분하여 개최할 수 있다.
③ 국가계획과 관련된 광역도시계획의 수립이 필요한 경우 광역도시계획의 수립권자는 국토교통부장관이다.
④ 광역계획권이 둘 이상의 시·도(특별시·광역시·특별자치시·도 또는 특별자치도)의 관할 구역에 걸쳐 있는 경우에는 국토교통부장관이 광역계획권을 지정할 수 있다.
⑤ 국토교통부장관이 직접 광역도시계획을 수립 또는 변경하거나 승인하였을 때에는 관계 중앙행정기관의 장과 시·도지사에게 관계 서류를 송부하여야 하며, 관계 서류를 받은 시·도지사가 대통령령으로 정하는 바에 따라 그 내용을 공고하고 일반이 열람할 수 있도록 하여야 한다.

04 광역도시계획   정답 ③

광역계획권을 지정한 날부터 3년이 지날 때까지 관할 시장 또는 군수로부터 광역도시계획의 승인 신청이 없는 경우 관할 도지사가 광역도시계획을 수립하여야 한다.

05 광역도시계획   정답 ④

① 도지사는 시장 또는 군수가 요청하는 경우와 그 밖에 필요하다고 인정하는 경우에는 관할 시장 또는 군수와 공동으로 광역도시계획을 수립할 수 있으며, 시장 또는 군수가 협의를 거쳐 요청하는 경우에는 단독으로 광역도시계획을 수립할 수 있다.
② 광역도시계획을 공동으로 수립하는 시장 또는 군수는 그 내용에 관하여 서로 협의가 되지 아니하면 공동이나 단독으로 도지사에게 조정을 신청할 수 있다.

③ 광역계획권을 지정한 날부터 3년이 지날 때까지 관할 시·도지사로부터 광역도시계획의 승인 신청이 없는 경우에는 국토교통부장관이 수립하여야 한다.
⑤ 국토교통부장관은 단독으로 조정신청을 받은 경우에만 기한을 정하여 당사자 간에 다시 협의할 것을 권고할 수 있다.

CHAPTER 03 도시·군계획

| 01 | ④ | 02 | ④ | 03 | ③ | 04 | ① | 05 | ① |
| 06 | ② | 07 | ③ | 08 | ④ | 09 | ④ | 10 | ② |

01 도시·군기본계획   정답 ④

- 「수도권정비계획법」에 의한 수도권에 속하지 아니하고 광역시와 경계를 같이 하지 아니한 시 또는 군으로서 인구 (㉠ 10)만명 이하인 시 또는 군은 도시·군기본계획을 수립하지 아니할 수 있다.
- 특별시장·광역시장·특별자치시장·특별자치도지사·시장 또는 군수는 (㉡ 5)년마다 관할 구역의 도시·군기본계획에 대하여 그 타당성을 전반적으로 재검토하여 정비하여야 한다.

02 도시·군기본계획   정답 ④

① 이해관계자를 포함한 주민은 지구단위계획구역의 지정 및 변경에 관한 사항에 대하여 도시·군관리계획의 입안을 제안할 수 있다.
② 특별시장·광역시장·특별자치시장·특별자치도지사·시장 또는 군수는 5년마다 관할 구역의 도시·군기본계획에 대하여 그 타당성을 전반적으로 재검토하여 정비하여야 한다.
③ 특별시장·광역시장이 수립한 도시·군기본계획은 승인받지 않고 특별시장·광역시장이 직접 확정하고, 시장·군수가 수립한 도시·군기본계획의 승인은 도지사가 한다.
⑤ 광역도시계획이 수립되어 있는 지역에 대하여 수립하는 도시·군기본계획의 내용이 광역도시계획의 내용과 다를 때에는 광역도시계획의 내용이 우선한다.

03 도시·군기본계획   정답 ③

① 시장 또는 군수는 도시·군기본계획을 수립하거나 변경하려면 미리 그 시 또는 군 의회의 의견을 들어야 한다.
② 도시·군기본계획을 수립하거나 변경하는 경우에도 공청회를 개최하여야 한다.
④ 시장 또는 군수는 도시·군기본계획을 수립하거나 변경하려면 대통령령으로 정하는 바에 따라 도지사의 승인을 받아야 한다. 또한 도지사는 도시·군기본계획을 승인하려면 관계 행정기관의 장과 협의한 후 지방도시계획위원회의 심의를 거쳐야 한다.
⑤ 도시·군기본계획 입안일부터 5년 이내에 토지적성평가를 실시한 경우에는 토지적성평가를 하지 아니할 수 있다.

04 도시·군기본계획   정답 ①

② 특별시장·광역시장·특별자치시장·특별자치도지사·시장 또는 군수는 생활권역별 개발·정비 및 보전 등에 필요한 경우 대통령령으로 정하는 바에 따라 생활권계획을 따로 수립할 수 있다.
③ 특별시장·광역시장·특별자치시장·특별자치도지사·시장 또는 군수가 관할 구역에 대하여 도시·군기본계획을 수립하여야 하며, 국토교통부장관은 도시·군기본계획의 수립권자가 될 수 없다.
④ 도시·군기본계획의 수립기간(10년 단위)에 대해서는 법률에 명시적 규정을 두고 있지 않다.
⑤ 도시·군기본계획은 인접한 시 또는 군의 관할 구역을 포함하여 계획을 수립할 수 있다.

05 도시·군관리계획   정답 ①

도시·군관리계획의 입안을 제안하려는 자가 토지소유자의 동의를 받아야 하는 경우 국·공유지는 동의대상 토지면적에서 제외된다.

06 도시·군관리계획   정답 ②

㉠㉡ 개발제한구역 안에 기반시설을 설치하는 경우(㉠)와 「도시개발법」에 따른 도시개발사업의 경우(㉡)는 토지적성평가만 실시하지 아니할 수 있는 요건이므로, 환경성 검토는 실시하여야 한다.
㉣ 해당 지구단위계획구역의 지정 목적이 해당 구역을 정비하고자 하는 경우로서 지구단위계획의 내용에 너비 12m 이상 도로의 설치계획이 없는 경우에 환경성 검토를 실시하지 않아도 된다.

07 도시·군관리계획　　　　　　　　　　정답 ③

도시·군관리계획 결정은 지형도면을 고시한 날부터 그 효력이 발생한다.

08 도시·군관리계획　　　　　　　　　　정답 ④

① 공원·녹지·유원지 등의 공간시설의 설치에 관한 계획은 도시·군관리계획에 속한다.
② 도시지역의 축소에 따른 용도지역의 변경을 내용으로 하는 도시·군관리계획을 입안하는 경우에는 주민의 의견청취를 생략할 수 있다.
③ 주민은 기반시설의 설치에 관한 사항에 대하여 도시·군관리계획의 입안권자에게 그 입안을 제안할 수 있다.
⑤ 도시혁신구역의 지정 또는 변경에 관한 계획과 도시혁신계획은 도시·군관리계획으로 결정한다.

09 도시·군관리계획　　　　　　　　　　정답 ④

도지사가 지구단위계획을 결정하는 때에는 도에 두는 건축위원회와 도시계획위원회가 공동으로 하는 심의를 거쳐야 한다.

10 도시·군관리계획　　　　　　　　　　정답 ②

① 도시·군관리계획의 입안을 제안받은 자는 도시·군관리계획의 입안 및 결정에 필요한 비용의 전부 또는 일부를 제안자와 협의하여 제안자에게 부담시킬 수 있다.
③ 도시·군관리계획을 조속히 입안할 필요가 있다고 인정되면 도시·군기본계획을 수립할 때에 도시·군관리계획을 함께 입안할 수 있다.
④ 지구단위계획구역의 지정 및 변경과 지구단위계획의 수립 및 변경에 관한 사항에 대하여 입안을 제안하려는 자는 국·공유지를 제외한 대상토지 면적의 3분의 2 이상의 동의를 받아야 한다.
⑤ 시가화조정구역의 지정에 관한 도시·군관리계획 결정 당시 승인받은 사업이나 공사에 이미 착수한 자는 결정의 고시일로부터 3월 이내에 신고하고 그 사업이나 공사를 계속할 수 있다.

CHAPTER 04 용도지역·용도지구·용도구역

01	①	02	②	03	⑤	04	⑤	05	②
06	①	07	②	08	③	09	⑤	10	③
11	②	12	①	13	②	14	①	15	⑤
16	①	17	④	18	⑤	19	③		

01 용도지역의 지정   정답 ①

매립구역이 둘 이상의 용도지역과 이웃하고 있는 경우 그 매립구역이 속할 용도지역은 도시·군관리계획 결정으로 지정하여야 한다.

02 용도지역의 지정   정답 ②

ⓒ 취락지구로서 「도시개발법」에 따라 도시개발구역으로 지정·고시된 지역은 해당 사항이 없다.
ⓔ 「어촌·어항법」에 따른 어항구역으로서 도시지역에 연접한 공유수면으로 지정·고시된 지역이 도시지역으로 결정·고시된 것으로 볼 수 있다.
ⓜ 「항만법」에 따른 항만구역으로서 도시지역에 연접한 공유수면으로 지정·고시된 지역이 도시지역으로 결정·고시된 것으로 볼 수 있다.

03 용도지역에서의 건축제한   정답 ⑤

준공업지역에 아파트를 건축할 수 있다.

이론+ 아파트를 건축할 수 있는 용도지역

> 아파트는 제1종 전용주거지역, 제1종 일반주거지역, 유통상업지역, 전용공업지역, 일반공업지역, 녹지지역, 관리지역, 농림지역, 자연환경보전지역을 제외한 용도지역에 건축할 수 있다.

04 건폐율의 최대한도   정답 ⑤

㉠ 주거지역: 70%
㉡ 유통상업지역: 80%
㉢ 중심상업지역: 90%
㉣ 생산관리지역: 20%

05 건폐율의 최대한도 정답 ②

계획관리지역(40%) – 제3종 일반주거지역(50%) – 근린상업지역(70%)

06 건폐율의 최대한도 정답 ①

① 자연녹지지역에 지정된 개발진흥지구: 30% 이하
② 도시지역 외의 지역에 지정된 개발진흥지구: 40% 이하
③ 자연환경보전지역에 있는 「자연공원법」에 따른 자연공원: 60% 이하
④ 계획관리지역에 있는 「산업입지 및 개발에 관한 법률」에 따른 농공단지: 70% 이하
⑤ 수산자원보호구역: 40% 이하

07 용적률의 최대한도 정답 ②

㉠ 유통상업지역: 1,100% 이하
㉡ 일반공업지역: 350% 이하
㉢ 준주거지역: 500% 이하
㉣ 자연녹지지역: 100% 이하
㉤ 제2종 일반주거지역: 250% 이하

08 용적률의 최대한도 정답 ③

① 제2종 전용주거지역: 150% 이하
② 준주거지역: 500% 이하
③ 일반상업지역: 1,300% 이하
④ 보전녹지지역: 80% 이하
⑤ 계획관리지역: 100% 이하

09 건폐율·용적률의 최대한도 정답 ⑤

- 상업지역: 건폐율 (㉠ 90%) 이하, 용적률 (㉡ 1,500%) 이하
- 계획관리지역: 건폐율 (㉢ 40%) 이하, 용적률 (㉣ 100%) 이하
- 자연환경보전지역: 건폐율 (㉤ 20%) 이하, 용적률 (㉥ 80%) 이하

10 용도지역 정답 ③

① 농림지역에 「택지개발촉진법」에 따른 택지개발지구로 지정·고시되었다가 택지개발사업의 완료로 택지개발지구의 지정이 해제되더라도 그 지역은 농림지역으로 환원된 것으로 보지 않는다.

② 관리지역이 세부 용도지역으로 지정되지 아니한 경우, 건폐율에 대하여는 보전관리지역에 관한 규정을 적용한다.
④ 주거지역에서 공공임대주택 또는 임대의무기간이 8년 이상인 민간임대주택을 건설하는 경우에는 주거지역 용적률의 120% 이내의 범위에서 도시·군계획조례로 정하는 비율로 완화하여 적용한다.
⑤ 용도지역은 다른 용도지역과 중복하여 지정할 수 없다.

11 용도지구에서의 건축제한   정답 ②

① 개발제한구역 안에서만 지정할 수 있는 용도지구는 집단취락지구이다.
③ 공업기능 및 유통·물류기능을 중심으로 개발·정비할 필요가 있는 용도지구는 산업·유통개발진흥지구이다.
④ 자연취락지구 안에서 건축할 수 있는 건축물은 단독주택, 제1종 근린생활시설, 제2종 근린생활시설[건축법 시행령 별표 1 제4호의 아목, 자목, 너목, 더목 및 러목(안마시술소만 해당)은 제외], 운동시설, 창고(농업·임업·축산업·수산업용만 해당), 동물 및 식물 관련 시설, 교정시설, 국방·군사시설, 방송통신시설, 발전시설이다. 의료시설 중 종합병원·병원·치과병원·한방병원 및 요양병원(정신병원은 제외) 등은 도시·군계획조례가 정하는 바에 의하여 건축할 수 있는 건축물에 해당한다. 장례시설은 불가능하기 때문에 동물 전용의 장례식장은 건축할 수 없다.
⑤ 주거기능, 공업기능, 유통·물류기능 및 관광·휴양기능 외의 기능을 중심으로 특정한 목적을 위하여 개발·정비할 필요가 있는 지구는 특정개발진흥지구이다.

12 용도지구에서의 건축제한   정답 ①

② 자연취락지구 안에서는 4층 이하의 방송통신시설을 건축할 수 있다.
③ 지구단위계획 또는 관계 법률에 따른 개발계획을 수립하지 아니하는 개발진흥지구에서는 개발진흥지구의 지정 목적범위에서 해당 용도지역에서 허용되는 건축물을 건축할 수 있다.
④ 일반주거지역에 지정된 복합용도지구 안에서는 제2종 근린생활시설 중 안마시술소, 문화 및 집회시설 중 관람장, 공장, 위험물 저장 및 처리시설, 동물 및 식물 관련 시설을 건축할 수 없으며, 장례시설도 또한 같다.
⑤ 고도지구 안에서는 도시·군관리계획으로 정하는 높이를 초과하는 건축물을 건축할 수 없다.

13 용도지구   정답 ②

① 주거기능, 공업기능, 유통·물류기능 및 관광·휴양기능 외의 기능을 중심으로 특정한 목적을 위하여 개발·정비할 필요가 있는 지구는 특정개발진흥지구에 해당한다.

③ 경관지구 안에서는 그 지구의 경관의 보전·관리·형성에 장애가 된다고 인정하여 도시·군계획조례로 정하는 건축물을 건축할 수 없다.
④ 생산녹지지역에는 자연취락지구를 지정할 수 있다.
⑤ 집단취락지구 안에서의 건축제한에 관하여는 개발제한구역의 지정 및 관리에 관한 특별조치법령이 정하는 바에 의한다.

14 용도지역·용도구역 정답 ①

시가화조정구역에서의 도시·군계획사업은 국방상 또는 공익상 시가화조정구역 안에서의 사업시행이 불가피한 것으로서 관계 중앙행정기관의 장의 요청에 의하여 국토교통부장관이 시가화조정구역의 지정 목적 달성에 지장이 없다고 인정하는 도시·군계획사업만 시행할 수 있다.

15 용도지역·용도지구·용도구역 정답 ⑤

① 방재지구의 지정을 도시·군관리계획으로 결정하는 경우 도시·군관리계획의 내용에는 해당 방재지구의 재해저감대책을 포함하여야 한다.
② 용도지역과 용도지구는 중첩하여 지정될 수 있으며, 녹지지역과 관리지역은 중첩하여 지정될 수 없다.
③ 시·도지사 또는 대도시 시장은 지역여건상 필요하면 대통령령으로 정하는 기준에 따라 그 시·도 또는 대도시의 조례로 용도지구의 명칭 및 지정 목적, 건축이나 그 밖의 행위의 금지 및 제한에 관한 사항 등을 정하여 법률에서 정한 용도지구 외의 용도지구의 지정 또는 변경을 도시·군관리계획으로 결정할 수 있다.
④ 관리지역이 세부 용도지역으로 지정되지 아니한 경우에 용적률과 건폐율은 보전관리지역에 관한 규정을 적용한다.

16 용도지역·용도지구·용도구역 정답 ①

「택지개발촉진법」에 따른 택지개발지구로 지정·고시된 지역은 「국토의 계획 및 이용에 관한 법률」에 따른 도시지역으로 결정·고시된 것으로 본다.

이론➕ 도시지역의 결정

> 다음의 어느 하나의 구역등으로 지정·고시된 지역은 「국토의 계획 및 이용에 관한 법률」에 따른 도시지역으로 결정·고시된 것으로 본다.
> 1. 「항만법」에 따른 항만구역으로서 도시지역에 연접한 공유수면
> 2. 「어촌·어항법」에 따른 어항구역으로서 도시지역에 연접한 공유수면
> 3. 「산업입지 및 개발에 관한 법률」에 따른 국가산업단지, 일반산업단지 및 도시첨단산업단지(농공단지는 제외)
> 4. 「택지개발촉진법」에 따른 택지개발지구
> 5. 「전원개발촉진법」에 따른 전원개발사업구역 및 예정구역(수력발전소 또는 송·변전설비만을 설치하기 위한 전원개발사업구역 및 예정구역은 제외)

17 하나의 대지가 둘 이상에 걸치는 경우   정답 ④

하나의 대지가 녹지지역과 그 밖의 용도지역·용도지구 또는 용도구역에 걸쳐 있는 경우(규모가 가장 작은 부분이 녹지지역으로서 해당 녹지지역이 330m² 이하인 경우는 제외)에는 각각의 용도지역·용도지구 또는 용도구역의 건축물 및 토지에 관한 규정을 적용한다.

18 하나의 대지가 둘 이상에 걸치는 경우   정답 ⑤

甲이 소유하고 있는 2,000m²의 대지 중 제1종 일반주거지역이 1,700m², 제2종 일반주거지역이 300m²로 제2종 일반주거지역이 330m² 이하이기 때문에 전체 대지의 용적률은 가중평균한 값을 적용한다. 즉, [(1,700 × 120%) + (300 × 200%)] / 2,000 = 132%이다. 따라서 2,000m² 대지에 적용받을 용적률은 132%이므로 최대 연면적은 2,640m²가 된다.

19 용도구역   정답 ③

① 시·도지사 또는 대도시 시장은 도시자연공원구역의 지정 또는 변경을 도시·군관리계획으로 결정할 수 있다.
② 도시혁신계획은 창의적이고 혁신적인 도시공간의 개발을 목적으로 도시혁신구역에서의 토지의 이용 및 건축물의 용도·건폐율·용적률·높이 등의 제한에 관한 사항을 따로 정하기 위하여 공간재구조화계획으로 결정하는 도시·군관리계획을 말한다.
④ 시가화조정구역에서 시가화유보기간은 5년 이상 20년 이내의 범위 안에서 도시·군관리계획에 의해 정해진다.
⑤ 도시의 무질서한 확산을 방지하고 도시민의 건전한 생활환경의 확보를 위하여 개발제한구역을 지정한다.

CHAPTER 05 도시·군계획시설사업의 시행

01	02	03	04	05
⑤	①	③	②	⑤
06	07	08	09	10
③	⑤	②	⑤	④
11	12	13		
④	⑤	③		

01 공동구   정답 ⑤

① 공동구가 설치된 경우 공동구에 가스관 및 하수도관을 수용하기 위하여 공동구협의회의 심의를 거쳐야 하지만, 열수송관은 심의를 거치지 않는다.

② 공동구관리자가 공동구의 안전 및 유지관리계획을 변경하려면 미리 관계 행정기관의 장과 협의한 후 공동구협의회의 심의를 거쳐야 한다.
③ 공동구관리자는 1년에 1회 이상 공동구의 안전점검을 실시하여야 하며, 안전점검 결과 이상이 있다고 인정되는 때에는 지체 없이 정밀안전진단 등 필요한 조치를 하여야 한다.
④ 공동구 점용예정자는 공동구에 수용될 시설을 공동구에 수용함으로써 용도가 폐지된 종래의 시설은 사업시행자가 지정하는 기간 내에 철거하여야 하고, 도로는 원상으로 회복하여야 한다.

02 광역계획권과 광역시설 정답 ①

② 국토교통부장관은 인접한 둘 이상의 특별시·광역시·특별자치시의 관할 구역 전부 또는 일부를 광역계획권으로 지정할 수 있다.
③ 국가계획으로 설치하는 광역시설은 그 광역시설의 설치·관리를 사업목적 또는 사업종목으로 하여 다른 법률에 따라 설립된 법인이 설치·관리할 수 있다.
④ 광역시설의 설치 및 관리는 도시·군계획시설의 설치·관리에 관한 규정에 따른다.
⑤ 장사시설, 도축장은 광역시설이 될 수 있다.

03 매수청구 정답 ③

① 매수청구를 한 토지의 소유자는 매수의무자가 매수하지 아니하기로 결정한 경우에는 개발행위허가를 받아서 공작물을 설치할 수 있다.
② 지방자치단체인 매수의무자는 토지소유자가 원하는 경우 도시·군계획시설 채권을 발행하여 토지매수대금을 지급할 수 있다.
④ 매수의무자는 매수청구를 받은 날부터 6개월 이내에 매수 여부를 결정하여 토지소유자와 특별시장·광역시장·특별자치시장·특별자치도지사·시장 또는 군수(매수의무자가 특별시장·광역시장·특별자치시장·특별자치도지사·시장 또는 군수인 경우는 제외)에게 알려야 하며, 매수하기로 결정한 토지는 매수결정을 알린 날부터 2년 이내에 매수하여야 한다.
⑤ 해당 도시·군계획시설사업의 시행자가 정하여진 경우에는 그 시행자에게 토지의 매수를 청구할 수 있다.

04 매수청구 정답 ②

매수청구된 토지의 매수가격·매수절차 등에 관하여 이 법에 특별한 규정이 있는 경우 외에는 「공익사업을 위한 토지 등의 취득 및 보상에 관한 법률」을 준용한다.

05 매수청구 정답 ⑤

㉠ 매수의무자는 매수청구를 받은 날부터 6개월 이내에 매수 여부를 결정하여 甲과 A광역시장에게 알려야 한다.
㉤ 甲이 원하는 경우일지라도 매수의무자가 지방자치단체인 경우에만 도시·군계획시설채권을 발행할 수 있으며, 지문과 같이 매수의무자가 한국토지주택공사인 경우에는 도시·군계획시설채권을 발행할 수 없다.

06 도시·군계획시설 정답 ③

도지사가 시행한 도시·군계획시설사업으로 그 도에 속하지 않는 군이 현저히 이익을 받는 경우, 해당 도지사와 군수 간의 비용부담에 관한 협의가 성립되지 아니하는 때에는 행정안전부장관이 결정하는 바에 따른다.

07 도시·군계획시설 정답 ⑤

㉠ 공동구가 설치된 경우 하수도관, 가스관은 공동구협의회의 심의를 거쳐 공동구에 수용할 수 있다.
㉡ 도시·군계획시설 부지로 되어 있는 토지의 소유자는 도시·군계획시설 결정의 실효 시까지 집행계획이 없는 경우에는 그 토지의 도시·군계획시설 결정 해제를 위한 도시·군관리계획 입안을 신청할 수 있다.
㉢ 도시지역에서 장사시설·종합의료시설·폐차장 등의 기반시설을 설치하고자 하는 경우에는 도시·군관리계획으로 결정하지 않고 설치할 수 있다.

08 도시·군계획시설 정답 ②

㉡ 도시·군계획시설사업의 시행자가 행정청인 경우, 시행자의 처분에 대해서는 행정심판을 제기할 수 있다.
㉣ 도시·군계획시설 부지의 매수의무자는 매수하기로 결정한 토지를 매수 결정을 알린 날부터 2년 이내에 매수하여야 한다.
㉤ 공동구관리자는 5년마다 해당 공동구의 안전 및 유지관리계획을 수립·시행하여야 한다.
㉥ 도시·군계획시설 부지의 매수의무자가 지방자치단체인 경우에만 도시·군계획시설채권을 발행하여 그 대금을 지급할 수 있다.

09 도시·군계획시설 정답 ⑤

장기미집행 도시·군계획시설 결정의 해제를 신청받은 도지사는 특별한 사유가 없으면 신청을 받은 날부터 1년 이내에 해당 도시·군계획시설의 해제를 위한 도시·군관리계획 결정을 하여야 한다.

10 도시·군계획시설 정답 ④

ⓒ 도시·군계획시설부지에 대한 매수청구에서 지방자치단체인 매수의무자는 비업무용 토지로서 매수대금이 3천만원을 초과하여 그 초과하는 금액을 지급하는 경우에 도시·군계획시설채권을 발행할 수 있다.
ⓔ 용도지역·용도지구 안에서의 도시·군계획시설에 대하여는 용도지역·용도지구 안에서의 건축제한에 관한 규정을 적용하지 아니한다.
ⓜ 공동구의 설치에 필요한 비용은 이 법 또는 다른 법률에 특별한 규정이 있는 경우를 제외하고는 공동구 점용예정자와 사업시행자가 부담한다.
ⓗ 도시·군계획시설 부지에서의 매수청구의 대상은 토지에 있는 건축물과 정착물을 포함한다.

11 도시·군계획시설사업 정답 ④

① 공공시행자가 아닌 민간시행자가 도시·군계획시설사업의 시행자로 지정을 받으려면 토지(국·공유지는 제외)면적의 3분의 2 이상에 해당하는 토지를 소유하고, 토지소유자 총수의 2분의 1 이상에 해당하는 자의 동의를 얻어야 한다.
② 도시·군관리계획 결정을 고시한 경우 사업에 필요한 국·공유지는 그 도시·군관리계획으로 정해진 목적 외의 목적으로 양도할 수 없다.
③ 같은 도의 관할 구역에 속하는 둘 이상의 시·군에 걸쳐 시행되는 사업의 시행자를 정함에 있어 관계 시장·군수 간 협의가 성립되지 않는 경우에는 관할 도지사가 시행자를 지정한다.
⑤ 시행자는 도시·군계획시설사업을 효율적으로 추진하기 위하여 필요하다고 인정되면 사업시행 대상지역을 둘 이상으로 분할하여 시행할 수 있다.

12 도시·군계획시설사업 정답 ⑤

① 도시·군계획시설 결정의 고시일로부터 20년이 지날 때까지 그 시설의 설치에 관한 도시·군계획시설사업이 시행되지 아니하는 경우, 그 도시·군계획시설 결정은 그 고시일로부터 20년이 되는 날의 다음 날에 효력을 잃는다.
② 국가 또는 지방자치단체가 시행하는 경우에는 이행보증금을 예치하지 아니한다.
③ 광역시장이 단계별 집행계획을 수립하고자 하는 때에는 미리 관계 행정기관의 장과 협의하여야 하며, 해당 지방의회의 의견을 들어야 한다.
④ 도시·군계획시설사업의 시행자는 도시·군계획시설사업에 필요한 토지나 건축물을 수용할 수 있다.

13 도시·군계획시설사업 정답 ③

㉠ 도시·군계획시설사업이 같은 도의 관할 구역에 속하는 둘 이상의 시 또는 군에 걸쳐 시행되는 경우에는 관계 시장·군수가 서로 협의하여 시행자를 정하며, 협의가 성립되지 아니한 경우 관할 도지사가 시행자를 정한다.
㉡ 사업구역경계의 변경이 없는 범위 안에서 행하는 건축물의 연면적 10% 미만을 변경하는 경우에는 실시계획 변경인가를 받을 필요가 없다.
㉢ 한국토지주택공사는 도시·군계획시설사업 대상 토지소유자 동의 요건을 갖추지 않아도 도시·군계획시설사업의 시행자로 지정을 받을 수 있다.

CHAPTER 06 지구단위계획

01	①	02	③	03	⑤	04	①	05	⑤
06	①	07	④						

01 지구단위계획 정답 ①

시·도지사는 「도시개발법」에 따라 지정된 도시개발구역의 전부 또는 일부에 대하여 지구단위계획구역을 지정할 수 있다.

02 지구단위계획 정답 ③

지구단위계획구역의 지정 목적을 이루기 위하여 지구단위계획에는 '건축물의 건폐율 또는 용적률, 건축물 높이의 최고한도 또는 최저한도, 건축물의 용도제한, 대통령령으로 정하는 기반시설의 배치와 규모' 사항이 반드시 포함되어야 하며, '보행안전 등을 고려한 교통처리계획'은 반드시 포함되어야 하는 사항에 해당되지 않는다.

03 지구단위계획구역에서 완화규정 정답 ⑤

완화할 수 있는 건폐율 = 해당 용도지역에 적용되는 건폐율 × (1 + 공공시설 등의 부지로 제공하는 면적 ÷ 원래의 대지면적)으로 산정한다.

∴ 완화적용 건폐율 최대한도 = $80\% \times \left(1 + \dfrac{100m^2}{500m^2}\right) = 96\%$

04 지구단위계획 정답 ①

② 도시지역 외의 지역도 지구단위계획구역으로 지정될 수 있다.
③ 「주택법」에 따라 대지조성사업지구로 지정된 지역의 전부 또는 일부에 대하여 지구단위계획구역을 지정할 수 있다.
④ 지구단위계획으로 차량진입금지구간을 지정한 경우 「주차장법」에 따른 주차장 설치기준을 최대 100%까지 완화하여 적용할 수 있다.
⑤ 정비구역과 택지개발지구에서 시행되는 사업이 끝난 후 10년이 지난 지역은 지구단위계획구역으로 지정하여야 하지만, 도시개발구역은 해당하지 않는다.

05 지구단위계획구역에서 완화규정 정답 ⑤

① 도시지역에서는 당해 용도지역에 적용되는 건축물 높이의 120% 이내에서 높이제한을 완화하여 적용할 수 있지만, 도시지역 외 지구단위계획구역에서는 건축물 높이제한에 관한 완화적용 기준이 없다.
② 계획관리지역 외의 지역에 지정된 개발진흥지구 내의 지구단위계획구역에서는 건축물의 용도·종류 및 규모 등을 완화하여 적용할 경우 아파트 및 연립주택은 허용되지 아니한다.
③ 당해 용도지역 또는 개발진흥지구에 적용되는 건폐율의 최대 150% 이내에서 건폐율을 완화하여 적용할 수 있다.
④ 당해 용도지역 또는 개발진흥지구에 적용되는 용적률의 최대 200% 이내에서 용적률을 완화하여 적용할 수 있다.

06 지구단위계획구역과 지구단위계획 정답 ①

시장 또는 군수가 입안한 지구단위계획구역의 지정·변경에 관한 도시·군관리계획은 시장 또는 군수가 직접 결정한다.

07 지구단위계획구역 정답 ④

ⓒ 지구단위계획구역의 지정권자는 국토교통부장관, 시·도지사, 시장 또는 군수이며, 지정에 관한 도시·군관리계획 결정의 고시일부터 3년 이내에 지구단위계획이 결정·고시되어야 한다.
ⓓ 지구단위계획구역과 지구단위계획의 결정은 도시·군관리계획으로 하여야 한다.

CHAPTER 07 개발행위의 허가 등

01	②	02	②	03	⑤	04	⑤	05	④
06	④	07	⑤	08	③	09	⑤	10	④
11	②	12	①	13	②	14	④	15	③
16	①	17	②	18	②	19	①	20	⑤

01 개발행위허가   정답 ②

① 농림지역에 물건을 1개월 이상 쌓아놓는 행위는 개발행위허가의 대상이 아니다.
③ 일정 기간 동안 개발행위허가를 제한할 수 있는 대상지역에 지구단위계획구역은 포함된다.
④ 기반시설부담구역으로 지정된 지역에 대해서는 중앙도시계획위원회나 지방도시계획위원회의 심의를 거치지 아니하고 개발행위허가의 제한을 연장할 수 있다.
⑤ 개발행위허가의 제한을 연장하는 경우 그 연장 기간은 2년을 넘을 수 없다.

02 성장관리계획   정답 ②

특별시장·광역시장·특별자치시장·특별자치도지사·시장 또는 군수는 녹지지역, 관리지역, 농림지역 및 자연환경보전지역 중 '개발수요가 많아 무질서한 개발이 진행되고 있거나 진행될 것으로 예상되는 지역(ㄹ), 주변의 토지이용이나 교통여건 변화 등으로 향후 시가화가 예상되는 지역(ㄱㄴ), 주변지역과 연계하여 체계적인 관리가 필요한 지역'의 전부 또는 일부에 대하여 성장관리계획구역을 지정할 수 있다.

03 성장관리계획   정답 ⑤

① 계획관리지역에서 경관계획을 포함하는 성장관리계획을 수립한 경우에는 50% 이하의 범위에서 조례로 건폐율을 정할 수 있다.
② 성장관리계획구역 지정은 법 제2조 제4호의 도시·군관리계획에 포함되는 내용이 아니므로 도시·군관리계획의 결정사항이 아니다.
③ 기반시설의 배치와 규모에 관한 사항은 성장관리계획에 포함되어야 한다.
④ 성장관리계획구역 내 생산녹지지역에서는 30% 이하의 범위에서 성장관리계획으로 정하는 바에 따라 조례로 정하는 비율까지 건폐율을 완화하여 적용할 수 있다.

04 개발행위허가 정답 ⑤

「도시개발법」에 따른 도시개발사업에 의해 건축물을 건축하는 경우에는 허가를 필요로 하지 않는다.

05 개발행위허가 정답 ④

① 국토교통부장관은 개발행위로 인하여 주변의 환경이 크게 오염될 우려가 있는 지역에서 개발행위허가를 제한하고자 하는 경우 중앙도시계획위원회의 심의를 거쳐야 한다.
② 건축물 건축에 대해 개발행위허가를 받은 자가 건축을 완료하고 그 건축물에 대해 「건축법」상 사용승인을 받은 경우에는 따로 준공검사를 받지 않아도 된다.
③ 토지 분할을 위한 개발행위허가를 받은 자는 그 개발행위를 마치면 특별시장·광역시장·특별자치도지사·특별자치시장·시장 또는 군수의 준공검사를 받지 않아도 된다.
⑤ 개발행위허가는 허가를 받은 사항을 변경하는 경우에도 변경허가를 받아야 하지만, 개발행위허가를 받은 사업면적을 5% 범위 안에서 축소하는 경우에는 변경허가를 받지 않아도 된다. 다만, 사업면적을 확대하는 경우에는 개발행위허가를 받아야 한다.

06 개발행위허가의 기준 정답 ④

특별시장·광역시장·특별자치시장·특별자치도지사·시장 또는 군수는 개발행위허가의 신청 내용이 허가기준에 맞는 경우에만 개발행위허가를 하여야 한다. 보기의 내용 중 ㉠㉡㉣㉤㉥ 5개가 허가기준에 해당하며, ㉢의 자금에 관한 내용은 개발행위의 허가기준에 해당되지 않는다.

07 개발행위허가 정답 ⑤

㉠과 ㉡은 연장이 허용되지 않고, 최장 3년 이내의 기간 동안 개발행위허가를 제한할 수 있는 지역에 해당한다.

08 개발행위에 따른 공공시설등의 귀속 정답 ③

① 공공시설의 관리청이 불분명한 경우 도로 등에 대하여는 국토교통부장관을, 하천에 대하여는 환경부장관을 관리청으로 보고, 그 외의 재산에 대하여는 기획재정부장관을 관리청으로 본다.
② 개발행위허가를 받은 자가 행정청이 아닌 경우 개발행위허가를 받은 자는 관리청에 귀속되거나 그에게 양도될 공공시설에 관하여 개발행위가 끝나기 전에 그 시설의 관리청에 그 종류와 토지의 세목을 통지하여야 하고, 준공검사를 한 특별시장·광역시장·특별자치시장·특별자치도지사·시장 또는 군수는 그 내용을 해당 시설의 관리청에 통보하여야 한다. 이 경우 공공시설은 준공검사를 받음으로써 그 시설을 관리할 관리청과 개발행위허가를 받은 자에게 각각 귀속되거나 양도된 것으로 본다.
④ 개발행위허가를 받은 자가 행정청인 경우 개발행위허가를 받은 자는 그에게 귀속된 공공시설의 처분으로 인한 수익금을 도시·군계획사업 외의 목적에 사용하여서는 아니 된다.
⑤ 개발행위허가를 받은 자가 행정청이 아닌 경우 개발행위로 용도가 폐지되는 공공시설은 새로이 설치한 공공시설의 설치비용에 상당하는 범위에서 개발행위허가를 받은 자에게 무상으로 이를 양도할 수 있다. 개발행위허가를 받은 자가 행정청인 경우 개발행위로 용도가 폐지되는 공공시설은 개발행위허가를 받은 자에게 무상으로 귀속된다.

09 개발행위허가 정답 ⑤

자연녹지지역에서는 도시계획위원회의 심의를 통하여 개발행위허가의 기준을 강화 또는 완화하여 적용할 수 있다.

10 개발밀도관리구역 정답 ④

① 도시·군계획시설사업의 시행자인 시장 또는 군수는 개발밀도관리구역에 관한 기초조사를 하기 위해 필요하면 타인의 토지에 출입할 수 있다.
② 개발밀도관리구역의 지정기준, 개발밀도관리구역의 관리 등에 관하여 필요한 사항은 대통령령으로 정하는 바에 따라 국토교통부장관이 정한다.
③ 개발밀도관리구역에서는 해당 용도지역에 적용되는 용적률의 최대한도의 50% 범위에서 용적률을 강화하여 적용한다.
⑤ 기반시설을 설치하거나 그에 필요한 용지를 확보하게 하기 위하여 개발밀도관리구역 외의 지역에 기반시설부담구역을 지정할 수 있다.

11 기반시설부담구역 정답 ②

기반시설부담구역에 설치가 필요한 기반시설에는 도로(⑤)·공원·녹지(③)·학교·수도(④)·하수도·폐기물처리 및 재활용시설(①) 등이 있으며, 학교 중 「고등교육법」에 따른 대학은 기반시설부담구역에 설치가 필요한 기반시설에서 제외된다.

12 기반시설부담구역 정답 ①

② 기반시설의 설치가 필요하다고 인정하는 지역으로서 해당 지역의 전년도 개발행위 허가 건수가 전전년도 개발행위허가 건수보다 20% 이상 증가한 지역 ⇨ 전전년도 개발행위허가 건수가 100건이었으나, 전년도 개발행위허가 건수가 120건 이상으로 증가한 지역이면 지정대상이 된다.
③ 기반시설의 설치가 필요하다고 인정하는 지역으로서 해당 지역의 전년도 인구증가율이 그 지역이 속하는 특별시·광역시·특별자치시·특별자치도·시 또는 군(광역시의 관할 구역에 있는 군은 제외)의 전년도 인구증가율보다 20% 이상 높은 지역 ⇨ 전년도 인구증가율이 5%인 시에 속해 있는 지역으로서 전년도 인구증가율이 25% 이상 높은 지역이면 지정대상이 된다.
④ 개발행위로 인하여 기반시설의 수용능력이 부족할 것이 예상되는 지역 중 기반시설의 설치가 곤란한 지역은 개발밀도관리구역에 대한 설명이다.
⑤ 용도지역이 변경되어 행위제한이 완화되는 지역에 대하여 기반시설부담구역으로 지정하게 되므로, 주거지역에서 자연환경보전지역으로 변경되는 지역은 행위제한이 강화되기 때문에 기반시설부담구역의 지정대상이 될 수 없다.

13 기반시설유발계수 정답 ②

① 의료시설: 0.9
② 관광휴게시설: 1.9
③ 제2종 근린생활시설: 1.6
④ 장례시설: 0.7
⑤ 숙박시설: 1.0

14 기반시설부담구역 정답 ④

기반시설설치비용 산정 시 기반시설을 설치하는 데 필요한 용지비용도 산입된다.

15 기반시설부담구역 정답 ③

① 기반시설부담구역의 지정고시일부터 1년이 되는 날까지 기반시설설치계획을 수립하지 아니하면 그 1년이 되는 날의 다음 날에 기반시설부담구역의 지정은 해제된 것으로 본다.
② 기반시설부담구역으로 지정된 지역에 대해 개발행위허가를 제한하였다가 이를 연장하기 위해서는 중앙도시계획위원회의 심의를 거치지 않아도 된다.
④ 기존 건축물을 철거하고 신축하는 건축행위가 기반시설설치비용의 부과대상이 되는 경우에는 기존 건축물의 건축 연면적을 초과하는 건축행위만 부과대상으로 한다.
⑤ 기반시설부담구역은 개발밀도관리구역과 중첩하여 지정될 수 없다.

16 기반시설의 설치 정답 ①

② 기반시설부담구역이 지정되면 기반시설설치계획을 수립하여야 하며, 이를 도시·군관리계획에 반영하여야 한다.
③ 기반시설설치비용 납부의무자는 사용승인 신청 시까지 그 비용을 내야 한다.
④ 기반시설부담구역의 지정고시일부터 1년이 되는 날까지 기반시설설치계획을 수립하지 아니하면 그 1년이 되는 날의 다음 날에 기반시설부담구역의 지정은 해제된 것으로 본다.
⑤ 시장 또는 군수는 기반시설설치비용 납부의무자가 지방자치단체로부터 건축허가를 받은 날부터 2개월 이내에 기반시설설치비용을 부과하여야 한다.

17 청문 정답 ②

국토교통부장관, 시·도지사, 시장·군수 또는 구청장은 '개발행위허가의 취소(ⓒ), 도시·군계획시설사업의 시행자 지정의 취소(㉠), 도시·군계획시설사업의 실시계획 인가의 취소(ⓒ)'의 어느 하나에 해당하는 처분을 하려면 청문을 실시하여야 한다.

18 토지에의 출입 등 정답 ②

① 일출 전이나 일몰 후에는 그 토지점유자의 승낙 없이 택지나 담장 또는 울타리로 둘러싸인 타인의 토지에 출입할 수 없다.
③ 국토교통부장관, 시·도지사, 시장 또는 군수나 도시·군계획시설사업의 시행자는 개발밀도관리구역, 기반시설구역 및 기반시설설치계획에 관한 기초조사를 하기 위하여 필요하면 타인의 토지에 출입하거나 타인의 토지를 재료 적치장 또는 임시통로로 일시 사용할 수 있다.
④ 타인토지의 출입 등으로 인하여 손실을 입은 자가 있으면 그 행위자가 속한 행정청이나 도시·군계획시설사업의 시행자가 그 손실을 보상하여야 한다.
⑤ 타인의 토지에 출입하려는 자는 출입하려는 날의 7일 전까지 그 토지의 소유자·점유자 또는 관리인에게 그 일시와 장소를 알려야 한다.

19 토지이용에 관한 구역 지정   정답 ①

② 승인을 받아 지정한 구역 면적의 10%의 범위 안에서 면적을 증감시키는 경우에는 따로 승인을 받지 않아도 된다.
③ 지정하려는 구역의 면적이 1km 미만인 경우 승인을 받지 않아도 된다.
④ 농림지역에서 「수도법」에 따른 상수원보호구역을 지정하는 경우 국토교통부장관의 승인을 받지 아니한다.
⑤ 지정하려는 구역이 도시·군기본계획에 반영된 경우에는 승인 없이 구역을 지정할 수 있다.

20 시범도시   정답 ⑤

① 국토교통부장관, 관계 중앙행정기관의 장은 시범도시에 대하여 시범도시사업계획의 수립에 소요되는 비용의 80% 이하의 범위에서 보조 또는 융자를 할 수 있다.
② 국토교통부장관이 직접 시범도시를 지정함에 있어서 그 대상이 되는 도시를 공모할 경우, 시장 또는 군수는 공모에 응모할 수 있다.
③ 국토교통부장관은 시범도시를 지정하려면 중앙도시계획위원회의 심의를 거쳐야 한다.
④ 시·도지사는 국토교통부장관에게 시범도시의 지정을 요청하고자 하는 때에는 미리 설문조사·열람 등을 통하여 주민의 의견을 들은 후 관계 지방자치단체의 장의 의견을 들어야 한다.

PART 2 도시개발법

CHAPTER 01 도시개발계획 및 구역 지정

01	①	02	④	03	③	04	②	05	③
06	②	07	⑤	08	①	09	④	10	②
11	④								

01 개발계획의 수립 정답 ①

② 시행자가 국가나 지방자치단체인 때에는 지정권자는 토지소유자의 동의를 받지 않고 환지방식의 도시개발사업 시행을 위한 개발계획을 수립할 수 있다.
③ 보건의료시설 및 복지시설의 설치계획도 개발계획에 포함되어야 한다.
④ 자연녹지지역에 도시개발구역을 지정할 때에는 도시개발구역을 지정한 후에 개발계획을 수립할 수 있다.
⑤ 지정권자는 직접 또는 관계 중앙행정기관의 장 또는 시장(대도시 시장은 제외)·군수·구청장 또는 도시개발사업의 시행자의 요청을 받아 개발계획을 변경할 수 있다.

02 개발계획의 수립·변경 정답 ④

개발계획 변경 시 개발계획의 변경을 요청받기 전에 동의를 철회하는 사람이 있는 경우 그 사람은 동의자 수에서 제외한다.

03 개발계획의 수립·변경 정답 ③

환지방식으로 시행하기 위하여 개발계획을 변경 시 기반시설을 제외한 도시개발구역의 용적률이 종전보다 100분의 5 이상 증가하는 경우에는 토지소유자 동의를 받아야 한다.

04 도시개발구역의 지정권자 정답 ②

도시개발법령상 도시개발구역의 원칙적인 지정권자는 시·도지사(특별시장·광역시장·도지사·특별자치도지사) 또는 대도시 시장이고, 예외적으로 국토교통부장관이다. 한국토지주택공사(ㅂ), 시장·군수(ㄴ) 또는 구청장은 도시개발구역의 지정권자가 될 수 없다.

05 도시개발구역의 지정 정답 ③

- 주거지역 · 상업지역 · 생산녹지지역 · 자연녹지지역: 1만m² 이상
- 도시지역 외의 지역: 30만m² 이상
- 공업지역: 3만m² 이상

06 도시개발구역의 지정해제 정답 ②

- 도시개발구역이 지정·고시된 날부터 (㉠ 2)년이 되는 날까지 개발계획을 수립·고시하지 아니하는 경우에는 그 (㉠ 2)년이 되는 날의 다음 날에 해제된 것으로 본다[단, 도시개발구역의 면적이 330만m² 이상인 경우에는 (㉢ 5)년으로 함].
- 개발계획을 수립·고시한 날부터 (㉡ 3)년이 되는 날까지 실시계획 인가를 신청하지 아니하는 경우에는 그 (㉡ 3)년이 되는 날의 다음 날에 해제된 것으로 본다[단, 도시개발구역의 면적이 330만m² 이상인 경우에는 (㉢ 5)년으로 함].

07 도시개발구역의 지정과 개발계획 정답 ⑤

① 국가 및 지방자치단체와 도시개발조합을 제외한 나머지 사업시행자는 국토교통부령으로 정하는 서류를 국토교통부장관, 특별자치도지사, 시장·군수·구청장에게 제출하여 특별자치도지사, 시장·군수 또는 구청장에게 도시개발구역의 지정을 제안할 수 있다.
② 도시개발구역에서 허가를 받아야 할 개발행위는 「건축법」에 따른 건축물의 용도변경을 포함한 건축물의 건축, 공작물의 설치, 공유수면의 매립을 포함한 토지의 형질변경, 토석의 채취, 토지분할(토지의 합병 ×), 물건을 쌓아놓는 행위, 죽목의 벌채 및 식재 등이다.
③ 도시개발구역 안에서 경작을 위한 토지의 형질변경행위는 특별시장·광역시장·특별자치도지사·시장 또는 군수의 허가를 받지 아니하고 할 수 있는 행위이다.
④ 도시개발구역의 개발에 지장을 주지 아니하고 자연경관을 손상하지 아니하는 범위 안에서의 토석의 채취행위는 특별시장·광역시장·특별자치도지사·시장 또는 군수의 허가를 받지 아니하고 할 수 있는 행위이다.

08 도시개발구역의 지정과 개발계획 정답 ①

② 지정권자는 도시개발사업을 환지방식으로 시행하려고 개발계획을 수립할 때 시행자가 지방자치단체인 경우에는 토지소유자의 동의를 받을 필요가 없다.
③ 도시개발사업이 필요하다고 인정되는 지역이 둘 이상의 도의 행정구역에 걸치는 경우에는 관계 도지사가 협의하여 도시개발구역을 지정할 자를 정한다.

④ 도시개발구역을 둘 이상의 사업시행지구로 분할하는 경우 분할 후 사업시행지구의 면적은 각각 1만m² 이상이어야 한다.
⑤ 세입자의 주거 및 생활안정대책에 관한 사항은 도시개발구역을 지정한 후에 개발계획의 내용으로 포함시킬 수 있다.

09 도시개발구역의 지정   정답 ④

광역시장이 개발계획을 변경하는 경우 군수 또는 구청장은 광역시장으로부터 송부받은 관계 서류를 일반인에게 14일 이상 공람시켜야 한다.

10 도시개발구역의 지정   정답 ②

ⓒ 국가가 도시개발사업의 시행자인 경우 환지방식의 사업에 대한 개발계획을 수립하려면 토지소유자의 동의를 받을 필요가 없다.
ⓒ 자연녹지지역에서 도시개발구역을 지정한 이후 도시개발사업의 계획을 수립할 수 있다.
ⓜ 도시개발구역의 지정은 도시개발사업의 공사완료 공고일의 다음 날에 해제된 것으로 본다.

11 도시개발구역의 지정   정답 ④

① 도시지역과 지구단위계획구역으로 결정·고시된 것으로 보는 사항에 대한 지형도면의 고시는 도시개발사업의 시행기간에 할 수 있다.
② 도시개발구역의 지정 및 고시 당시 이미 관계 법령에 따라 행위허가를 받고 그 공사나 사업에 착수한 자는 30일 이내에 특별시장·광역시장·특별자치도지사·시장 또는 군수에게 신고한 후 이를 계속 시행할 수 있다.
③ 도시개발구역의 면적이 100만m² 이상인 경우에는 공람기간이 끝난 후에 공청회를 개최하여 의견을 청취하여야 한다.
⑤ 도시개발사업의 공사 완료로 도시개발구역의 지정이 해제 의제된 경우에는 도시개발구역의 용도지역은 해당 도시개발구역 지정 전의 용도지역으로 환원되거나 폐지된 것으로 보지 아니한다.

CHAPTER 02 도시개발사업

01	⑤	02	①	03	④	04	②	05	③
06	③	07	②	08	①	09	④	10	②
11	⑤	12	①	13	②	14	⑤	15	②
16	②	17	③	18	⑤	19	⑤	20	②
21	③	22	②	23	⑤	24	①	25	②
26	①	27	②	28	⑤	29	②	30	③
31	①	32	①	33	⑤	34	④	35	⑤
36	③								

01 도시개발사업의 시행자   정답 ⑤

「한국부동산원법」에 따른 한국부동산원은 도시개발사업의 시행자로 지정될 수 없다.

02 도시개발사업의 시행자   정답 ①

㉠ 도시개발사업에 관한 실시계획의 인가를 받은 후 2년 이내에 사업을 착수하지 아니하는 경우 도시개발구역의 지정권자가 시행자를 변경할 수 있다.
㉢ 도시개발구역의 전부를 환지방식으로 시행하는 시행자가 도시개발구역 지정의 고시일부터 1년 이내에 실시계획의 인가를 신청하지 아니하는 경우 도시개발구역의 지정권자가 시행자를 변경할 수 있다.

03 도시개발사업의 대행   정답 ④

국가나 지방자치단체, 대통령령이 정하는 공공기관, 대통령령이 정하는 정부출연기관, 「지방공기업법」에 따라 설립된 지방공사에 해당하는 자는 도시개발사업을 효율적으로 시행하기 위하여 필요한 경우에는 도시개발사업의 범위인 실시설계·조성된 토지의 분양·기반시설공사 또는 부지조성공사를 주택건설사업자 등으로 하여금 대행하게 할 수 있다.

04 조합설립인가의 동의   정답 ②

① 조합설립인가를 신청하기 위한 동의를 한 토지면적의 산정에는 국·공유지가 포함된다.
③ 동의자 수의 산정방법에서 토지소유권을 공유하는 자가 「집합건물의 소유 및 관리에 관한 법률」에 따른 구분소유자인 경우 그들 각각을 토지소유자 1명으로 본다.

④ 조합설립인가를 신청하려면 해당 도시개발구역의 토지면적의 3분의 2 이상에 해당하는 토지소유자와 그 구역의 토지소유자 총수의 2분의 1 이상의 동의를 받아야 한다.
⑤ 조합설립인가를 신청하기 위해 동의를 한 토지소유자는 조합설립인가 신청 전에 그 동의의사를 철회할 수 있다.

05 도시개발사업조합   정답 ③

조합원이 정관에 따라 부과된 부과금을 체납하는 경우 조합은 특별자치도지사·시장·군수 또는 구청장에게 그 징수를 위탁할 수 있다.

06 도시개발사업조합   정답 ③

① 조합장은 총회·대의원회 또는 이사회의 의장이 된다.
② 이사의 자기를 위한 조합과의 계약에 관하여는 감사가 조합을 대표한다.
④ 감사의 선임은 총회의 의결을 거쳐야 한다.
⑤ 이사는 그 조합의 조합장을 겸할 수 없다.

07 도시개발사업조합   정답 ②

① 조합설립의 인가를 신청하려면 국·공유지를 포함한 해당 도시개발구역의 토지면적의 3분의 2 이상에 해당하는 토지소유자와 그 구역의 토지소유자 총수의 2분의 1 이상의 동의를 받아야 한다.
③ 금고 이상의 형을 선고받고 그 집행이 끝나지 아니한 자라도 조합원이 될 수 있다. 하지만 조합의 임원은 될 수 없다.
④ 조합은 도시개발사업의 전부를 환지방식으로 시행하는 경우 사업시행자가 될 수 있다.
⑤ 조합을 설립하려면 도시개발구역의 토지소유자 7명 이상이 정관을 작성하여 지정권자에게 조합설립의 인가를 받아야 한다.

08 도시개발사업조합   정답 ①

② 대의원회는 개발계획의 변경에 관한 총회의 권한을 대행할 수 없다.
③ 의결권을 가진 조합원의 수가 50인인 조합은 총회의 권한을 대행하게 하기 위하여 대의원회를 둘 수 있다.
④ 조합이 인가를 받은 사항을 변경하려면 지정권자로부터 변경인가를 받아야 한다. 다만, 대통령령으로 정하는 경미한 사항을 변경하려는 경우(주된 사무소의 소재지를 변경하려는 경우나 공고방법을 변경하려는 경우)에는 신고하여야 한다.
⑤ 조합은 그 주된 사무소의 소재지에서 등기를 하면 성립한다.

09 총회의 권한대행 정답 ④

대의원회는 총회의 의결사항 중 정관의 변경, 개발계획의 수립 및 변경(경미한 변경은 제외), 환지계획(경미한 변경은 제외)의 작성, 조합임원(조합장, 이사, 감사)의 선임, 조합의 합병 또는 해산에 관한 사항만 총회의 권한을 대행할 수 없으며, 그 외 나머지 의결사항은 총회의 권한을 대행할 수 있다.

10 도시개발사업조합 및 사업시행 정답 ②

① 사업시행자는 도시개발사업의 일부인 도로, 공원 등 공공시설의 건설을 지방공사에 위탁하여 시행할 수 있다.
③ 도시개발구역의 토지소유자가 미성년자인 경우에도 조합의 조합원이 될 수 있다.
④ 조합원은 보유토지의 면적과 관계없는 평등한 의결권을 가지며, 공유 토지의 경우에는 의결권이 공유자별로 있는 것이 아니라 대표공유자 1인에게 있다.
⑤ 조합의 설립인가를 받은 조합의 대표자는 설립인가를 받은 날부터 30일 이내에 주된 사무소의 소재지에서 설립등기를 하여야 한다.

11 도시개발사업의 위탁시행 등 정답 ⑤

시행자는 도시개발사업을 위한 기초조사, 토지매수 업무, 손실보상 업무, 주민이주대책 사업 등을 대통령령으로 정하는 바에 따라 관할 지방자치단체, 대통령령으로 정하는 공공기관·정부출연기관·정부출자기관 또는 지방공사에 위탁할 수 있다.

12 도시개발사업의 실시계획 정답 ①

② 인가를 받은 실시계획 중 사업시행면적의 100분의 10이 감소된 경우 지정권자의 변경인가를 받을 필요가 없다.
③ 실시계획은 개발계획에 맞게 작성되어야 하고, 지구단위계획이 포함되어야 한다.
④ 지정권자가 실시계획을 작성 또는 인가할 때 그 내용에 인·허가 등의 의제사항이 있으면 미리 관계 행정기관의 장과 협의하여야 하며, 관계 행정기관의 장은 협의 요청을 받은 날부터 20일 이내에 의견을 제출하여야 한다.
⑤ 실시계획 인가신청서를 제출하는 때에는 계획평면도 및 개략설계도를 함께 첨부하여야 한다.

13 도시개발사업의 실시계획 정답 ②

지정권자가 아닌 시행자가 실시계획의 인가를 받은 후, 사업비의 100분의 10의 범위에서 사업비를 증액하는 경우 지정권자의 인가를 받지 않아도 된다.

14 도시개발사업의 실시계획 정답 ⑤

실시계획을 인가할 때 지정권자가 해당 실시계획에 대한 「하수도법」에 따른 공공하수도 공사시행의 허가에 관하여 관계 행정기관의 장과 협의한 때에는 해당 허가를 받은 것으로 본다.

15 도시개발사업의 실시계획 정답 ②

① 실시계획을 고시한 경우 도시·군관리계획(지구단위계획을 포함)으로 결정하여야 하는 사항은 도시·군관리계획이 결정·고시된 것으로 본다.
③ 시행자는 도시개발사업의 실시계획을 작성하여야 하며, 이 경우 실시계획에는 지구단위계획이 포함되어야 한다.
④ 인가받은 실시계획을 변경(경미한 사항을 변경하는 경우에는 제외)하거나 폐지하는 경우에는 인가를 받아야 한다.
⑤ 지정권자가 실시계획을 작성하거나 인가하는 경우 국토교통부장관인 지정권자는 시·도지사 또는 대도시 시장의 의견을, 시·도지사인 지정권자는 시장·군수 또는 구청장의 의견을 미리 들어야 한다.

16 원형지의 공급과 개발 정답 ②

㉠ 원형지개발자인 지방자치단체는 10년의 범위에서 대통령령으로 정하는 기간 안에도 원형지를 매각할 수 있다.
㉡ 원형지 공급가격은 개발계획이 반영된 원형지의 감정가격에 시행자가 원형지에 설치한 기반시설 등의 공사비를 더한 금액을 기준으로 시행자와 원형지개발자가 협의하여 결정한다.
㉣ 시행자는 지방자치단체에게 도시개발구역 전체 토지면적의 3분의 1 이내에서 원형지를 공급하여 개발하게 할 수 있다.

17 조성토지 등의 계약방법 정답 ③

㉢ 조성토지 등을 공급하려고 할 때 「주택법」에 따른 공공택지의 공급은 추첨의 방법으로 분양할 수 있다.
㉣ 330m² 이하의 단독주택용지를 공급하는 경우에는 추첨의 방법으로 공급할 수 있다.

18 조성토지 등의 공급　　　　　정답 ⑤

① 수의계약의 방법으로 조성토지를 공급하기로 하였으나 공급신청량이 공급계획에서 계획된 면적을 초과하는 경우에는 추첨의 방법에 따른다.
② 폐기물처리시설을 설치하기 위해 공급하는 조성토지의 가격은 「감정평가 및 감정평가사에 관한 법률」에 따른 감정평가법인등이 감정평가한 가격 이하로 정할 수 있다.
③ 지정권자가 아닌 시행자가 조성토지등을 공급하려고 할 때에는 조성토지등의 공급계획을 작성하여 지정권자의 승인을 받아야 한다.
④ 도시개발사업 시행자는 「국토의 계획 및 이용에 관한 법률」에 따른 기반시설의 원활한 설치를 위하여 필요하면 공급대상자의 자격을 제한할 수 있다.

19 토지상환채권　　　　　정답 ⑤

㉠ 민간사업시행자는 대통령령으로 정하는 금융기관 등으로부터 지급보증을 받은 경우에만 이를 발행할 수 있다. 그러나 지방공사는 공공시행자에 해당하므로 지급보증을 받지 아니하고 발행할 수 있다.
㉡ 토지상환채권의 발행규모는 그 토지상환채권으로 상환할 토지 및 건축물이 해당 도시개발사업으로 조성되는 분양토지 또는 분양건축물 면적의 2분의 1을 넘지 않아야 한다.
㉢ 토지가격의 추산방법은 토지상환채권의 발행계획에 포함된다.
㉣ 토지상환채권은 기명식 증권이다.
㉤ 토지상환채권의 이율은 발행 당시의 금융기관의 예금금리 및 부동산수급상황을 고려해서 발행자가 정한다.
㉥ 토지상환채권은 타인에게 이전할 수 있다.

이론+ 토지상환채권의 발행계획

토지상환채권의 발행계획에는 다음의 사항이 포함되어야 한다.
1. 시행자의 명칭
2. 토지상환채권의 발행총액
3. 토지상환채권의 이율
4. 토지상환채권의 발행가액 및 발행시기
5. 상환대상지역 또는 상환대상토지의 용도
6. 토지가격의 추산방법
7. 보증기관 및 보증의 내용(민간시행자가 발행하는 경우에만 해당)

20 수용 또는 사용방식　　　　　정답 ②

시행자는 학교를 설치하기 위한 조성토지를 공급하는 경우 해당 토지의 가격을 「감정평가 및 감정평가사에 관한 법률」에 따른 감정평가법인등이 감정평가한 가격 이하로 정할 수 있다.

21 수용 또는 사용방식 정답 ③

① 시행자는 조성토지를 공급받는 자로부터 해당 대금의 전부 또는 일부를 미리 받을 수 있다.
② 공공용지가 아닌 조성토지 등의 공급은 경쟁입찰의 방법에 따르는 것이 원칙이다.
④ 도시개발사업을 위한 토지의 수용에 관하여 특별한 규정이 없으면 「공익사업을 위한 토지 등의 취득 및 보상에 관한 법률」을 준용한다.
⑤ 도시개발사업을 시행하는 정부출연기관이 아닌 민간사업시행자가 그 사업에 필요한 토지를 수용하려면 사업대상 토지면적의 3분의 2 이상에 해당하는 토지를 소유하고, 토지소유자 총수의 2분의 1 이상에 해당하는 자의 동의를 받아야 한다.

22 수용 또는 사용방식 정답 ②

ⓒ 시행자가 아닌 지정권자는 도시개발사업에 필요한 토지 등을 수용할 수 없다.
② 「지방공기업법」에 따라 설립된 지방공사가 시행자인 경우에는 토지소유자 동의 없이도 도시개발사업에 필요한 토지 등을 수용하거나 사용할 수 있다.

23 환지방식 정답 ⑤

환지계획의 내용에는 환지설계, 필지별로 된 환지명세, 필지별과 권리별로 된 청산대상 토지명세, 체비지(替費地) 또는 보류지(保留地)의 명세, 입체환지를 계획하는 경우에는 입체환지용 건축물의 명세와 입체환지에 따른 공급 방법·규모에 관한 사항 등이 포함된다. 청산금의 결정(ⓛ)은 환지처분을 하는 때에 결정하고, 원형지의 공급가격(ⓗ)은 수용 또는 사용방식에서 적용한다.

24 평균 토지부담률 정답 ①

평균 토지부담률

$$= \frac{\text{보류지 면적} - \text{시행자에게 무상귀속되는 토지와 시행자가 소유한 토지면적}}{\text{환지계획구역 면적} - \text{시행자에게 무상귀속되는 토지와 시행자가 소유한 토지면적}} \times 100$$

$$= \frac{120{,}000\text{m}^2 - (30{,}000\text{m}^2 + 20{,}000\text{m}^2)}{400{,}000\text{m}^2 - (30{,}000\text{m}^2 + 20{,}000\text{m}^2)} \times 100 = 20\%$$

25 토지부담률   정답 ②

해당 환지계획구역의 특성을 고려하여 지정권자가 인정하는 경우에는 평균 토지부담률을 60%까지로 할 수 있다.

26 환지예정지의 지정   정답 ①

② 환지예정지를 지정한 경우에 해당 토지의 사용에 장애가 될 물건이 그 토지에 있는 경우 그 토지의 사용을 시작할 날을 따로 정할 수 있다.
③ 시행자가 도시개발사업의 시행을 위해 필요한 경우에는 도시개발구역의 토지에 대하여 환지예정지를 지정할 수 있다.
④ 도시개발사업비용을 충당하기 위하여 환지예정지를 체비지의 용도로 지정할 수 있다.
⑤ 종전의 토지에 대한 임차권자가 있는 경우 해당 환지예정지에 대하여 해당 권리의 목적인 토지 또는 그 부분을 아울러 지정하여야 한다.

27 환지계획   정답 ②

① 시행자는 도시개발사업에 필요한 경비를 충당하기 위하여 일정한 토지를 체비지로 정할 수 있다.
③ 시행자는 토지면적의 규모를 조정할 특별한 필요가 있는 때에는 과소토지가 되지 아니하도록 면적을 증가하여 환지를 정하거나 환지대상에서 제외할 수 있다.
④ 행정청이 아닌 시행자가 환지계획을 작성하는 때에는 특별자치도지사·시장·군수 또는 구청장의 인가를 받아야 한다.
⑤ 환지계획 작성에 따른 환지계획의 기준 등에 관하여 필요한 사항은 국토교통부령으로 정할 수 있다.

28 환지계획   정답 ⑤

㉠ 시행자는 도시개발사업의 원활한 시행을 위하여 특히 필요한 때에는 토지소유자의 신청을 받아 입체환지를 할 수 있다.
㉡ 시행자는 환지방식이 적용되는 도시개발구역에 있는 조성토지 등의 가격을 평가할 때에는 감정평가법인등의 평가를 거친 후 토지평가협의회의 심의를 거쳐 결정한다.
㉢ 토지소유자의 신청 또는 동의가 있는 때에는 해당 토지의 전부 또는 일부에 대하여 환지를 정하지 아니할 수 있다. 다만, 해당 토지에 관하여 임차권자 등이 있는 때에는 그 동의를 얻어야 한다.
㉣ 환지계획에서 정하여진 환지는 그 환지처분이 공고된 날의 다음 날부터 종전의 토지로 본다.

29 환지방식   정답 ②

① 환지설계 시 적용되는 토지·건축물의 평가액은 최초 환지계획인가 시를 기준으로 하여 정하고 변경할 수 없으며, 환지 후 토지·건축물의 평가액은 실시계획의 변경으로 평가 요인이 변경된 경우에만 환지계획의 변경인가를 받아 변경할 수 있다.
③ 체비지는 시행자가 환지처분이 공고된 날의 다음 날에 해당 소유권을 취득한다.
④ 행정청인 시행자가 환지계획을 정하려고 하는 경우에 해당 토지의 임차권자는 공람기간에 시행자에게 의견서를 제출할 수 있다.
⑤ 시행자는 토지면적의 규모를 조정할 특별한 필요가 있으면 면적이 넓은 토지는 그 면적을 줄여서 환지를 정할 수 있지만, 환지대상에서 제외할 수는 없다. 시행자는 토지면적의 규모를 조정할 특별한 필요가 있으면 면적이 작은 토지는 환지대상에서 제외할 수 있다.

30 환지방식   정답 ③

㉠ 시행자는 환지를 정하지 아니하기로 결정된 토지소유자나 임차권자등에게 날짜를 정하여 그날부터 해당 토지 또는 해당 부분의 사용 또는 수익을 정지시킬 수 있다.
㉢ 지정권자는 도시개발사업을 환지방식으로 시행하려고 개발계획을 수립할 때에 시행자가 지방자치단체이면 토지소유자의 동의를 받을 필요가 없다.
㉤ 도시개발사업을 입체환지방식으로 시행하는 경우에는 환지계획에 건축계획이 포함되어야 한다.

31 환지처분   정답 ①

② 시행자는 지정권자에 의한 준공검사를 받은 경우(지정권자가 시행자인 경우에는 공사 완료 공고가 있는 때)에는 60일 이내에 환지처분을 하여야 한다.
③ 환지예정지가 지정되면 종전 토지의 소유자와 임차권자등은 환지예정지 지정의 효력발생일부터 환지처분이 공고되는 날까지 환지예정지나 해당 부분에 대하여 종전과 같은 내용의 권리를 행사할 수 있으나 종전의 토지는 사용하거나 수익할 수 없다.
④ 도시개발구역이 2 이상의 환지계획구역으로 구분되는 경우에는 환지계획구역별로 사업비 및 보류지를 책정하여야 한다.
⑤ 환지로 지정된 토지나 건축물을 금전으로 청산하는 내용으로 환지계획을 변경하는 경우에는 변경인가를 받을 필요가 없다.

이론+ 환지처분의 절차

공고 및 공람	시행자는 환지방식으로 도시개발사업에 관한 공사를 끝낸 경우에는 지체 없이 이를 공고하고 공사 관계서류를 14일 이상 일반에게 공람시켜야 함
의견서 제출	도시개발구역의 토지소유자나 이해관계인은 공람기간에 시행자에게 의견서를 제출할 수 있으며, 의견서를 받은 시행자는 공사 결과와 실시계획 내용에 맞는지를 확인하여 필요한 조치를 하여야 함
준공검사 또는 공사완료	시행자는 공람기간에 의견서의 제출이 없거나 제출된 의견서에 따라 필요한 조치를 한 경우에는 지정권자에 의한 준공검사를 신청하거나 도시개발사업의 공사를 끝내야 함
환지처분 공고	• 시행자는 지정권자에 의한 준공검사를 받은 경우(지정권자가 시행자인 경우에는 공사완료 공고가 있는 때)에는 60일 이내에 환지처분을 하여야 함 • 시행자는 환지처분을 하려는 경우에는 환지계획에서 정한 사항을 토지소유자에게 알리고 대통령령으로 정하는 바(사업의 명칭, 사업비 정산내역 등)에 따라 이를 공고하여야 함

32 청산금 정답 ①

② 청산금을 받을 권리나 징수할 권리를 5년간 행사하지 아니하면 시효로 소멸한다.
③ 환지를 정하거나 그 대상에서 제외한 경우 그 과부족분은 금전으로 청산하여야 한다.
④ 토지면적의 규모를 조정할 특별한 필요가 있어 환지를 정하지 아니하는 토지에 대하여는 환지처분 전이라도 청산금을 교부할 수 있다.
⑤ 환지를 정한 경우 그 과부족분에 대한 청산금은 환지처분을 하는 때에 결정하여야 하고, 환지처분이 공고된 날의 다음 날에 확정된다.

33 청산금 정답 ⑤

① 시행자는 토지소유자의 동의에 따라 환지를 정하지 아니하는 토지에 대하여는 환지처분 전이라도 청산금을 교부할 수 있다.
② 토지소유자의 신청에 따라 환지대상에서 제외한 토지에 대하여는 청산금을 교부하는 때에 청산금을 결정할 수 있다.
③ 청산금을 받을 권리나 징수할 권리를 5년간 행사하지 아니하면 시효로 소멸한다.
④ 청산금은 대통령령으로 정하는 바에 따라 이자를 붙여 분할징수하거나 분할교부할 수 있다.

34 준공검사 ··· 정답 ④

㉠ 지정권자가 시행자인 경우 그 시행자는 도시개발사업의 공사를 완료한 때에는 공사완료 공고를 하여야 한다.
㉢ 지정권자가 아닌 시행자가 도시개발사업의 공사를 끝낸 때에는 공사완료 보고서를 작성하여 지정권자의 준공검사를 받아야 한다.

35 환지방식 ··· 정답 ⑤

도시개발구역의 토지에 대한 지역권은 도시개발사업의 시행으로 행사할 이익이 없어지면 환지처분이 공고된 날이 끝나는 때에 소멸한다.

36 환지방식 ··· 정답 ③

① 체비지로 정해지지 않은 보류지는 환지계획에서 정한 자가 환지처분이 공고된 날의 다음 날에 해당 소유권을 취득한다.
② 환지계획에서 환지를 정하지 아니한 종전의 토지에 있던 권리는 환지처분이 공고된 날이 끝나는 때에 소멸한다.
④ 환지처분은 행정상 처분으로서 종전의 토지에 전속(專屬)하는 것에 관하여 영향을 받지 않고 종전의 토지에 존속한다.
⑤ 시행자는 체비지의 용도로 환지예정지가 지정된 경우에는 도시개발사업에 드는 비용을 충당하기 위하여 이를 처분할 수 있다.

CHAPTER 03 비용부담 등

01	02	03	04
④	②	①	⑤

01 도시개발채권 ··· 정답 ④

수용 또는 사용방식으로 시행하는 도시개발사업의 경우 한국토지주택공사와 공사도급계약을 체결하는 자는 도시개발채권을 매입하여야 한다.

02 도시개발사업의 비용부담 ··· 정답 ②

㉠ 지정권자인 시행자는 그가 시행한 사업으로 이익을 얻는 시·도에 도시개발사업에 든 비용의 일부를 부담시킬 수 있다.
㉢ 도시개발사업에 관한 비용부담에 대해 대도시 시장과 시·도지사 간의 협의가 성립되지 아니하는 경우에는 행정안전부장관의 결정에 따른다.

ⓒ 도시개발사업에 필요한 비용은 「도시개발법」이나 다른 법률에 특별한 규정이 있는 경우를 제외하고는 시행자가 부담한다.
ⓔ 설치비용은 설치의무자가 부담하지만, 전기시설·가스공급시설 또는 지역난방시설 중 도시개발구역 안의 전기시설을 사업시행자가 지중선로로 설치할 것을 요청하는 경우에는 전기를 공급하는 자와 지중에 설치할 것을 요청하는 자가 각각 2분의 1의 비율로 그 설치비용을 부담한다. 다만, 전부 환지방식으로 도시개발사업을 시행하는 경우에는 전기시설을 공급하는 자가 3분의 2, 지중에 설치할 것을 요청하는 자가 3분의 1의 비율로 부담한다.

03 도시개발채권   정답 ①

② 개발행위허가로서의 토지형질변경허가를 받은 자는 도시개발채권을 매입하여야 한다.
③ 지방자치단체의 장(시·도지사)은 도시개발사업 또는 도시·군계획시설사업에 필요한 자금을 조달하기 위하여 도시개발채권을 발행할 수 있다.
④ 도시개발채권을 발행하는 경우 발행총액에 대하여 행정안전부장관의 승인을 받아야 한다.
⑤ 도시개발채권의 상환은 5년부터 10년까지의 범위에서 지방자치단체의 조례로 정한다.

04 도시개발채권의 중도상환   정답 ⑤

㉠㉡㉢㉣ 모두 도시개발채권을 중도에 상환할 수 있는 경우이다.

> 도시개발채권은 다음의 어느 하나에 해당하는 경우를 제외하고는 중도에 상환할 수 없다.
> 1. 도시개발채권의 매입사유가 된 허가 또는 인가가 매입자의 귀책사유 없이 취소된 경우
> 2. 수용 또는 사용방식으로 시행하는 도시개발사업의 경우 공공사업시행자와 공사의 도급계약을 체결한 자의 귀책사유 없이 해당 도급계약이 취소된 경우
> 3. 도시개발채권의 매입의무자가 아닌 자가 착오로 도시개발채권을 매입한 경우
> 4. 도시개발채권의 매입의무자가 매입하여야 할 금액을 초과하여 도시개발채권을 매입한 경우

PART 3 도시 및 주거환경정비법

CHAPTER 01 총칙

| 01 | ⑤ | 02 | ② | 03 | ④ | 04 | ① |

01 정비기반시설 정답 ⑤

①②③④ 정비기반시설에 해당한다.

이론+ 정비기반시설

> 도로·상하수도·구거(도랑)·공원·공용주차장·공동구(국토의 계획 및 이용에 관한 법률 제2조 제9호에 따른 공동구), 그 밖에 주민의 생활에 필요한 열·가스 등의 공급시설로서 대통령령으로 정하는 '녹지, 하천, 공공공지, 광장, 소방용수시설, 비상대피시설, 가스공급시설, 지역난방시설'을 말한다.

02 공동이용시설 정답 ②

①③④⑤ 공동이용시설에 해당한다.
② 상하수도는 정비기반시설에 해당한다.

이론+ 공동이용시설

> 주민이 공동으로 사용하는 놀이터·마을회관·공동작업장, 그 밖에 대통령령으로 정하는 '공동으로 사용하는 구판장·세탁장·화장실 및 수도, 탁아소·어린이집·경로당 등 노유자시설, 그 밖에 유사한 용도의 시설로서 시·도조례로 정하는 시설'을 말한다.

03 용어정의 정답 ④

㉠ 재개발사업에 있어서 토지등소유자는 정비구역에 위치한 토지 또는 건축물의 소유자 또는 그 지상권자이다.
㉢ '재건축사업'이란 정비기반시설은 양호하나 노후·불량건축물에 해당하는 공동주택이 밀집한 지역에서 주거환경을 개선하기 위한 사업을 말한다.
㉤ 해당 건축물을 준공일 기준으로 40년까지 사용하기 위하여 보수·보강하는 데 드는 비용이 철거 후 새로운 건축물을 건설하는 데 드는 비용보다 클 것으로 예상되는 건축물은 노후·불량건축물에 해당된다.

04 노후·불량건축물   정답 ①

㉠ 주변토지의 이용 상황 등에 비추어 주거환경이 불량한 곳에 위치한 것으로 철거하고 새로운 건축물을 건설하는 경우 비용과 비교하여 효용의 현저한 증가가 예상되는 건축물로서 시·도조례가 정하는 건축물이 노후·불량건축물에 해당한다.

㉡ 도시미관을 저해하거나 노후화된 건축물로서 준공된 후 20년 이상 30년 이하의 범위에서 시·도조례로 정하는 기간이 지난 건축물이 노후·불량건축물에 해당한다.

CHAPTER 02 기본계획 수립 및 정비구역 지정

| 01 | ① | 02 | ④ | 03 | ③ | 04 | ⑤ | 05 | ④ |
| 06 | ④ | 07 | ① | 08 | ④ | 09 | ④ | 10 | ⑤ |

01 도시·주거환경정비기본계획   정답 ①

기본계획 수립권자는 기본계획을 고시한 때에는 국토교통부령으로 정하는 방법 및 절차에 따라 국토교통부장관에게 보고하여야 한다.

02 기본계획의 수립   정답 ④

① 기본계획에는 사회복지시설 및 주민문화시설 등의 설치계획이 포함되어야 한다.
② 기본계획을 수립한 경우에는 지체 없이 해당 지방자치단체의 공보에 고시하여야 한다.
③ 대도시의 시장이 아닌 시장은 기본계획의 내용 중 정비사업의 계획기간을 단축하는 경우 도지사의 변경승인을 받지 아니할 수 있다.
⑤ 기본계획의 수립권자는 기본계획에 '생활권의 설정, 생활권별 기반시설 설치계획 및 주택수급계획, 생활권별 주거지의 정비·보전·관리의 방향'의 사항을 포함하는 경우에는 정비예정구역의 개략적 범위와 단계별 정비사업추진계획의 사항을 생략할 수 있다.

03 기본계획의 수립   정답 ③

㉠ 대도시의 시장이 아닌 시장이 기본계획을 수립한 때에는 도지사의 승인을 얻어야 한다.

㉣ 기본계획 수립권자는 기본계획에 대하여 5년마다 타당성을 검토하여 그 결과를 기본계획에 반영하여야 한다.

04 재건축사업의 재건축진단   정답 ⑤

① 특별시장·광역시장·특별자치시장·도지사·특별자치도지사(이하 '시·도지사'라 함)는 필요한 경우 국토안전관리원 또는 한국건설기술연구원에 재건축진단 결과의 적정성 여부에 대한 검토를 의뢰할 수 있다.
② 시장·군수등은 정비예정구역별 정비계획의 수립시기가 도래한 때부터 사업시행계획인가 전까지 재건축진단을 실시하여야 한다.
③ 시장·군수등(특별자치시장 및 특별자치도지사는 제외)은 재건축진단보고서를 제출받은 경우에는 지체 없이 특별시장·광역시장·도지사에게 결정내용과 해당 재건축진단 결과보고서를 제출하여야 한다.
④ 시장·군수등은 재건축진단의 결과와 도시계획 및 지역여건 등을 종합적으로 검토하여 사업시행계획인가 여부를 결정하여야 한다.

05 재건축사업의 재건축진단   정답 ④

「시설물의 안전 및 유지관리에 관한 특별법」의 시설물에 따라 지정받은 안전등급이 D(미흡) 또는 E(불량)인 건축물은 재건축진단을 실시하지 않아도 된다.

06 기본계획 및 정비계획   정답 ④

특별시·광역시·특별자치시·특별자치도 또는 시는 기본계획을 10년 단위로 수립하여야 한다.

07 정비구역에서의 개발행위   정답 ①

㉠ 경작을 위한 토지의 형질변경은 허가를 받지 않고 정비구역에서 할 수 있는 행위이다.
㉢ '농산물의 생산에 직접 이용되는 탈곡장의 설치, 농산물의 생산에 직접 이용되는 비닐하우스의 설치, 농산물의 생산에 직접 이용되는 종묘배양장의 설치'는 허가를 받지 않고 정비구역에서 할 수 있는 행위이다.

> **이론+** 허가를 받아야 하는 개발행위
>
> 정비구역에서 '건축물(가설건축물 포함)의 건축 등, 공작물의 설치, 토지의 형질변경(공유수면의 매립 등), 토석의 채취, 토지분할, 물건을 쌓아놓는 행위, 죽목의 벌채 및 식재'의 어느 하나에 해당하는 행위를 하려는 자는 시장·군수등의 허가를 받아야 한다.

08 기본계획의 수립 및 정비구역의 지정 정답 ④

① 정비구역에서 이동이 쉽지 아니한 물건을 1개월 이상 쌓아놓는 행위를 하려는 자는 시장·군수등의 허가를 받아야 한다. 허가받은 사항을 변경하려는 때에도 또한 같다.
② 정비구역에서는 「주택법」에 따른 지역주택조합의 조합원을 모집해서는 아니 된다.
③ 허가를 받아야 하는 행위로서 정비구역의 지정·고시 당시 이미 관계 법령에 따라 행위허가를 받아 공사에 착수한 자는 정비구역의 지정·고시된 날부터 30일 이내에 시장·군수등에게 신고한 후 이를 계속 시행할 수 있다.
⑤ 정비구역의 지정권자는 정비구역의 진입로 설치를 위하여 필요한 경우에는 진입로 지역과 그 인접지역을 포함하여 정비구역을 지정할 수 있다.

09 정비계획 정답 ④

ⓒ 정비사업의 시행계획 및 시행방법 등에 대한 주민의 의견은 시장·군수가 정비구역 지정을 위하여 직접 정비계획을 입안하는 경우 조사·확인하여야 하는 사항이다. 관계 지방자치단체의 의견은 시장·군수가 정비구역 지정을 위하여 직접 정비계획을 입안하는 경우 조사·확인하여야 하는 사항으로 명시되어 있지 않다.
ⓜ 건폐율·용적률 등에 관한 건축물의 밀도계획은 기본계획에 포함되는 내용이다.

이론+ 지정권자가 정비계획을 입안하는 경우 조사·확인하여야 하는 사항

> 정비구역의 지정권자는 정비구역 지정을 위하여 직접 정비계획을 입안하는 경우 '주민 또는 산업의 현황, 토지 및 건축물의 이용과 소유현황, 도시·군계획시설 및 정비기반시설의 설치현황, 정비구역 및 주변지역의 교통상황, 토지 및 건축물의 가격과 임대차현황, 정비사업의 시행계획 및 시행방법 등에 대한 주민의 의견' 등을 조사·확인하여야 한다.

10 정비구역 등을 해제하여야 하는 사유 정답 ⑤

㉠ 정비예정구역에 대하여 기본계획에서 정한 정비구역 지정 예정일부터 3년이 되는 날까지 특별자치시장, 특별자치도지사, 시장 또는 군수가 정비구역을 지정하지 아니하거나 구청장등이 정비구역의 지정을 신청하지 아니하는 경우에는 지정권자가 정비구역 등을 해제하여야 한다.
㉡ 토지등소유자가 시행하는 재개발사업으로서 토지등소유자가 정비구역으로 지정·고시된 날부터 5년이 되는 날까지 사업시행계획인가를 신청하지 아니하는 경우에는 지정권자가 정비구역 등을 해제하여야 한다.

ⓒ 재개발사업에서 토지등소유자가 정비구역으로 지정·고시된 날부터 **2년**이 되는 날까지 조합설립추진위원회의 승인을 신청하지 아니하는 경우에는 지정권자가 정비구역 등을 해제하여야 한다.
ⓔ 재건축사업에서 조합이 조합설립인가를 받은 날부터 **3년**이 되는 날까지 사업시행계획인가를 신청하지 아니하는 경우에는 지정권자가 정비구역 등을 해제하여야 한다.
ⓜ 재개발사업에서 토지등소유자가 정비구역으로 지정·고시된 날부터 **3년**이 되는 날까지 조합설립인가를 신청하지 아니하는 경우(도시 및 주거환경정비법 제31조 제4항에 따라 추진위원회를 구성하지 아니하는 경우로 한정)에는 지정권자가 정비구역 등을 해제하여야 한다.

CHAPTER 03 정비사업

01	④	02	④	03	⑤	04	①	05	②
06	①	07	②	08	⑤	09	③	10	①
11	①	12	③	13	①	14	④	15	②
16	③	17	③	18	⑤	19	②	20	⑤
21	⑤	22	③	23	④	24	②	25	①
26	①	27	②	28	⑤	29	③	30	②
31	④	32	③	33	④	34	③	35	④
36	②	37	②	38	①	39	③	40	⑤
41	⑤	42	④	43	③				

01 주거환경개선사업   정답 ④

ⓛ 정비구역 지정을 위한 공람공고일 현재 해당 정비예정구역의 토지 또는 건축물의 소유자 또는 지상권자의 **3분의 2** 이상의 동의와 세입자 세대수 과반수의 동의를 각각 받아 시장·군수등이 직접 시행하거나 토지주택공사등을 사업시행자로 지정하여 시행하게 할 수 있다.
ⓒ 관리처분계획에 따라 공급하는 방법은 시장·군수등이 직접 시행하거나 토지주택공사등을 사업시행자로 지정하여 시행하게 할 수 있다.

02 재개발사업의 시공자 선정   정답 ④

① 조합원이 100명 이하인 정비사업의 경우 조합총회에서 정관으로 정하는 바에 따라 시공자를 선정할 수 있다.
② 사업시행자는 선정된 시공자와 공사에 관한 계약을 체결할 때에는 기존 건축물의 철거공사에 관한 사항을 포함하여야 한다.

③ 토지등소유자가 재개발사업을 시행하는 경우에는 사업시행계획인가를 받은 후 규약에 따라 건설업자 또는 등록사업자를 시공자로 선정하여야 한다.
⑤ 시장·군수등이 직접 정비사업을 시행하는 경우 사업시행자 지정·고시 후 경쟁입찰 또는 수의계약의 방법으로 건설업자 또는 등록사업자를 시공자로 선정하여야 한다.

03 군수가 직접 재개발사업을 시행할 수 있는 사유   정답 ⑤

ⓒ 추진위원회가 군수의 구성승인을 받은 날부터 3년 이내에 조합설립인가를 신청하지 아니하거나 조합이 조합설립인가를 받은 날부터 3년 이내에 사업시행계획인가를 신청하지 아니한 때에는 군수가 직접 재개발사업을 시행할 수 있다.
② 해당 정비구역의 토지면적 2분의 1 이상의 토지소유자와 토지등소유자의 3분의 2 이상에 해당하는 자가 군수의 직접 시행을 요청하는 때에는 군수가 직접 재개발사업을 시행할 수 있다.
ⓜ 고시된 정비계획에서 정한 정비사업시행 예정일부터 2년 이내에 사업시행계획인가를 신청하지 아니한 때에는 군수가 직접 재개발사업을 시행할 수 있다.

04 재건축사업의 건축물   정답 ①

재건축사업에 따라 건축물을 건설하여 공급하는 경우 주택, 부대시설 및 복리시설을 제외한 건축물(공동주택 외 건축물)은 「국토의 계획 및 이용에 관한 법률」에 따른 (⊙ 준주거)지역 및 (ⓒ 상업)지역에서만 건설할 수 있다. 이 경우 공동주택 외 건축물의 연면적은 전체 건축물 연면적의 (ⓒ 100분의 30) 이하이어야 한다.

05 시장·군수등이 직접 재건축사업을 시행할 수 있는 사유   정답 ②

고시된 정비계획에서 정한 정비사업시행 예정일부터 2년 이내에 사업시행계획인가를 신청하지 아니하거나 사업시행계획인가를 신청한 내용이 위법 또는 부당하다고 인정하는 때에는 시장·군수등이 직접 재개발사업을 시행할 수 있지만, 재건축사업에서는 이 내용을 적용하지 않는다.

06 조합의 설립   정답 ①

재건축사업의 추진위원회가 조합을 설립하려는 경우 주택단지의 공동주택의 각 동별 구분소유자의 (⊙ 과반수)(복리시설로서 대통령령으로 정하는 경우에는 3분의 1 이상) 동의와 주택단지의 전체 구분소유자의 (ⓒ 100분의 70) 이상 및 토지면적의 (ⓒ 100분의 70) 이상의 토지소유자의 동의를 받아 정관 등의 사항을 첨부하여 정비구역 지정·고시 후 시장·군수등의 (② 인가)를 받아야 한다.

오답 NOTE

이론+ 조합설립인가의 동의요건

1. 재개발사업의 추진위원회가 조합을 설립하려면 토지등소유자의 '4분의 3' 이상 및 토지면적의 '2분의 1' 이상의 토지소유자의 동의를 받아 일정한 서류를 첨부하여 정비구역 지정·고시 후 시장·군수등의 인가를 받아야 한다.
2. 재건축사업의 추진위원회가 조합을 설립하려는 경우에 주택단지가 아닌 지역이 정비구역에 포함된 때에는 주택단지가 아닌 지역의 토지 또는 건축물 소유자의 '4분의 3' 이상 및 토지면적의 '3분의 2' 이상의 토지소유자의 동의를 받아야 한다.

07 조합의 설립   정답 ②

- A·B 2인이 공유한 1필지의 토지에 하나의 주택을 단독소유한 C: 2인
- 1필지의 나대지를 단독소유한 C: 0인
- 3필지의 나대지를 공유한 D·E 2인: 대표 1인
- 1필지의 나대지를 단독소유한 F와 그 나대지에 대한 지상권자 G·H 2인: 대표 1인

따라서 토지등소유자는 4명이다.

08 조합의 정관변경   정답 ⑤

조합이 정관을 변경하려는 경우에는 총회를 개최하여 조합원 과반수의 찬성으로 시장·군수등의 인가를 받아야 한다. 다만, '조합원의 자격(③), 조합원의 제명·탈퇴 및 교체(④), 정비구역의 위치 및 면적(①), 조합의 비용부담 및 조합의 회계, 정비사업비의 부담시기 및 절차(②), 시공자·설계자의 선정 및 계약서에 포함될 내용 등'을 변경하는 경우에는 조합원 3분의 2 이상의 찬성으로 한다.

09 조합의 임원   정답 ③

ⓒ 조합장의 자기를 위한 조합과의 소송에 관하여는 감사가 조합을 대표한다.
ⓒ 조합장을 제외한 조합임원은 조합의 대의원이 될 수 없다.

10 조합의 임원   정답 ①

② 조합임원이 결격사유에 해당하게 되어 당연 퇴임한 경우 그가 퇴임 전에 관여한 행위는 그 효력을 잃지 않는다.
③ 총회에서 요청하여 시장·군수등이 전문조합관리인을 선정한 경우 전문조합관리인이 업무를 대행할 임원은 당연 퇴임한다.
④ 조합장이 아닌 조합임원은 대의원이 될 수 없다.
⑤ 대의원회는 임기 중 궐위된 조합장을 보궐 선임할 수 없다.

11 조합총회의 소집　　　　　　　　　　　　　정답 ①

- 총회는 조합장의 직권으로 소집하거나 조합원 (㉠ 5분의 1) 이상 또는 대의원 (㉡ 3분의 2) 이상의 요구로 조합장이 소집한다.
- 총회를 소집하려는 자는 총회가 개최되기 (㉢ 7)일 전까지 회의 목적·안건·일시 및 장소를 정하여 조합원에게 통지하여야 한다.

12 조합총회의 의결사항　　　　　　　　　　　정답 ③

조합임원의 선임 및 해임과 대의원의 선임 및 해임에 관한 사항은 대의원회가 대행할 수 없는 의결사항이지만, 조합장을 제외한 정관으로 정하는 바에 따라 임기 중 궐위된 자를 보궐선임하는 경우(ⓒ)는 대의원회가 대행할 수 있는 의결사항이다.

13 재개발사업조합　　　　　　　　　　　　　　정답 ①

조합원의 자격에 관한 사항에 대하여 정관을 변경하고자 하는 경우 총회에서 조합원 3분의 2 이상의 동의를 받아야 한다.

14 조합의 설립　　　　　　　　　　　　　　　정답 ④

㉠ 조합설립추진위원회의 조합설립을 위한 토지등소유자의 동의는 서면동의서에 토지등소유자가 성명을 적고 지장(指章)을 날인하는 방법으로 하며, 주민등록증, 여권 등 신원을 확인할 수 있는 신분증명서의 사본을 첨부하여야 한다.
㉣ '창립총회, 시공자 선정 취소를 위한 총회, 사업시행계획서의 작성 및 변경, 관리처분계획의 수립 및 변경'을 의결하는 총회의 경우에는 조합원의 100분의 20 이상이 직접 출석하여야 한다.
㉤ 조합은 조합설립인가를 받은 날부터 30일 이내에 주된 사무소의 소재지에서 대통령령으로 정하는 사항을 등기하는 때에 성립한다.

15 조합　　　　　　　　　　　　　　　　　　정답 ②

조합의 설립인가를 받으려면 토지등소유자의 조합설립동의서 및 동의사항을 증명하는 서류를 시장·군수등에게 제출하여야 한다.

16 주민대표회의　　　　　　　　　　　　　　정답 ③

① 주민대표회의에는 위원장과 부위원장 각 1명과 1명 이상 3명 이하의 감사를 둔다.

② 상가세입자는 사업시행자가 건축물 철거의 사항에 관하여 시행규정을 정하는 때에 의견을 제시할 수 있다.
④ 주민대표회의는 토지등소유자의 과반수의 동의를 받아 구성한다.
⑤ 주민대표회의는 위원장을 포함하여 5명 이상 25명 이하로 구성한다.

17 토지등소유자의 수   정답 ③

- 지번 1: A(토지소유자 1인)와 H, I(건축물소유자 대표 1인) = 2인
- 지번 2: B, C(토지소유자 대표 1인)와 D, E(지상권자 대표 1인) 중 대표 1인
- 지번 3: F(토지소유자 1인)와 G(건축물소유자 1인) = 2인(각각 1인)

따라서 토지등소유자는 2인 + 1인 + 2인 = 5인이다.

18 조합의 정관   정답 ⑤

대의원회 법정 의결정족수의 완화에 관한 사항은 정관의 내용에 해당하지 않는다.

19 조합의 임원   정답 ②

조합임원은 조합원 10분의 1 이상의 요구로 소집된 총회에서 조합원 과반수의 출석과 출석 조합원 과반수의 동의를 받아 해임할 수 있다.

20 정비사업의 시행   정답 ⑤

조합설립인가 후 시장·군수등이 토지주택공사등을 사업시행자로 지정·고시한 때에는 그 고시일의 다음 날에 조합설립인가가 취소된 것으로 본다.

21 사업시행계획   정답 ⑤

① 재개발사업은 토지등소유자가 20인 미만인 경우에는 토지등소유자가 직접 시행할 수 있다.
② 사업시행자가 사업시행인가를 받은 후 대지면적을 10%의 범위 안에서 변경하는 경우 시장·군수등에게 신고하여야 한다.
③ 시장·군수등은 재개발사업의 사업시행계획인가를 하는 경우 해당 정비사업의 사업시행자가 지정개발자인 때에는 정비사업비의 100분의 20의 범위에서 시·도조례로 정하는 금액을 예치하게 할 수 있다.
④ 시장·군수등은 사업시행계획인가를 하려는 경우 정비구역부터 200m 이내에 교육시설이 설치되어 있는 때에는 해당 지방자치단체의 교육감 또는 교육장과 협의하여야 한다.

22 사업시행자 등 정답 ③

㉠ 주거환경개선사업의 사업시행자가 임시거주시설 등 설치를 위하여 지방자치단체의 건축물을 일시 사용하고자 신청한 경우, 그 지방자치단체가 제3자와 이미 매매계약을 체결하였을 때에는 이를 거절할 수 있다.
㉢ 정비사업의 사업대행자는 사업시행자에게 청구할 수 있는 보수에 대한 권리로써 사업시행자에게 귀속될 건축물을 압류할 수 있다.

23 재개발사업의 시행 정답 ④

① 사업시행으로 철거되는 주택의 소유자 또는 세입자를 위하여 사업시행자가 지방자치단체의 건축물을 임시거주시설로 사용하는 경우 사용료 또는 대부료는 면제된다.
② 조합이 시·도지사 또는 토지주택공사등에게 재개발사업의 시행으로 건설된 임대주택의 인수를 요청하는 경우 시·도지사가 우선하여 인수하여야 한다.
③ 사업을 시행하고자 하는 경우 시장·군수등에게 사업시행계획인가를 받아야 한다.
⑤ 사업시행계획서에는 일부 건축물의 존치 또는 리모델링에 관한 내용이 포함될 수 있다.

24 정비사업의 시행 정답 ②

㉡ 관리처분계획 및 청산(분할징수 또는 납입에 관한 사항을 포함)은 수용의 방법으로 시행하는 경우는 제외한다.
㉣ 토지등소유자 전체회의는 신탁업자가 사업시행자인 경우로 한정한다.

> **이론+ 시행규정의 작성**
>
> 시장·군수등, 토지주택공사등 또는 신탁업자가 단독으로 정비사업을 시행하는 경우 다음의 사항을 포함하는 시행규정을 작성하여야 한다.
> 1. 정비사업의 종류 및 명칭
> 2. 정비사업의 시행연도 및 시행방법
> 3. 비용부담 및 회계
> 4. 토지등소유자의 권리·의무
> 5. 정비기반시설 및 공동이용시설의 부담
> 6. 공고·공람 및 통지의 방법
> 7. 토지 및 건축물에 관한 권리의 평가방법
> 8. 관리처분계획 및 청산(분할징수 또는 납입에 관한 사항을 포함). 다만, 수용의 방법으로 시행하는 경우는 제외한다.
> 9. 시행규정의 변경
> 10. 사업시행계획서의 변경
> 11. 토지등소유자 전체회의(신탁업자가 사업시행자인 경우로 한정)
> 12. 그 밖에 시·도조례로 정하는 사항

25 국민주택규모 주택　　　　　　　　　　　　　　정답 ①

② 시·도지사 및 시장·군수·구청장이 국민주택규모 주택을 인수할 수 없는 경우, 시·도지사는 국토교통부장관에게 인수자 지정을 요청해야 한다.
③ 사업시행자는 건설한 국민주택규모 주택을 국토교통부장관, 시·도지사, 시장·군수·구청장 또는 토지주택공사등에 공급하여야 한다.
④ 선정된 국민주택규모 주택을 공급하는 경우에는 시·도지사, 시장·군수·구청장 순으로 우선하여 인수할 수 있다.
⑤ 사업시행자는 인수자에게 공급해야 하는 국민주택규모 주택을 공개추첨의 방법으로 선정해야 한다.

26 분양신청　　　　　　　　　　　　　　　　　　정답 ①

분양신청기간은 통지한 날부터 (㉠ 30)일 이상 (㉡ 60)일 이내로 하여야 한다. 다만, 사업시행자는 관리처분계획의 수립에 지장이 없다고 판단하는 경우에는 분양신청기간을 (㉢ 20)일의 범위에서 한 차례만 연장할 수 있다.

27 관리처분계획의 변경　　　　　　　　　　　　　정답 ②

㉡ 사업시행자의 변동에 따른 권리·의무의 변동이 있는 경우로서 분양설계의 변경을 수반하지 아니하는 경우로 변경하고자 할 때 시장·군수등의 인가를 받지 않고, 신고하여야 한다.
㉢ 사업시행자가 인가받은 관리처분계획을 계산착오·오기·누락 등에 따른 조서의 단순정정인 경우로서 불이익을 받는 자가 없는 경우로 변경하고자 할 때 시장·군수등의 인가를 받지 않고, 신고하여야 한다.

28 재건축사업의 주택공급　　　　　　　　　　　　정답 ⑤

㉠ 과밀억제권역 내 재건축사업지구에 1세대 2주택을 소유한 자: 2주택
㉡ 과밀억제권역 이외 지역의 재건축사업지구에 1세대 5주택을 소유한 자: 5주택

29 주택의 공급　　　　　　　　　　　　　　　　정답 ③

근로자(공무원인 근로자를 포함) 숙소, 기숙사 용도로 주택을 소유하고 있는 토지등소유자에게는 소유한 주택 수만큼 주택을 공급할 수 있다.

30 관리처분계획의 기준 정답 ②

① 사업시행자는 폐공가의 밀집으로 범죄 발생의 우려가 있는 경우 기존 건축물 소유자의 동의 및 시장·군수등의 허가를 받아 해당 건축물을 철거할 수 있다.
③ 같은 세대에 속하지 아니하는 3명이 1토지를 공유한 경우에는 1주택만 공급하여야 한다.
④ 분양설계에 관한 계획은 분양신청기간이 만료되는 날을 기준으로 하여 수립한다.
⑤ 관리처분계획상 분양대상자별 종전의 토지 또는 건축물의 명세 및 사업시행계획인가 고시가 있는 날을 기준으로 한 가격에 따른 가격의 범위 또는 종전 주택의 주거전용면적의 범위에서 2주택을 공급할 수 있고, 이 중 1주택은 주거전용면적을 60m² 이하로 한다.

31 관리처분계획에 따른 처분 정답 ④

㉠ 사업시행자는 분양신청을 받은 후 잔여분이 있는 경우에는 사업시행계획으로 정하는 목적을 위하여 그 잔여분을 조합원 또는 토지등소유자 이외의 자에게 분양할 수 있다.
㉡ 조합이 재개발사업의 시행으로 건설된 재개발임대주택의 인수를 요청하는 경우 시·도지사 또는 시장·군수·구청장이 우선하여 인수하여야 하며, 시·도지사 또는 시장·군수·구청장이 예산·관리인력의 부족 등 부득이한 사정으로 인수하기 어려운 경우에는 국토교통부장관에게 토지주택공사등을 인수자로 지정할 것을 요청할 수 있다.
㉣ 환지를 공급하는 방법으로 시행하는 주거환경개선사업의 사업시행자가 정비구역에 주택을 건설하는 경우 주택의 공급방법에 관하여 「주택법」에도 불구하고 시장·군수등의 승인을 받아 따로 정할 수 있다.

32 관리처분계획 정답 ③

너무 좁은 토지 또는 건축물을 취득한 자나 정비구역 지정 후 분할된 토지 또는 집합건물의 구분소유권을 취득한 자에게는 현금으로 청산할 수 있다.

33 관리처분계획 및 관리처분 정답 ④

㉠ 주택분양에 관한 권리를 포기하는 토지등소유자에 대한 임대주택의 공급에 따라 관리처분계획을 변경하는 경우에는 시장·군수등에게 신고하여야 한다.
㉢ 재건축사업의 사업시행자는 관리처분계획을 수립하여 시장·군수등의 인가를 받아야 하며, 당해 관리처분계획을 중지하는 경우에도 시장·군수등의 인가를 받아야 한다.
㉣ 지분형 주택의 규모는 주거전용면적이 60m² 이하인 주택으로 한정한다.

34 공사완료에 따른 조치 정답 ③

㉠ 준공인가에 따라 정비구역의 지정이 해제된다 하더라도 조합은 해산된 것으로 보지 않는다.
㉡ 건축물을 분양받을 자는 사업시행자가 소유권이전에 관한 내용을 공보에 고시한 날의 다음 날에 건축물에 대한 소유권을 취득한다.
㉢ 시장·군수등은 준공인가 전 사용허가를 하는 때에는 동별·세대별 또는 구획별로 사용허가를 할 수 있다.

35 정비사업의 준공인가 및 이전고시 정답 ④

① 정비사업에 의하여 건축물을 분양받을 자에게 소유권을 이전한 경우 종전의 건축물에 설정된 저당권 등 등기된 권리는 소유권을 이전받은 건축물에 설정된 것으로 본다.
② 관리처분계획을 수립하는 경우 정비구역의 지정은 이전고시가 있은 날의 다음 날에 해제된 것으로 본다.
③ 시장·군수등은 효율적인 준공검사를 위하여 필요한 때에는 관계 행정기관·공공기관·연구기관, 그 밖의 전문기관 또는 단체에게 준공검사의 실시를 의뢰할 수 있다. 이를 위해 별도의 건축위원회의 심의를 거치지는 않는다.
⑤ 사업시행자인 지방공사가 정비사업공사를 완료한 때에는 시장·군수등의 준공인가를 받아야 한다.

36 정비사업의 준공인가 정답 ②

준공인가 신청을 받은 시장·군수등은 지체 없이 준공검사를 실시하여야 한다.

37 정비사업의 청산금 정답 ②

㉠ 정비사업 시행지역 내의 건축물 저당권자는 그 건축물의 소유자가 지급받을 청산금에 대하여 청산금을 지급하기 전에 압류절차를 거쳐 저당권을 행사할 수 있다.
㉡ 조합총회의 의결을 거쳐 정한 경우에는 관리처분계획인가 후부터 소유권이전의 고시일까지 청산금을 분할징수할 수 있다.
㉣ 청산금을 납부할 자가 이를 납부하지 아니하는 경우에는 시장·군수등이 아닌 사업시행자는 시장·군수등에게 청산금의 징수를 위탁할 수 있다. 이 경우 사업시행자는 징수한 금액의 100분의 4에 해당하는 금액을 해당 시장·군수등에게 지급하여야 한다.
㉤ 청산금을 지급받을 권리 또는 이를 징수할 권리는 소유권이전고시일의 다음 날부터 5년간 이를 행사하지 아니하면 소멸한다.

38 비용의 부담 정답 ①

② 정비사업비는 「도시 및 주거환경정비법」 또는 다른 법령에 특별한 규정이 있는 경우를 제외하고는 사업시행자가 부담한다.
③ 사업시행자는 정비사업을 시행하는 지역에 전기·가스 등의 공급시설을 설치하기 위하여 공동구를 설치하는 경우에는 다른 법령에 따라 그 공동구에 수용될 시설을 설치할 의무가 있는 자에게 공동구의 설치에 드는 비용을 부담시킬 수 있다.
④ 정비구역의 국유·공유재산은 정비사업 외의 목적으로 매각되거나 양도될 수 없다.
⑤ 정비구역의 국유·공유재산은 사업시행자 또는 점유자 및 사용자에게 다른 사람에 우선하여 수의계약으로 매각될 수 있다.

39 청산금 및 비용의 부담 정답 ③

㉠ 국가 또는 지방자치단체는 토지임대부 분양주택을 공급받는 자에게 해당 공급비용의 전부 또는 일부를 보조 또는 융자할 수 있다.
㉡ 정비사업을 목적으로 우선하여 매각하는 국·공유지는 사업시행계획인가의 고시가 있는 날을 기준으로 평가하며, 주거환경개선사업의 경우 매각가격은 평가금액의 100분의 80으로 한다.
㉢ 청산금을 지급받을 자가 받기를 거부한 때에는 사업시행자는 그 청산금을 공탁할 수 있다.

40 분양신청 정답 ⑤

- 사업시행자는 관리처분계획이 인가·고시된 다음 날부터 (㉠ 90)일 이내에 다음에서 정하는 자와 토지, 건축물 또는 그 밖의 권리의 손실보상에 관한 협의를 하여야 한다. 다만, 사업시행자는 분양신청기간 종료일의 다음 날부터 협의를 시작할 수 있다.

  1. 분양신청을 하지 아니한 자
  2. 분양신청기간 종료 이전에 분양신청을 철회한 자
  3. 분양신청을 할 수 없는 자
  4. 인가된 관리처분계획에 따라 분양대상에서 제외된 자

- 위 협의가 성립되지 아니하면 사업시행자는 그 기간의 만료일 다음 날부터 (㉡ 60)일 이내에 수용재결을 신청하거나 매도청구소송을 제기하여야 한다.
- 사업시행자는 기간을 넘겨서 수용재결을 신청하거나 매도청구소송을 제기한 경우에는 해당 토지등소유자에게 지연일수에 따른 이자를 지급하여야 하며, 이 경우 이자는 (㉢ 100분의 15) 이하의 범위에서 대통령령으로 정하는 이율을 적용하여 산정한다.

41 지분형 주택 정답 ⑤

지분형 주택의 공동소유기간은 소유권을 취득한 날부터 10년의 범위에서 사업시행자가 정하는 기간으로 한다.

42 비용의 부담 정답 ④

시장·군수등이 비용을 부담할 수 있는 시설은 ⓒⓒ②ⓗ이다.

이론+ 시장·군수등이 비용을 부담할 수 있는 시설

> 시장·군수등은 시장·군수등이 아닌 사업시행자가 시행하는 정비사업의 정비계획에 따라 설치되는 다음의 시설에 대하여는 그 건설에 드는 비용의 전부 또는 일부를 부담할 수 있다.
> 1. 도로
> 2. 상·하수도
> 3. 공원
> 4. 공용주차장
> 5. 공동구
> 6. 녹지
> 7. 하천
> 8. 공공공지
> 9. 광장
> 10. 임시거주시설

43 공공재개발사업 정답 ③

정비구역의 지정권자는 공공재개발사업 예정구역이 지정·고시된 날부터 (㉠ 2)년이 되는 날까지 공공재개발사업 예정구역이 공공재개발사업을 위한 정비구역으로 지정되지 아니하거나, 공공재개발사업 시행자가 지정되지 아니하면 그 (㉠ 2)년이 되는 날의 다음 날에 공공재개발사업 예정구역 지정을 해제하여야 한다. 다만, 정비구역의 지정권자는 1회에 한하여 (㉡ 1)년의 범위에서 공공재개발사업 예정구역의 지정을 연장할 수 있다.

PART 4 건축법

CHAPTER 01 총칙

01	③	02	⑤	03	④	04	②	05	④
06	⑤	07	①	08	③	09	①	10	⑤
11	②	12	②	13	④	14	③	15	②
16	①								

01 다중이용 건축물   정답 ③

'다중이용 건축물'이란 불특정한 다수의 사람들이 이용하는 건축물로서 16층 이상인 건축물이거나 '문화 및 집회시설(동물원·식물원은 제외), 종교시설, 판매시설, 운수시설 중 여객용 시설, 의료시설 중 종합병원, 숙박시설 중 관광숙박시설'에 해당하는 용도로 쓰는 바닥면적의 합계가 5,000m^2 이상인 건축물을 말한다.

02 다중이용 건축물   정답 ⑤

① 교육연구시설로 사용하는 바닥면적의 합계가 5,000m^2인 연구소는 16층 이상인 경우 다중이용 건축물에 해당한다.
② 문화 및 집회시설로 사용하는 바닥면적의 합계가 5,000m^2인 동물원·식물원은 다중이용 건축물에서 제외된다.
③ 종교시설로 사용하는 바닥면적의 합계가 5,000m^2 이상 또는 16층 이상인 성당인 경우 다중이용 건축물에 해당한다.
④ 숙박시설로 사용하는 바닥면적의 합계가 5,000m^2 이상 또는 16층 이상인 관광호텔인 경우 다중이용 건축물에 해당한다.

03 건축물의 건축   정답 ④

건축물의 '건축'이란 건축물을 신축·증축·개축·재축 또는 이전하는 것을 말하며, 대수선은 '건축'에 속하지 않는다.
㉠ 건축물이 재해로 멸실된 경우 그 대지에 종전 규모 이하에서 다시 축조하는 것은 '재축'에 해당한다.
㉡ 기존 건축물이 있는 대지에서 건축물의 층수를 증가시키는 것은 '증축'에 해당한다.

ⓒ 기존 건축물의 전부를 해체하고 그 대지에 종전과 같은 규모의 범위에서 건축물을 다시 축조하는 것은 '개축'에 해당한다.
ⓔ 건축물의 방화구획을 위한 바닥 또는 벽을 수선하는 행위를 하는 것은 '대수선'에 해당한다.
ⓜ 건축물의 주요구조부를 해체하지 아니하고 같은 대지의 다른 위치로 옮기는 것은 '이전'에 해당한다.
ⓗ 건축물이 없던 나대지에 새로 건축물을 축조하는 것은 '신축'에 해당한다.

04 용어정의　　　　　　　　　　　　　　　　　　　　　정답 ②

건축물의 특별피난계단을 수선하는 것은 '대수선'이며, 기존 건축물의 전부 또는 일부를 해체하고 그 대지에 종전과 같은 규모의 범위에서 건축물을 다시 축조하는 것을 '개축'이라고 한다.

05 용어정의　　　　　　　　　　　　　　　　　　　　　정답 ④

내력벽을 수선하더라도 수선되는 벽면적의 합계가 30m² 미만인 경우는 '대수선'에 포함되지 않는다.

06 대수선 행위　　　　　　　　　　　　　　　　　　　　정답 ⑤

㉠ⓛⓒⓔ 모두 대수선 행위에 해당한다.

이론 + 대수선 행위

다음의 어느 하나에 해당하는 것으로 증축·개축 또는 재축에 해당하지 아니하는 것을 대수선이라고 한다.
1. 내력벽을 증설 또는 해체하거나 그 벽면적을 30m² 이상 수선 또는 변경하는 것
2. 기둥을 증설 또는 해체하거나 세 개 이상 수선 또는 변경하는 것
3. 보를 증설 또는 해체하거나 세 개 이상 수선 또는 변경하는 것
4. 지붕틀(한옥의 경우에는 지붕틀의 범위에서 서까래는 제외)을 증설 또는 해체하거나 세 개 이상 수선 또는 변경하는 것
5. 방화벽 또는 방화구획을 위한 바닥 또는 벽을 증설 또는 해체하거나 수선 또는 변경하는 것
6. 주계단·피난계단 또는 특별피난계단을 증설 또는 해체하거나 수선 또는 변경하는 것
7. 다가구주택의 가구 간 경계벽 또는 다세대주택의 세대 간 경계벽을 증설 또는 해체하거나 수선 또는 변경하는 것
8. 건축물의 외벽에 사용하는 마감재료를 증설 또는 해체하거나 벽면적 30m² 이상 수선 또는 변경하는 것

07 용어정의   정답 ①

㉠ 지하나 고가(高架)의 공작물에 설치하는 사무소·공연장·점포·차고·창고는 '건축물'에 해당한다.
㉡ 연면적은 하나의 건축물 각 층의 바닥면적의 합계를 말하는 것으로서, 용적률을 산정할 때 층수가 50층 이상인 건축물에 설치하는 피난안전구역의 면적은 연면적에 산입하지 않는다.

08 건축물의 종류와 용도   정답 ③

① 오피스텔 – 업무시설
② 자동차운전학원 – 자동차 관련 시설
④ 카지노 영업소 – 위락시설
⑤ 무도학원 – 위락시설

09 신고대상 공작물   정답 ①

㉠ 높이 4m를 넘는 장식탑이 신고대상 공작물에 해당한다.
㉡ 바닥면적 30m²를 넘는 지하대피호가 신고대상 공작물에 해당한다.
㉢ 상업지역에 설치하는 높이 6m를 넘는 통신용 철탑이 신고대상 공작물에 해당한다.
㉣ 높이 8m를 넘는 고가수조(高架水槽)가 신고대상 공작물에 해당한다.
㉤ 높이 6m를 넘는 굴뚝이 신고대상 공작물에 해당한다.
㉥ 높이 8m 이하인 기계식 주차장 및 철골조립식 주차장(바닥면이 조립식이 아닌 것을 포함)으로서 외벽이 없는 것은 신고대상 공작물에 해당한다.

10 건축법의 적용   정답 ⑤

㉥ 대지에 정착된 컨테이너를 이용한 주택은 「건축법」의 적용대상에 해당한다. 컨테이너를 이용한 간이창고로, 공장의 용도로만 사용되는 건축물을 대지에 설치하는 것으로서 이동이 쉬운 것만 「건축법」을 적용하지 않는다.

11 건축법의 적용   정답 ②

① 지구단위계획구역이 아닌 계획관리지역으로서 동이나 읍이 아닌 지역에서는 「건축법」상 건축선에 의한 건축제한 규정이 적용되지 않는다.
③ 철도의 선로부지에 있는 플랫폼을 건축하는 경우에는 「건축법」상 건폐율 규정과 용적률 규정 모두 적용되지 않는다.
④ 지구단위계획구역이 아닌 계획관리지역으로서 동이나 읍이 아닌 지역에서는 「건축법」상 높이제한 규정이 적용된다.

⑤ 고속도로 통행료 징수시설을 건축하는 경우에는 「건축법」상 대지의 분할제한 규정이 적용되지 않는다.

12 건축민원전문위원회 정답 ②

① 건축민원전문위원회는 심의에 필요하다고 인정하면 위원 또는 사무국의 소속 공무원에게 관계 서류를 열람하게 하거나 관계 사업장에 출입하여 조사하게 할 수 있다.
③ 시·도지사는 건축위원회의 심의 등을 효율적으로 수행하기 위하여 필요하면 자신이 설치하는 건축위원회에 건축민원전문위원회를 두어 운영할 수 있다.
④ 건축민원전문위원회에 질의민원의 심의를 신청하려는 자는 문서에 의할 수 없는 특별한 사정이 있는 경우에는 구술로도 신청할 수 있다.
⑤ 건축민원전문위원회가 위원회에 출석하게 하여 의견을 들을 수 있는 자는 신청인, 허가권자의 업무담당자, 이해관계자 또는 참고인이다.

13 건축분쟁전문위원회 정답 ④

건축 등과 관련된 '건축관계자와 해당 건축물의 건축 등으로 피해를 입은 인근주민 간의 분쟁, 관계전문기술자와 인근주민 간의 분쟁, 건축관계자와 관계전문기술자 간의 분쟁, 건축관계자 간의 분쟁, 인근주민 간의 분쟁, 관계전문기술자 간의 분쟁의 조정(調停) 및 재정(裁定)을 하기 위하여 국토교통부에 건축분쟁전문위원회를 둔다.

14 용어정의 정답 ③

ⓒ '고층건축물'이란 층수가 30층 이상이거나 높이가 120m 이상인 건축물을 말한다.
ⓒ '건축'이란 건축물을 신축·증축·개축·재축(再築)하거나 건축물을 이전하는 것을 말한다.

15 특수구조 건축물의 특례 정답 ②

특수구조 건축물을 건축하려는 건축주는 착공신고를 하기 전에 허가권자에게 해당 건축물의 구조안전에 관하여 지방건축위원회의 심의를 신청하여야 한다.

16 건축물의 용도 정답 ①

안마시술소 및 노래연습장은 면적에 관계없이 제2종 근린생활시설에 해당한다.

CHAPTER 02 건축물의 건축

01	③	02	④	03	①	04	③	05	①
06	⑤	07	②	08	①	09	②	10	①
11	②	12	④	13	②	14	②	15	②
16	②	17	⑤	18	②	19	⑤	20	④
21	④	22	②	23	③						

01 건축허가의 사전결정   정답 ③

① 사전결정 신청사항에는 건축허가를 받기 위하여 신청자가 고려하여야 할 사항이 포함될 수 있다.
② 사전결정의 신청자는 그 신청 시 건축위원회의 심의와 교통영향평가서의 검토를 동시에 신청할 수 있다.
④ 사전결정의 신청자가 사전결정을 통지받은 날부터 2년 이내에 법령에 따른 건축허가를 신청하지 않으면 그 사전결정은 효력을 상실한다.
⑤ 사전결정의 통지로써 「국토의 계획 및 이용에 관한 법률」에 따른 개발행위허가가 의제되는 경우 허가권자는 사전결정을 하기에 앞서 관계 행정기관의 장과 협의하여야 한다.

02 허가권자의 사전결정통지   정답 ④

㉠ 보전산지의 경우 도시지역만 「산지관리법」 제14조에 의한 산지전용허가가 의제된다.

03 도지사의 사전승인   정답 ①

㉢ 연면적의 합계가 100,000m²인 창고는 도지사의 사전승인을 받아야 하는 건축물이 아니다.
㉣ 연면적의 10분의 3 이상을 증축하여 층수가 21층이 되는 건축물은 도지사의 승인을 받아야 하지만, 공장은 도지사의 사전승인을 받아야 하는 건축물이 아니다.

04 건축허가의 제한   정답 ③

국방, 국가유산의 보존, 환경보전 또는 국민경제를 위하여 특히 필요한 경우 주무부장관이 요청하면 국토교통부장관은 허가권자의 건축허가를 제한할 수 있다.

05 건축허가의 제한   정답 ①

㉠ 시·도지사가 건축허가를 제한하려는 경우에는 「토지이용규제 기본법」에 따라 주민의견을 청취한 후 건축위원회의 심의를 거쳐야 한다.
㉣ 국토교통부장관은 국토관리상 특히 필요하다고 인정하거나 주무부장관이 국방·국가유산의 보존·환경보전 또는 국민경제상 특히 필요하다고 인정하여 요청하는 경우에는 허가권자의 건축허가나 허가를 받은 건축물의 착공을 제한할 수 있으며, 주무부장관이 아닌 교육감은 착공제한을 요청할 수 없다.
㉤ 지역계획을 위하여 특히 필요한 경우 도지사는 시장 또는 군수의 건축허가를 제한할 수 있다.

06 허가대상 건축물   정답 ⑤

① 甲이 건축허가를 받은 경우에도 A광역시장은 지역계획에 특히 필요하다고 인정하면 甲의 건축물 착공을 제한할 수 있다.
② 연면적의 합계가 5,000m² 이상인 건축공사의 경우 공사감리자는 필요하다고 인정하면 공사시공자에게 상세시공도면을 작성하도록 요청할 수 있다.
③ 甲은 B구청장에게 건축허가를 받아야 한다.
④ 甲이 건축허가를 받은 이후에 공사시공자를 변경하는 경우에는 B구청장에게 신고하여야 한다.

07 건축신고   정답 ②

① 건축신고를 한 경우에는 공사용 가설건축물의 축조신고를 한 것으로 본다.
③ 연면적의 합계가 110m²인 단층의 건축물의 신축은 허가의 대상이다.
④ 건축허가를 받은 건축물의 건축주를 변경하는 경우에는 신고를 하여야 한다.
⑤ 건축신고를 한 자가 신고일부터 1년 이내에 공사에 착수하지 아니하면 그 신고의 효력은 없어진다.

08 신고대상 건축물   정답 ①

㉠ 연면적 250m²인 4층 건축물의 방화벽 수선: 건축신고
㉡ 바닥면적 150m²인 단층 건축물의 신축: 건축허가
㉢ 연면적 180m²인 2층 건축물의 대수선: 건축신고
㉣ 1층의 바닥면적 50m², 2층의 바닥면적 30m²인 2층 건축물의 신축: 건축신고
㉤ 연면적 190m²인 3층 건축물의 피난계단 증설: 건축허가
㉥ 연면적의 합계가 200m²인 건축물의 높이를 2m 증축: 건축신고

09 건축허가 및 건축신고   정답 ②

ⓔ 공장과 창고는 도지사의 사전승인대상 건축물이 아니다.
ⓜ 바닥면적이 각 50m²인 3층의 건축물을 신축하고자 하는 자는 건축허가의 신청 전에 허가권자에게 그 건축의 허용성에 대한 사전결정을 신청할 수 있다.

10 건축허가 및 건축신고   정답 ①

甲이 대수선을 하기 전에 B시장에게 건축허가를 받아야 한다.

11 가설건축물   정답 ②

① 가설건축물의 존치기간은 3년 이내이어야 한다.
③ 가설건축물은 철근콘크리트조 또는 철골철근콘크리트조가 아니어야 한다.
④ 가설건축물은 전기·수도·가스 등 새로운 간선공급설비의 설치를 필요로 하는 것이 아니어야 한다.
⑤ 가설건축물은 공동주택·판매시설·운수시설 등으로서 분양을 목적으로 하는 건축물이 아니어야 한다.

12 가설건축물   정답 ④

ⓛ 조립식 구조로 된 경비용으로 쓰는 가설건축물로서 연면적이 10m² 이하인 것
ⓒ 야외흡연실 용도로 쓰는 가설건축물로서 연면적이 50m² 이하인 것

13 건축공사현장 안전관리   정답 ②

① 건축공사현장 안전관리에 필요한 비용을 건축공사비의 1%의 범위에서 예치하게 할 수 있다.
③ 건축허가를 받은 자는 건축물의 건축공사를 중단하고 장기간 공사현장을 방치할 경우에는 안전관리조치 등을 할 의무가 있다.
④ 예치금을 대통령령으로 정하는 보증서로 대신할 수 있다.
⑤ 허가권자는 연면적이 1,000m² 이상인 건축물로서 해당 지방자치단체의 조례로 정하는 건축물에 대하여는 착공신고를 하는 건축주에게 장기간 건축물의 공사현장이 방치되는 것에 대비하여 미리 미관 개선과 안전관리에 필요한 비용을 예치하게 할 수 있다.

14 건축물의 건축 정답 ②

① 부속건축물만 있는 대지에 새로 주된 건축물을 축조하는 것은 증축이 아니라 신축에 해당한다.
③ 기존 건축물이 있는 대지에서 건축물의 높이를 늘리는 것은 대수선이 아니라 증축에 해당한다.
④ 건축물이 천재지변으로 멸실된 경우 그 대지에 종전과 같은 규모로 다시 축조하는 것은 개축이 아니라 재축에 해당한다. 반면에, 전부 또는 일부(내력벽·기둥·보·지붕틀 중 셋 이상이 포함되는 경우를 말함)를 해체한 경우에는 개축에 해당한다.
⑤ 건축물의 주요구조부를 해체하지 아니하고 같은 대지의 다른 위치로 옮기는 것이 이전에 해당한다.

15 건축물의 대수선 정답 ②

기둥을 3개 이상 수선 또는 변경하여야 대수선이 된다.

16 건축허가대상 정답 ②

국가나 지방자치단체가 소유한 대지의 지상 또는 지하 여유공간에 구분지상권을 설정하여 주민편의시설 등 대통령령으로 정하는 '제1종 근린생활시설, 제2종 근린생활시설(총포판매소, 장의사, 다중생활시설, 제조업소, 단란주점, 안마시술소 및 노래연습장은 제외), 문화 및 집회시설(공연장 및 전시장으로 한정), 의료시설, 교육연구시설, 노유자시설, 운동시설, 업무시설(오피스텔은 제외)'의 시설을 설치하고자 하는 경우 허가권자는 구분지상권자를 건축주로 보고 구분지상권이 설정된 부분을 건축물의 대지로 보아 건축허가를 할 수 있다.

17 건축물의 용도변경 정답 ⑤

영업시설군에서 문화 및 집회시설군으로 용도변경하는 경우에는 허가를 받아야 한다.

이론+ 용도변경에 따른 대상

허가대상	각 시설군에 속하는 건축물의 용도를 상위군에 해당하는 용도로 변경하는 경우
신고대상	각 시설군에 속하는 건축물의 용도를 하위군에 해당하는 용도로 변경하는 경우

건축물대장 기재내용의 변경신청 대상	변경신청 ○	같은 시설군 안에서 용도를 변경하려는 자
	변경신청 ×	• 「건축법 시행령」 별표 1의 같은 호에 속하는 건축물 상호 간의 용도변경 • 「국토의 계획 및 이용에 관한 법률」이나 그 밖의 관계 법령에서 정하는 용도제한에 적합한 범위에서 제1종 근린생활시설과 제2종 근린생활시설 상호 간의 용도변경

18 건축물의 용도변경   정답 ②

㉠ 단독주택을 다가구주택으로 변경하는 경우 관할 구청장에게 건축물대장 기재내용의 변경을 신청하지 않아도 된다.
㉡ 운동시설을 수련시설로 용도변경하는 경우 관할 구청장에게 신고하여야 한다.
㉢ 교육연구시설을 판매시설로 변경하는 경우 관할 구청장에게 허가를 받아야 한다.
㉣ 업무시설을 교육연구시설로 용도변경하는 경우 관할 구청장의 허가를 받아야 한다.

19 건축물의 용도변경   정답 ⑤

㉣과 ㉤은 허가대상, ㉡과 ㉢은 신고대상, ㉠은 건축물대장 기재내용 변경신청 대상에 해당된다.

20 건축물의 용도변경   정답 ④

㉠ 5층 이상인 층이 제2종 근린생활시설 중 공연장·종교집회장·인터넷컴퓨터게임시설제공업소(해당 용도로 쓰는 바닥면적의 합계가 각각 300m² 이상인 경우만 해당), 문화 및 집회시설(전시장 및 동·식물원은 제외), 종교시설, 판매시설, 위락시설 중 주점영업 또는 장례시설의 용도로 쓰는 경우에는 피난 용도로 쓸 수 있는 광장을 옥상에 설치하여야 하지만, 甲은 의료시설로 용도변경하므로 피난 용도로 쓸 수 있는 광장을 옥상에 설치하지 않아도 된다.
㉣ 甲이 용도변경을 위하여 건축물을 대수선할 경우 그 설계는 3층 이상의 건축물이므로 건축사가 아니면 설계를 할 수 없다.

21 건축물의 용도변경 정답 ④

① A도지사는 도시·군계획에 특히 필요하다고 인정하면 B군수의 용도변경허가를 제한할 수 있다.
② B군수는 甲이 판매시설과 위락시설의 복수 용도로 용도변경 신청을 한 경우 지방건축위원회의 심의를 거쳐 이를 허용할 수 있다.
③ 의료시설로 용도를 변경하려는 경우에는 용도변경신고를 하여야 한다.
⑤ 종교시설로 용도를 변경하려는 경우에는 용도변경허가를 받아야 한다.

22 건축물의 용도변경 정답 ②

① 판매시설을 수련시설로 변경하는 행위는 신고하여야 한다.
② 종교시설을 창고시설로 변경하는 행위는 상위군에 해당하는 용도변경에 해당하므로 허가를 받아야 한다.
③ 노유자시설을 제1종 근린생활시설로 변경하는 행위는 신고하여야 한다.
④ 운동시설을 업무시설로 변경하는 행위는 신고하여야 한다.
⑤ 공장을 장례시설로 변경하는 행위는 건축물대장 기재내용 변경신청의 대상이다.

23 건축물대장 정답 ③

ⓒ 건축허가대상 건축물(건축신고대상 건축물을 포함) 외의 건축물의 공사가 끝난 후 기재요청이 있는 경우 건축물대장에 건축물과 그 대지의 현황 및 국토교통부령으로 정하는 건축물의 구조내력에 관한 정보를 적어서 보관하고 이를 지속적으로 정비하여야 한다.

> **이론+** 건축물대장
>
> 특별자치시장·특별자치도지사 또는 시장·군수·구청장은 건축물의 소유·이용 및 유지·관리 상태를 확인하거나 건축정책의 기초 자료로 활용하기 위하여 '사용승인서를 내준 경우, 건축허가 또는 건축신고대상 건축물 외의 건축물의 공사를 끝낸 후 기재요청이 있는 경우, 「집합건물의 소유 및 관리에 관한 법률」에 따른 건축물대장의 신규등록 및 변경등록의 신청이 있는 경우, 법 시행일 전에 법령 등에 적합하게 건축되고 유지·관리된 건축물의 소유자가 그 건축물의 건축물관리대장이나 그 밖에 이와 비슷한 공부를 「건축법」 제38조에 따른 건축물대장에 옮겨 적을 것을 신청한 경우'에 해당하면 건축물대장에 건축물과 그 대지의 현황 및 국토교통부령으로 정하는 건축물의 구조내력에 관한 정보를 적어서 보관하고 이를 지속적으로 정비하여야 한다.

CHAPTER 03 건축물의 대지와 도로

| 01 | ④ | 02 | ③ | 03 | ⑤ | 04 | ③ | 05 | ④ |
| 06 | ⑤ | 07 | ① | 08 | ⑤ | | | | |

01 공개공지 또는 공개공간 정답 ④

㉠㉡㉢㉣ 공개공지 또는 공개공간을 설치하여야 하는 지역에 해당한다.

이론+ **공개공지등 설치대상지역**

> 다음의 어느 하나에 해당하는 지역의 환경을 쾌적하게 조성하기 위하여 대통령령으로 정하는 용도와 규모의 건축물은 일반이 사용할 수 있도록 대통령령으로 정하는 기준에 따라 소규모 휴식시설 등의 공개공지(空地; 공터) 또는 공개공간(이하 '공개공지등')을 설치하여야 한다.
> 1. 일반주거지역, 준주거지역
> 2. 상업지역
> 3. 준공업지역
> 4. 특별자치시장·특별자치도지사 또는 시장·군수·구청장이 도시화의 가능성이 크거나 노후 산업단지의 정비가 필요하다고 인정하여 지정·공고하는 지역

02 건축물의 공개공지등 정답 ③

대지에 공개공지등을 확보하여야 하는 건축물의 경우 공개공지등을 설치하는 때에는 해당 지역에 적용하는 용적률은 (㉠ 1.2배) 이하, 건축물의 높이제한은 해당 건축물에 적용하는 높이기준의 (㉡ 1.2배) 이하의 범위에서 대지면적에 대한 공개공지등 면적비율에 따라 용적률 및 건축물의 높이제한을 완화하여 적용할 수 있다.

03 대지의 조경 및 공개공지등 정답 ⑤

면적 5,000m² 미만인 대지에 건축하는 공장에 대하여는 조경 등의 조치를 하지 아니할 수 있다.

04 건축규제 정답 ③

㉠ 甲의 대지는 보행과 자동차통행이 가능한 도로에 **2m** 이상 접하여야 한다.
㉢ 甲은 건축을 위해 **건축허가**를 받아야 한다.
㉣ 배수에 지장이 있고 건축물 용도상 방습의 필요가 있는 곳인 甲의 대지는 인접한 도로면보다 낮아서는 아니 된다.

05 건축물의 대지와 도로 정답 ④

① 건축물의 지표 아래 부분은 건축선의 수직면을 넘을 수 있다.
② 손궤의 우려가 있는 토지에 대지를 조성하면서 설치한 옹벽의 외벽면에는 옹벽의 지지 또는 배수를 위한 시설 외의 구조물이 밖으로 튀어 나오게 해서는 아니 된다.
③ 연면적의 합계가 3,000m² 이상인 공장의 대지는 너비 6m 이상의 도로에 4m 이상 접하여야 한다.
⑤ 판매시설 중 농수산물유통시설은 공개공지의 설치의무대상이 아니다.

06 공개공지등 정답 ⑤

공개공지등의 면적은 대지면적의 100분의 10 이하의 범위에서 건축조례로 정한다.

07 건축선 정답 ①

소요 너비에 못 미치는 너비의 도로인 경우에는 그 중심선으로부터 그 소요 너비의 2분의 1의 수평거리만큼 물러난 선을 건축선으로 한다.

08 대지와 도로 정답 ⑤

① 건축물의 주변에 건축이 가능한 녹지가 있다면, 건축물의 대지는 2m 이상을 도로에 접하여야 한다.

> 다음의 어느 하나에 해당하는 경우에는 2m 이상을 도로에 접하지 아니하여도 된다.
> 1. 해당 건축물의 출입에 지장이 없다고 인정되는 경우
> 2. 건축물의 주변에 대통령령으로 정하는 공지(광장·공원·유원지 그 밖에 관계 법령에 따라 건축이 금지되고 공중의 통행에 지장이 없는 공지로서 허가권자가 인정한 것)가 있는 경우
> 3. 「농지법」에 따른 농막을 건축하는 경우

② 건축물과 담장은 건축선의 수직면(垂直面)을 넘어서는 아니 된다. 다만, 지표(地表) 아래 부분은 그러하지 아니하다.
③ 도로면으로부터 높이 4.5m 이하에 있는 출입구, 창문 그 밖에 이와 유사한 구조물은 열고 닫을 때 건축선의 수직면을 넘지 아니하는 구조로 하여야 한다.
④ 허가권자는 주민이 오랫동안 통행로로 이용하고 있는 사실상의 통로로서 해당 지방자치단체의 조례로 정한 경우에는 이해관계인의 동의 없이 건축위원회의 심의를 거쳐 도로로 지정할 수 있다.

CHAPTER 04 건축물의 구조 및 재료

| 01 | ④ | 02 | ⑤ | 03 | ② | 04 | ⑤ | 05 | ① |

01 고층건축물의 피난시설   정답 ④

- 층수가 63층이고 높이가 190m인 (㉠ 초고층) 건축물에는 피난층 또는 지상으로 통하는 직통계단과 직접 연결되는 피난안전구역을 지상층으로부터 최대 (㉡ 30)개 층마다 1개소 이상 설치하여야 한다.
- (㉢ 5)층 이상인 층이 제2종 근린생활시설 중 공연장·종교집회장·인터넷컴퓨터게임시설제공업소(해당 용도로 쓰는 바닥면적의 합계가 각각 300m² 이상인 경우만 해당), 문화 및 집회시설, 종교시설, 판매시설, 위락시설 중 주점영업 또는 장례시설의 용도로 쓰는 경우에는 피난 용도로 쓸 수 있는 광장을 옥상에 설치하여야 한다.

02 실내건축의 구조·시공방법등의 기준   정답 ⑤

㉠㉡㉢㉣㉤ 모두 실내건축의 재료 또는 장식물에 해당한다.

이론+ 실내건축의 재료 또는 장식물

1. 실내의 돌출부 등에는 충돌, 끼임 등 안전사고를 방지할 수 있는 완충재료를 사용할 것
2. 실내에 설치하는 칸막이는 피난에 지장이 없고, 구조적으로 안전할 것
3. 실내에 설치하는 전기·가스·급수·배수·환기시설은 누수·누전 등 안전사고가 없는 재료를 사용하고, 구조적으로 안전할 것
4. 실내에 설치하는 벽, 천장, 바닥 및 반자틀(노출된 경우에 한정)은 방화에 지장이 없는 재료를 사용할 것
5. 실내에 설치하는 난간, 창호 및 출입문은 방화에 지장이 없고, 구조적으로 안전할 것
6. 바닥 마감재료는 미끄럼을 방지할 수 있는 재료를 사용할 것

03 피난 및 소화에 필요한 통로 설치   정답 ②

「건축법 시행령」제41조【대지 안의 피난 및 소화에 필요한 통로 설치】① 건축물의 대지 안에는 그 건축물 바깥쪽으로 통하는 주된 출구와 지상으로 통하는 피난계단 및 특별피난계단으로부터 도로 또는 공지(공원, 광장 그 밖에 이와 비슷한 것으로서 피난 및 소화를 위하여 해당 대지의 출입에 지장이 없는 것을 말함)로 통하는 통로를 다음 각 호의 기준에 따라 설치하여야 한다.

1. 통로의 너비는 다음 각 목의 구분에 따른 기준에 따라 확보할 것
   가. (㉠ 단독주택): 유효 너비 0.9m 이상
   나. 바닥면적의 합계가 500m² 이상인 문화 및 집회시설, 종교시설, 의료시설, 위락시설 또는 장례시설: 유효 너비 (㉡ 3)m 이상
   다. 그 밖의 용도로 쓰는 건축물: 유효 너비 (㉢ 1.5)m 이상
〈이하 생략〉

04 범죄예방 기준에 따라 건축하여야 하는 건축물   정답 ⑤

'다가구주택, 아파트, 연립주택 및 다세대주택, 제1종 근린생활시설 중 일용품을 판매하는 소매점, 제2종 근린생활시설 중 다중생활시설, 문화 및 집회시설(동·식물원은 제외), 교육연구시설(연구소 및 도서관은 제외), 노유자시설, 수련시설, 업무시설 중 오피스텔, 숙박시설 중 다중생활시설'의 건축물은 범죄예방 기준에 따라 건축하여야 한다.

05 건축물의 피난시설   정답 ①

층수가 11층 이상인 건축물로서 11층 이상인 층의 바닥면적의 합계가 10,000m² 이상인 건축물의 옥상에는 국토교통부령으로 정하는 기준에 따라 헬리포트를 설치하거나 헬리콥터를 통하여 인명을 구조할 수 있는 공간을 확보하여야 한다.

CHAPTER 05 지역 및 지구 안의 건축물

01	⑤	02	①	03	⑤	04	③	05	④
06	②	07	③	08	②	09	③	10	②
11	③								

01 건축물의 건폐율 및 용적률   정답 ⑤

용적률을 산정할 경우 연면적에는 지하층의 면적은 포함되지 않는다.

02 건축물의 건폐율 및 용적률   정답 ①

1. 건폐율

$$\therefore 건폐율 = \frac{건축면적}{대지면적} \times 100 = \frac{500}{1,000} \times 100 = 50\%$$

2. 용적률
   - 용적률 산정 시 연면적에서 지하층과 지상층의 부속용도인 주차용 면적은 제외된다.
   - 지상 5개 층의 연면적 = 400m² × 5 = 2,000m²

   $$\therefore 용적률 = \frac{연면적}{대지면적} \times 100 = \frac{2,000}{1,000} \times 100 = 200\%$$

03 최소 분할면적 기준   정답 ⑤

① 제2종 전용주거지역: 60m²
② 일반상업지역: 150m²
③ 근린상업지역: 150m²
④ 준공업지역: 150m²
⑤ 생산녹지지역: 200m²

04 건축물의 면적 등 산정방법   정답 ③

㉠ 지하주차장의 경사로의 면적은 건축면적에 산입하지 않는다.
㉣ 건축물이 부분에 따라 그 층수가 다른 경우에는 그중 가장 많은 층수를 그 건축물의 층수로 본다.
㉤ 지하층에 설치한 기계실, 전기실의 면적은 용적률을 산정할 때 연면적에 산입하지 않는다.

05 층수의 산정방법   정답 ④

층의 구분이 명확하지 아니한 경우에는 4m마다 1개 층으로 산정하며, 부분마다 층수가 다른 경우에는 가장 많은 층수를 층수로 산정한다.
∴ 층수 = 20m ÷ 4m = 5층

06 건축물의 면적 등 산정방법   정답 ②

㉡ 건축물을 리모델링하는 경우로서 미관 향상, 열의 손실 방지 등을 위하여 외벽에 부가하여 마감재 등을 설치하는 부분은 바닥면적에 산입하지 아니한다.
㉢ 층고가 1.5m(경사진 형태의 지붕인 경우에는 1.8m) 이하인 다락은 바닥면적에 산입하지 않으므로, 층고가 2m인 다락은 바닥면적에 산입한다.

07 건축물의 높이제한 정답 ③

① 허가권자는 같은 가로구역에서 건축물의 용도 및 형태에 따라 건축물의 높이를 다르게 정할 수 있다.
② 허가권자는 가로구역별 건축물의 최고 높이를 지정하려면 지방건축위원회의 심의를 거쳐야 한다.
④ 2층 이하로서 높이가 8m 이하인 건축물에 대하여는 해당 지방자치단체의 조례가 정하는 바에 의하여 일조권에 의한 높이제한을 적용하지 아니할 수 있다.
⑤ 중심상업지역과 일반상업지역에서 건축하는 공동주택으로서 하나의 대지에 두 동(棟) 이상을 건축하는 경우에는 채광의 확보를 위한 높이제한을 적용하지 아니한다.

08 지역 및 지구 안에서의 건축제한 정답 ②

㉠ 특별시장이나 광역시장은 도시의 관리를 위하여 필요하면 가로구역별 건축물의 높이를 특별시나 광역시의 조례로 정할 수 있다.
㉡ 대지가 녹지지역과 관리지역에 걸치면서 녹지지역 안의 건축물이 취락지구에 걸치는 경우에는 각 지역·지구 또는 구역 안의 건축물과 대지에 관한 「건축법」의 규정을 적용한다.
㉣ 전용주거지역이나 일반주거지역에서 건축물을 건축하는 경우에는 일조의 확보를 위하여 건축물을 정북방향으로의 인접 대지경계선으로부터 1.5m 이상 띄어 건축하여야 한다.

09 건축물의 면적·높이 등의 산정방법 정답 ③

경사진 형태의 지붕의 경우, 층고가 1.8m 이하인 다락은 바닥면적에 산입하지 아니한다.

10 건축물의 면적·높이 등의 산정방법 정답 ②

건축물의 옥상에 설치되는 승강기탑·계단탑·망루·장식탑·옥탑 등으로서 그 수평투영면적의 합계가 해당 건축물 건축면적의 8분의 1 이하인 경우로서 그 부분의 높이가 12m를 넘는 경우에는 그 넘는 부분만 해당 건축물의 높이에 산입한다.

11 건축물의 높이 등의 산정방법 정답 ③

건축물의 옥상에 설치되는 승강기탑·계단탑·망루·장식탑·옥탑 등으로서 그 수평투영면적의 합계가 해당 건축물 건축면적의 8분의 1 이하인 경우로서 그 부분의 높이가 12m를 넘는 경우에는 그 넘는 부분만 해당 건축물의 높이에 산입한다. 따라서 옥상부분의 수평투영면적의 합계(70㎡)가 건축면적(600㎡)의 8분의 1 이하인 경우로서 그 부분의 높이가 12m를 넘는 2m만 해당 건축물의 높이에 산입한다.
∴ 최대높이 = 48m + 2m = 50m

CHAPTER 06 특별건축구역·건축협정 및 결합건축

| 01 | ① | 02 | ① | 03 | ⑤ | 04 | ② | 05 | ② |
| 06 | ⑤ | 07 | ③ | 08 | ② | 09 | ③ | | |

01 결합건축 정답 ①

결합건축을 하고자 하는 건축주가 건축허가를 신청할 때 결합건축협정서에 명시하여야 하는 사항은 '결합건축 대상대지의 위치 및 용도지역(ㄹ), 결합건축협정서를 체결하는 자의 성명, 주소 및 생년월일(ⓒ)(법인, 법인이 아닌 사단이나 재단 및 외국인의 경우에는 부동산등기법에 따라 부여된 등록번호), 「국토의 계획 및 이용에 관한 법률」에 따라 조례로 정한 용적률과 결합건축으로 조정되어 적용되는 대지별 용적률, 결합건축대상 대지별 건축계획서(ⓒ)'이다.

02 건축협정 정답 ①

건축협정의 인가를 받은 건축협정구역에서 연접한 대지에 대하여는 '「건축법」 제42조에 따른 대지의 조경, 「건축법」 제44조에 따른 대지와 도로와의 관계(ㄹ), 「건축법」 제53조에 따른 지하층의 설치, 「건축법」 제55조에 따른 건폐율, 「주차장법」 제19조에 따른 부설주차장의 설치(ㄱ), 「하수도법」 제34조에 따른 개인하수처리시설의 설치(ⓒ)'의 관계 법령의 규정을 개별 건축물마다 적용하지 아니하고 건축협정구역의 전부 또는 일부를 대상으로 통합하여 적용할 수 있다.

03 건축협정   정답 ⑤

① 건축협정 체결대상 토지가 둘 이상의 특별자치시 또는 시·군·구에 걸치는 경우 건축협정 체결대상 토지면적의 과반이 속하는 건축협정인가권자에게 인가를 신청할 수 있다.
② 협정체결자 또는 건축협정운영회의 대표자는 건축협정을 폐지하려는 경우 협정체결자 과반수의 동의를 받아 건축협정인가권자의 인가를 받아야 한다.
③ 건축물의 소유자등은 전원의 합의로 건축물의 건축·대수선 또는 리모델링에 관한 건축협정을 체결할 수 있다.
④ 건축협정인가권자가 건축협정을 인가하였을 때에는 해당 지방자치단체의 공보에 그 내용을 공고하여야 한다.

04 건축협정   정답 ②

건축협정에서 달리 정하지 않는 한, 건축협정이 공고된 후에 건축협정구역에 있는 토지에 관한 권리를 협정체결자로부터 이전받은 자도 건축협정에 따라야 한다.

05 이행강제금   정답 ②

㉠ 신고를 하지 아니하고 건축한 경우: 100분의 70
㉡ 허가를 받지 아니하고 건축한 경우: 100분의 100
㉢ 용적률을 초과하여 건축한 경우: 100분의 90
㉣ 건폐율을 초과하여 건축한 경우: 100분의 80

06 특별건축구역   정답 ⑤

㉠㉡㉢㉣㉤㉥ 모두 특별건축구역에서 국가가 건축하는 건축물에 적용하지 아니할 수 있는 사항이다.

이론+ 관계 법령의 적용 특례

> 특별건축구역에 건축하는 건축물에 대하여는 다음의 사항을 적용하지 아니할 수 있다.
> 1. 「건축법」 제42조(대지의 조경), 제55조(건폐율), 제56조(용적률), 제58조(대지 안의 공지), 제60조(건축물의 높이제한) 및 제61조(일조 등의 확보를 위한 건축물의 높이제한)
> 2. 「주택법」 제35조 중 대통령령으로 정하는 규정

07 특별건축구역　　　　　　　　　　정답 ③

특별건축구역을 지정하거나 변경한 경우에는 「국토의 계획 및 이용에 관한 법률」에 따라 도시·군관리계획의 결정(용도지역·지구·구역의 지정 및 변경은 제외)이 있는 것으로 본다.

08 결합건축　　　　　　　　　　정답 ②

「국토의 계획 및 이용에 관한 법률」에 따라 지정된 상업지역에 결합건축을 할 수 있다.

이론+ 결합건축의 대상지

> 다음의 어느 하나에 해당하는 지역에서 대지 간의 최단거리가 100m 이내의 범위에서 대통령령으로 정하는 범위에 있는 2개의 대지의 건축주가 서로 합의한 경우 2개의 대지를 대상으로 결합건축을 할 수 있다.
> 1. 「국토의 계획 및 이용에 관한 법률」 제36조에 따라 지정된 상업지역
> 2. 「역세권의 개발 및 이용에 관한 법률」 제4조에 따라 지정된 역세권개발구역
> 3. 「도시 및 주거환경정비법」 제2조에 따른 정비구역 중 주거환경개선사업의 시행을 위한 구역(⑤)
> 4. 그 밖에 도시 및 주거환경 개선과 효율적인 토지이용이 필요하다고 대통령령으로 정하는 다음의 지역
>   - 건축협정구역
>   - 특별건축구역(①)
>   - 리모델링 활성화구역
>   - 「도시재생 활성화 및 지원에 관한 특별법」에 따른 도시재생활성화지역(④)
>   - 「한옥 등 건축자산의 진흥에 관한 법률」에 따른 건축자산진흥구역(③)

09 이행강제금　　　　　　　　　　정답 ③

① 허가대상 건축물을 허가받지 아니하고 건축하여 벌금이 부과된 자에게도 이행강제금을 부과할 수 있다.
② 시정명령을 받은 자가 그 시정명령을 이행한 경우에도 이미 부과된 이행강제금은 납부하여야 한다.
④ 연면적 60m² 이하의 주거용 건축물인 경우에는 법정 이행강제금의 2분의 1의 범위에서 해당 지방자치단체의 조례로 정하는 금액을 부과한다.
⑤ 허가권자는 최초의 시정명령이 있었던 날을 기준으로 하여 1년에 2회 이내의 범위에서 해당 지방자치단체의 조례로 정하는 횟수만큼 그 시정명령이 이행될 때까지 반복하여 이행강제금을 부과·징수할 수 있다.

PART 5 주택법

CHAPTER 01 총칙

01	②	02	⑤	03	①	04	③	05	④
06	②	07	③	08	⑤				

01 도시형 생활주택 정답 ②

① 도시형 생활주택에는 분양가상한제가 적용되지 아니한다.
③ 도시형 생활주택은 세대수가 300세대 미만이어야 한다.
④ 「국토의 계획 및 이용에 관한 법률」에 따른 도시지역에 건설하는 세대별 주거전용면적이 85m² 인 아파트는 도시형 생활주택인 아파트형 주택에 해당한다.
⑤ 「수도권정비계획법」에 따른 수도권의 경우 도시형 생활주택은 1호(戶) 또는 1세대당 주거전용면적이 85m² 이하이어야 한다.

02 세대구분형 공동주택의 건설기준 정답 ⑤

① 세대구분형 공동주택의 세대수가 해당 주택단지 안의 공동주택 전체 세대수의 3분의 1을 넘지 않을 것
② 세대별로 구분된 각각의 공간의 주거전용면적(주거의 용도로만 쓰이는 면적) 합계가 해당 주택단지 전체 주거전용면적 합계의 3분의 1을 넘지 않는 등 국토교통부장관이 정하여 고시하는 주거전용면적의 비율에 관한 기준을 충족할 것
③ 세대별로 구분된 각각의 공간마다 별도의 욕실, 부엌과 현관을 설치할 것
④ 공동주택의 주택 내부 공간의 일부를 세대별로 구분하여 생활이 가능한 구조로 하되, 그 구분된 공간의 일부를 구분소유할 수 없는 주택일 것

03 주택단지 정답 ①

㉣ 폭 20m 이상인 일반도로로 분리된 토지를 각각 별개의 주택단지로 본다.

이론 + 주택단지

'주택단지'란 주택건설사업계획 또는 대지조성사업계획의 승인(주택법 제15조)을 받아 주택과 그 부대시설 및 복리시설을 건설하거나 대지를 조성하는 데 사용되는 일단의 토지를 말한다.

다만, 다음으로 분리된 토지는 각각 별개의 주택단지로 본다.
1. 철도·고속도로·자동차전용도로
2. 폭 20m 이상인 일반도로
3. 폭 8m 이상인 도시계획예정도로
4. 위 1.부터 3.까지의 시설에 준하는 것으로서 보행자 및 자동차의 통행이 가능한 도로로서 다음의 어느 하나에 해당하는 도로
   (1) 「국토의 계획 및 이용에 관한 법률」 제2조 제7호에 따른 도시·군계획시설(이하 '도시·군계획시설')인 도로로서 국토교통부령으로 정하는 도로
   (2) 「도로법」 제10조에 따른 일반국도·특별시도·광역시도 또는 지방도
   (3) 그 밖에 관계 법령에 따라 설치된 도로로서 위 (1) 및 (2)에 준하는 도로

04 용어정의   정답 ③

① '도시형 생활주택'이란 300세대 미만의 국민주택규모에 해당하는 주택으로 대통령령으로 정하는 주택을 말한다.
② 수도권을 제외한 도시지역이 아닌 읍 또는 면 지역의 경우 국민주택규모의 주택이란 1호(戶) 또는 1세대당 주거전용면적이 100m² 이하인 주택을 말한다.
④ 「건축법 시행령」에 따른 숙박시설로 제2종 근린생활시설에 해당하지 않는 다중생활시설도 준주택에 해당한다.
⑤ 주택에 딸린 관리사무소, 주차장 그리고 주택단지 안의 도로는 부대시설에 속한다.

05 용어정의   정답 ④

'공동주택'에는 「건축법 시행령」에 따른 아파트, 연립주택, 다세대주택이며, 기숙사는 준주택에 해당한다.

06 용어정의   정답 ②

㉠ "간선시설이란 도로·상하수도·전기시설·가스시설·통신시설·지역난방시설 등을 말한다."라고 표현하면 안 된다. 해당 시설 중에서 단지 안과 밖을 연결하는 시설이 간선시설이다.
㉡ '세대구분형 공동주택'이란 공동주택의 주택 내부 공간의 일부를 세대별로 구분하여 생활이 가능한 구조로 하되 그 구분된 공간의 일부를 구분소유할 수 없는 주택이다.
㉢ 300세대 미만의 국민주택규모의 단지형 다세대주택은 도시형 생활주택에 해당한다.
㉣ 주택에 딸린 「건축법」에 따른 건축설비는 부대시설에 해당한다.

07 용어정의 정답 ③

'준주택'이란 주택 외의 건축물과 그 부속토지로서 주거시설로 이용가능한 시설 등을 말하며, 기숙사, 다중생활시설, 노인복지주택, 오피스텔을 말한다.

08 도시형 생활주택 정답 ⑤

아파트형 주택은 세대별로 독립된 주거가 가능하도록 욕실 및 부엌을 설치하여야 하고, 지하층에는 세대를 설치하지 않는다.

CHAPTER 02 주택의 건설

01	④	02	⑤	03	③	04	⑤	05	①
06	①	07	①	08	②	09	④	10	①
11	②	12	②	13	④	14	④	15	⑤
16	③	17	⑤	18	③	19	⑤	20	⑤
21	⑤	22	①	23	⑤	24	②	25	④
26	⑤	27	①	28	⑤	29	③	30	③
31	⑤	32	④	33	④	34	①	35	②
36	④	37	④	38	⑤				

01 주택건설사업 또는 대지조성사업의 등록 정답 ④

지방공사가 주택건설사업을 시행하고자 하는 경우에는 국토교통부장관에게 등록하지 않아도 된다.

02 주택건설사업의 등록 정답 ⑤

파산선고를 받은 자로서 복권되지 아니한 자는 주택건설사업의 등록을 할 수 없지만, 파산선고를 받은 자로서 복권만 되면 경과일수와 상관없이 주택건설사업을 등록할 수 있다.

이론+ 등록사업자의 결격사유

> 다음의 어느 하나에 해당하는 자는 주택건설사업 등의 등록을 할 수 없다.
> 1. 미성년자·피성년후견인·피한정후견인
> 2. 파산선고를 받은 자로서 복권되지 아니한 자

3. 「부정수표 단속법」 또는 이 법을 위반하여 금고 이상의 실형을 선고받고 그 집행이 끝나거나(집행이 끝난 것으로 보는 경우를 포함) 집행이 면제된 날부터 2년이 지나지 아니한 자
4. 「부정수표 단속법」 또는 이 법을 위반하여 금고 이상의 형의 집행유예를 선고받고 그 유예기간 중에 있는 자
5. 등록이 말소된 후 2년이 지나지 아니한 자
6. 임원 중에 위 1.부터 5.까지의 규정 중 어느 하나에 해당하는 자가 있는 법인

03 주택건설사업자 등   정답 ③

㉠ 주택건설공사를 시공할 수 있는 등록사업자가 최근 3년간 300세대 이상의 공동주택을 건설한 실적이 있는 경우에는 주택으로 쓰는 층수가 6개 층 이상인 주택을 건설할 수 있다.
㉡ 고용자가 그 근로자의 주택을 건설하는 경우에는 대통령령으로 정하는 바에 따라 등록사업자와 공동으로 사업을 시행하여야 한다.

04 주택건설사업 또는 대지조성사업의 등록   정답 ⑤

① 지방공사가 주택건설사업을 시행하고자 하는 경우에는 국토교통부장관에게 등록하지 않아도 된다.
② 「공익법인의 설립·운영에 관한 법률」에 따라 주택건설사업을 목적으로 설립된 공익법인이 주택건설사업을 시행하고자 하는 경우에는 국토교통부장관에게 등록하지 않아도 된다.
③ 근로자를 고용하고 있는 고용자가 등록사업자와 공동으로 근로자의 주택을 건설하는 주택건설사업을 시행하고자 하는 경우에는 국토교통부장관에게 등록하지 않아도 된다.
④ 한국토지주택공사가 대지조성사업을 시행하고자 하는 경우에는 국토교통부장관에게 등록하지 않아도 된다.

05 등록사업자   정답 ①

원칙적으로 등록사업자가 건설할 수 있는 주택은 주택으로 쓰는 층수가 5개 층 이하인 주택으로 한다. 다만, 각 층 거실의 바닥면적 300m² 이내마다 1개소 이상의 직통계단을 설치한 경우에는 주택으로 쓰는 층수가 6개 층인 주택을 건설할 수 있다.

06 리모델링주택조합의 설립인가 신청서류 정답 ①

㉠ 해당 주택건설대지의 80% 이상에 해당하는 토지의 사용권원을 확보하였음을 증명하는 서류는 주택을 소유한 리모델링주택조합설립인가 신청 시 제출서류에는 포함되지 않는다.
㉢ 증축형 리모델링을 하기 위하여 리모델링주택조합을 설립하려는 경우 해당 주택이 사용검사를 받은 후 15년 이상이 지났음을 증명하는 서류가 필요하다.

07 지역주택조합 정답 ①

조합의 설립인가를 받은 후 승인을 얻어 조합원을 추가모집하는 경우 추가모집되는 자의 조합원 자격요건의 충족 여부는 해당 조합의 설립인가신청일을 기준으로 판단한다.

08 지역주택조합 정답 ②

㉡ 조합의 임원이 금고 이상의 실형을 받아 당연퇴직을 하면 그가 퇴직 전에 관여한 행위는 그 효력을 상실하지 아니한다.
㉤ 조합설립인가 후에 조합원의 탈퇴로 조합원 수가 주택건설 예정 세대수의 50% 미만이 되는 경우에는 결원이 발생한 범위에서 조합원을 신규로 가입하게 할 수 있다.

09 지역주택조합 정답 ④

㉣ 조합원 추가모집에 따른 주택조합의 변경인가 신청은 사업계획승인신청일까지 하여야 한다.

10 지역주택조합 정답 ①

㉠ 조합원의 탈퇴 등으로 조합원 수가 주택건설 예정 세대수의 50% 미만이 되어야 충원이 가능한데, 55%이므로 충원이 불가능하다.
㉡ 사업계획승인의 과정에서 주택건설 예정 세대수가 변경되어 조합원 수가 변경된 세대수의 50% 미만이 되는 경우에만 충원이 가능한데, 50%이므로 충원이 불가능하다.

11 주택조합 정답 ②

지역주택조합이 설립인가를 받은 후에 조합원을 추가모집한 경우에는 주택조합의 변경인가를 받아야 한다.

이론+	주택조합의 설립인가(신고)
설립인가	많은 수의 구성원이 주택을 마련하거나 리모델링하기 위하여 주택조합을 설립하려는 경우(신고대상 직장주택조합의 경우는 제외)에는 관할 시장·군수·구청장(특별자치시장, 특별자치도지사, 시장, 군수 또는 구청장)의 인가를 받아야 함. 인가받은 내용을 변경하거나 주택조합을 해산하려는 경우에도 또한 같음
설립신고	국민주택을 공급받기 위하여 직장주택조합을 설립하려는 자는 관할 시장·군수·구청장에게 신고하여야 함. 신고한 내용을 변경하거나 직장주택조합을 해산하려는 경우에도 또한 같음

12 주택조합   정답 ②

① 지역주택조합 또는 직장주택조합은 설립인가를 받은 후에는 원칙적으로 해당 조합원을 교체하거나 신규로 가입하게 할 수 없다.
③ 세대수를 증가하지 않는 리모델링주택조합은 새로운 주택을 건설하지 않기 때문에 등록사업자와 공동으로 주택건설사업을 시행하지 아니한다.
④ 지역주택조합설립인가를 받으려는 자는 해당 주택건설대지의 80% 이상에 해당하는 토지의 사용권원과 해당 주택건설대지의 15% 이상에 해당하는 토지의 소유권을 확보하여야 한다.
⑤ 리모델링주택조합이 아닌 주택조합은 주택건설 예정 세대수의 50% 이상의 조합원으로 구성하되, 그 수는 20명 이상이어야 한다.

13 주택조합   정답 ④

ⓒ 주택조합(리모델링주택조합은 제외)은 주택건설 예정 세대수의 50% 이상의 조합원으로 구성하되, 조합원은 20명 이상이어야 한다.
ⓓ 리모델링의 허가를 신청하기 위한 동의율을 확보한 경우 리모델링 결의를 한 리모델링주택조합은 그 리모델링 결의에 찬성하지 아니하는 자의 주택 및 토지에 대하여 매도청구를 할 수 있다.

14 주택조합   정답 ④

ⓒ 리모델링의 허가를 신청하기 위한 동의율을 확보한 경우 리모델링 결의를 한 리모델링주택조합은 그 리모델링 결의에 찬성하지 아니하는 자의 주택 및 토지에 대하여 매도청구를 할 수 있다.
ⓒ 등록사업자와 공동으로 주택건설사업을 하는 주택조합은 등록하지 않고 20세대 이상의 공동주택의 건설사업을 시행할 수 있다.
ⓔ 주택조합은 설립인가를 받은 날부터 2년 이내에 사업계획승인(사업계획승인 대상이 아닌 리모델링인 경우에는 허가)을 신청하여야 한다.

15 주택상환사채 정답 ⑤

주택상환사채는 기명증권으로 발행한다.

16 주택상환사채 정답 ③

ⓒ 주택상환사채를 발행하려는 자는 주택상환사채 발행계획을 수립하여 국토교통부장관의 승인을 받아야 한다.
ⓔ 법인으로서 자본금이 5억원 이상인 등록사업자는 주택상환사채를 발행할 수 있다.

> 이론➕ 등록사업자의 주택상환사채 발행
>
> 등록사업자는 자본금·자산평가액 및 기술인력 등이 대통령령으로 정하는 기준에 맞고 금융기관 또는 주택도시보증공사의 보증을 받은 경우에만 주택상환사채를 발행할 수 있다. '대통령령으로 정하는 기준'이란 다음의 기준 모두를 말한다.
> 1. 법인으로서 자본금이 5억원 이상일 것
> 2. 「건설산업기본법」 제9조에 따라 건설업 등록을 한 자일 것
> 3. 최근 3년간 연평균 주택건설 실적이 300호 이상일 것

17 주택상환사채 정답 ⑤

㉠ 주택상환사채는 취득자의 성명을 채권에 기록하지 아니하면 사채발행자 및 제3자에게 대항할 수 없다.
㉡ 발행 조건은 주택상환사채권에 적어야 하는 사항에 포함된다.
㉢ 등록사업자가 주택상환사채를 발행하려면 금융기관 또는 주택도시보증공사의 보증을 받아야 한다.

18 주택상환사채 정답 ③

① 세대원 전원이 2년 이상 해외에 체류하고자 하는 경우이어야 한다.
② 세대원 전원이 상속에 의하여 취득한 주택으로 이전하는 경우이어야 한다.
④ 세대원이 근무로 인하여 세대원 전원이 다른 행정구역으로 이전하는 경우이어야 한다.
⑤ 세대원의 질병치료로 인하여 세대원 전원이 다른 행정구역으로 이전하는 경우이어야 한다.

19 주택상환사채 정답 ⑤

주택상환사채의 납입금이 사용될 수 있는 용도는 택지의 구입 및 조성(ⓔ), 주택건설자재의 구입(ⓒ), 건설공사비에의 충당(ⓐ), 그 밖에 주택상환을 위하여 필요한 비용으로서 국토교통부장관의 승인을 받은 비용에의 충당(ⓑ)으로만 사용될 수 있다.

20 주택조합 정답 ⑤

지역주택조합 또는 직장주택조합의 설립인가를 받기 위하여 조합원을 모집하려는 자는 해당 주택건설대지의 **50%** 이상에 해당하는 토지의 사용권원을 확보하여 관할 시장·군수·구청장에게 신고하고, 공개모집의 방법으로 조합원을 모집하여야 한다.

21 주택조합 정답 ⑤

① 모집주체는 조합가입계약서에 대해 설명한 내용을 주택조합 가입신청자가 이해하였음을 국토교통부령으로 정하는 바에 따라 서면으로 확인을 받아 주택조합 가입신청자에게 교부하여야 하며, 그 사본을 **5년**간 보관하여야 한다.
② 시장·군수·구청장은 주택조합이 거짓이나 그 밖의 부정한 방법으로 설립인가를 받은 경우에는 주택조합의 설립인가를 취소할 수 있다.
③ 모집주체는 주택조합의 가입을 신청한 자에게 청약 철회를 이유로 위약금 또는 손해배상을 청구할 수 없다.
④ 주택조합의 발기인 또는 임원은 원활한 사업추진과 조합원의 권리 보호를 위하여 연간자금운용 계획 및 자금 집행 실적 등 국토교통부령으로 정하는 서류 및 자료를 국토교통부령으로 정하는 바에 따라 **매년** 정기적으로 시장·군수·구청장에게 제출하여야 한다.

22 주택상환사채 정답 ①

주택상환사채는 한국토지주택공사와 등록사업자가 발행하기 때문에 지방자치단체는 발행자가 될 수 없다.

23 공구별 분할 / 사업계획승인의 통보 정답 ⑤

- 도시지역에서 국민주택 건설사업계획승인을 신청하려는 경우 공구별로 분할하여 주택을 건설·공급하려면 주택단지의 전체 세대수는 (㉠ 600)세대 이상이어야 한다.

• 사업계획승인권자는 사업계획승인의 신청을 받았을 때에는 정당한 사유가 없으면 신청받은 날부터 (ⓒ 60)일 이내에 사업주체에게 승인 여부를 통보하여야 한다.

24 주택건설사업계획의 승인   정답 ②

① 사업주체는 공사의 착수기간이 연장되지 않는 한 주택건설사업계획의 승인을 받은 날부터 5년 이내에 공사를 시작하여야 한다.
③ 「한국토지주택공사법」에 따른 한국토지주택공사는 동일한 규모의 주택을 대량으로 건설하려는 경우에는 국토교통부장관에게 주택의 형별(型別)로 표본설계도서를 작성·제출하여 승인을 받을 수 있다.
④ 사업계획승인권자는 사업주체가 경매로 인하여 대지소유권을 상실한 경우에는 그 사업계획의 승인을 취소할 수 있다.
⑤ 주거전용 단독주택인 건축법령상 한옥인 경우 50호 이상의 건설사업을 시행하려는 자는 사업계획승인을 받아야 한다.

25 주택건설사업계획의 승인   정답 ④

㉠ 사업주체가 승인받은 사업계획에 따라 공사를 시작하려는 경우 사업계획승인권자에게 신고하여야 한다.
㉢ 주택조합이 승인받은 총사업비의 20%를 감액하는 변경을 하려면 변경승인을 받아야 한다.
㉣ 사업주체가 주택건설대지를 사용할 수 있는 권원을 확보한 경우에는 그 대지의 소유권을 확보하지 못한 경우에도 사업계획의 승인을 받을 수 있다.
㉥ 지역주택조합은 설립인가를 받은 날부터 2년 이내에 사업계획승인을 신청하여야 한다.

26 사업계획승인   정답 ⑤

① 사업주체는 사업계획승인을 받은 날부터 5년 이내에 공사를 착수하여야 한다.
② 사업계획에는 부대시설 및 복리시설의 설치에 관한 계획 등이 포함되어야 한다.
③ 지방공사가 사업주체인 경우 건축물의 설계와 용도별 위치를 변경하지 아니하는 범위에서의 건축물의 배치조정은 사업계획 변경승인을 받지 않아도 된다.
④ 사업계획승인권자는 착공신고를 받은 날부터 20일 이내에 신고수리 여부를 신고인에게 통지하여야 한다.

27 주택건설사업계획의 승인 정답 ①

ⓒ 甲이 최초로 공사를 진행하는 공구 외의 공구에서 해당 주택단지에 대한 최초 착공신고일부터 2년이 지났음에도 사업주체가 공사를 시작하지 아니한 경우 乙은 사업계획승인을 취소할 수 없다.
ⓒ 甲은 최초로 공사를 진행하는 공구 외의 공구에서 해당 주택단지에 대한 최초 착공신고일부터 2년 이내에 공사를 시작하여야 한다.
ⓒ 甲이 소송진행으로 인하여 공사착수가 지연되어 연장 신청을 한 경우, 乙은 그 분쟁이 종료된 날부터 1년의 범위에서 공사의 착수기간을 연장할 수 있다.

28 공사의 착수기간 연장 정답 ⑤

ⓓ 해당 사업시행지에 대한 소유권 분쟁(소송절차가 진행 중인 경우만 해당)으로 인하여 공사착수가 지연되는 경우에 사업주체의 신청을 받아 그 사유가 없어진 날부터 1년의 범위에서 공사의 착수기간을 연장할 수 있다.

29 매도청구권 정답 ③

ⓒ 사업주체가 주택건설대지면적 중 100분의 95 이상에 대하여 사용권원을 확보한 경우, 사용권원을 확보하지 못한 대지의 모든 소유자에게 매도청구를 할 수 있다. 사업주체가 주택건설대지면적 중 100분의 95 미만에 대하여 사용권원을 확보한 경우, 사용권원을 확보하지 못한 대지의 소유자 중 지구단위계획구역 결정고시일 10년 이전에 해당 대지의 소유권을 취득하여 계속 보유하고 있는 자에 대하여는 매도청구를 할 수 없다.
ⓒ 리모델링의 허가를 신청하기 위한 동의율을 확보한 경우 리모델링 결의를 한 리모델링주택조합은 그 리모델링 결의에 찬성하지 아니하는 자의 주택 및 토지에 대하여 매도청구를 할 수 있다.
ⓗ 사업주체는 매도청구대상 대지의 소유자에게 그 대지를 시가(市價)로 매도할 것을 청구할 수 있다.

30 주택의 사용검사 등 정답 ③

① 사용검사는 그 신청일부터 15일 이내에 하여야 한다.
② 공동주택이 동별로 공사가 완료되고 임시사용승인 신청이 있는 경우 대상 주택이 사업계획의 내용에 적합하고 사용에 지장이 없는 때에는 세대별로 임시사용승인을 할 수 있다.
④ 주택건설사업을 공구별로 분할하여 시행하는 내용으로 사업계획의 승인을 받은 경우 완공된 주택에 대하여 공구별로 사용검사를 받을 수 있다.
⑤ 사업주체가 파산하여 주택건설사업을 계속할 수 없고 시공보증자도 없는 경우 입주예정자대표회의가 시공자를 정하여 잔여공사를 시공하고 사용검사를 받아야 한다.

오답 NOTE

이론➕ **사용검사**

사업주체는 사업계획승인을 받아 시행하는 주택건설사업 또는 대지조성사업을 완료한 경우에는 주택 또는 대지에 대하여 국토교통부령으로 정하는 바에 따라 시장·군수·구청장(국가 또는 한국토지주택공사가 사업주체인 경우와 대통령령으로 정하는 경우에는 국토교통부장관을 말함)의 사용검사를 받아야 한다. 다만, 공구별로 분할시행을 위한 사업계획을 승인받은 경우에는 완공된 주택에 대하여 공구별로 사용검사(이하 '분할 사용검사')를 받을 수 있고, 사업계획승인 조건의 미이행 등 대통령령으로 정하는 다음의 사유가 있는 경우에는 공사가 완료된 주택에 대하여 동별로 사용검사(이하 '동별 사용검사')를 받을 수 있다.
1. 사업계획승인 조건으로 부과된 사항의 미이행
2. 하나의 주택단지의 입주자를 분할 모집하여 전체 단지의 사용검사를 마치기 전에 입주가 필요한 경우
3. 그 밖에 사업계획승인권자가 동별로 사용검사를 받을 필요가 있다고 인정하는 경우

31 주택의 사용검사   정답 ⑤

① 하나의 주택단지의 입주자를 분할 모집하여 전체 단지의 사용검사를 마치기 전에 입주가 필요한 경우에는 공사가 완료된 주택에 대하여 동별로 사용검사를 받을 수 있다.
② 사용검사는 사용검사 신청일부터 15일 이내에 하여야 한다.
③ 사업주체는 건축물의 동별로 공사가 완료된 경우로서 사용검사권자의 임시 사용승인을 받은 경우에는 사용검사를 받기 전에 주택을 사용하게 할 수 있다.
④ 사업주체가 파산 등으로 사용검사를 받을 수 없는 경우에는 해당 주택의 시공을 보증한 자 또는 입주예정자가 사용검사를 받을 수 있다.

32 토지임대부 분양주택   정답 ④

토지임대료를 보증금으로 전환하여 납부하는 경우, 그 보증금을 산정할 때 적용되는 이자율은 「은행법」에 따른 은행의 3년 만기 정기예금 평균이자율 이상이어야 한다.

33 사업계획의 이행   정답 ④

1. 사업계획승인을 받은 경우: 승인받은 날부터 (㉠ 5)년 이내
2. 공구별 분할시행을 위한 승인을 받은 경우
    가. 최초로 공사를 진행하는 공구: 승인을 받은 날부터 (㉡ 5)년 이내

나. 최초로 공사를 진행하는 공구 외의 공구: 해당 주택단지에 대한 최초 착공신고일부터 (ⓒ 2)년 이내(연장 안 됨)

34 주택건설사업계획의 승인   정답 ①

국가 또는 지방자치단체는 그가 소유하는 토지를 매각하거나 임대하는 경우에는 국민주택규모의 주택을 50% 이상으로 건설하는 주택의 건설을 목적으로 그 토지의 매수 또는 임차를 원하는 자가 있으면 그에게 우선적으로 그 토지를 매각하거나 임대할 수 있다.

35 사업계획승인신청서의 제출   정답 ②

인수자에게 공급하는 임대주택의 선정은 주택조합이 사업주체인 경우에는 조합원에게 공급하고 남은 주택을 대상으로 공개추첨의 방법에 의한다.

이론+ 주택건설사업 등에 의한 임대주택의 건설 등

1. 사업주체(리모델링을 시행하는 자는 제외)가 다음의 사항을 포함한 사업계획승인신청서(건축법 제11조 제3항의 허가신청서를 포함)를 제출하는 경우 사업계획승인권자(건축허가권자를 포함)는 「국토의 계획 및 이용에 관한 법률」 제78조의 용도지역별 용적률 범위에서 특별시·광역시·특별자치시·특별자치도·시 또는 군의 조례로 정하는 기준에 따라 용적률을 완화하여 적용할 수 있다.
   - 30호 이상의 주택과 주택 외의 시설을 동일 건축물로 건축하는 계획
   - 임대주택의 건설·공급에 관한 사항
2. 위 1.에 따라 용적률을 완화하여 적용하는 경우 사업주체는 완화된 용적률의 30% 이상 60% 이하의 범위에서 특별시·광역시·특별자치시·도 또는 특별자치도의 조례로 정하는 비율 이상에 해당하는 면적을 임대주택으로 공급하여야 한다. 이 경우 사업주체는 임대주택을 국토교통부장관, 시·도지사, 한국토지주택공사 또는 지방공사(이하 '인수자')에 공급하여야 하며 시·도지사가 우선 인수할 수 있다. 다만, 시·도지사가 임대주택을 인수하지 아니하는 경우 다음의 구분에 따라 국토교통부장관에게 인수자 지정을 요청하여야 한다.
   - 특별시장, 광역시장 또는 도지사가 인수하지 아니하는 경우: 관할 시장·군수 또는 구청장이 위 1.의 사업계획승인(건축법 제11조의 건축허가를 포함) 신청 사실을 특별시장, 광역시장 또는 도지사에게 통보한 후 국토교통부장관에게 인수자 지정 요청
   - 특별자치시장 또는 특별자치도지사가 인수하지 아니하는 경우: 특별자치시장 또는 특별자치도지사가 직접 국토교통부장관에게 인수자 지정 요청
3. 위 2.에 따라 공급되는 임대주택의 공급가격은 「공공주택 특별법」 제50조의3 제1항에 따른 공공건설임대주택의 분양전환가격 산정기준에서 정하는 건축비로 하고, 그 부속토지는 인수자에게 기부채납한 것으로 본다.

36 주택의 감리자 정답 ④

ⓒ 시공자 및 사업주체는 시정통지를 받은 경우에는 즉시 해당 공사를 중지하고 위반사항을 시정한 후 감리자의 확인을 받아야 한다.
ⓔ 사업계획승인권자는 감리자가 업무수행 중 위반사항이 있음을 알고도 묵인한 경우 그 감리자에 대하여 1년의 범위에서 감리업무의 지정을 제한할 수 있다.
ⓗ 감리자는 업무를 수행하면서 위반사항을 발견하였을 때에는 지체 없이 시공자 및 사업주체에게 위반사항을 시정할 것을 통지하고, 7일 이내에 사업계획승인권자에게 그 내용을 보고하여야 한다.

37 주택의 사용검사 정답 ④

공구별로 분할시행을 위한 사업계획을 승인받은 경우에는 완공된 주택에 대하여 공구별로 사용검사를 받을 수 있다.

38 토지임대부 분양주택 정답 ⑤

ⓐⓑⓒⓔ 모두 옳은 내용이다.

CHAPTER 03 주택의 공급

01	④	02	①	03	③	04	②	05	②
06	③	07	③	08	⑤	09	①	10	⑤
11	①	12	①	13	④	14	③	15	②
16	①	17	①	18	②	19	④	20	⑤
21	③	22	①						

01 주택의 공급 및 분양가상한제 정답 ④

ⓐ 사업주체가 주택을 공급하려는 경우에는 국토교통부령으로 정하는 바에 따라 벽지, 바닥재, 주방용구, 조명기구 등을 제외한 부분의 가격을 따로 제시하여야 한다.
ⓒ 분양가격은 택지비와 건축비로 구성되는데, 토지임대부 분양주택의 경우에는 건축비만 해당된다.
ⓔ 한국토지주택공사가 사업주체로서 입주자를 모집하려는 경우에는 시장·군수·구청장의 승인을 받지 않아도 된다.

㉯ 사업주체가 마감자재 생산업체의 부도 등으로 인한 제품의 품귀 등 부득이 한 사유로 인하여 사업계획승인 또는 마감자재 목록표의 마감자재와 다르게 마감자재를 시공·설치하려는 경우에는 당초의 마감자재와 같은 질 이상으로 설치하여야 한다.

02 주택의 공급   정답 ①

국토교통부장관은 주택가격상승률이 물가상승률보다 현저히 높은 지역으로서 주택가격의 급등이 우려되는 지역에 대해서 분양가상한제 적용지역으로 지정할 수 있다.

03 주택의 공급   정답 ③

① 주택의 사용검사 후 주택단지 내 일부의 토지의 소유권을 회복한 자에게 주택소유자들이 매도청구를 하려면 해당 토지의 면적이 주택단지 전체 대지 면적의 5% 미만이어야 한다.
② 사업주체가 투기과열지구에서 건설·공급되는 주택은 매매할 수는 없지만, 상속할 수는 있다.
④ 군수는 입주자모집승인 시 사업주체에게서 받은 마감자재 목록표의 열람을 입주자가 요구하는 경우 이를 공개하여야 한다.
⑤ 「관광진흥법」에 따라 지정된 관광특구에서 건설·공급하는 층수가 50층 이상이거나 높이가 150m 이상인 아파트는 분양가상한제를 적용하지 아니한다.

04 주택의 공급 및 분양가상한제   정답 ②

㉠ 지방공사가 사업주체가 되어 입주자를 모집하려는 경우 시장·군수·구청장의 승인을 받지 않는다.
㉡ 사업주체가 복리시설의 입주자를 모집하려는 경우 시장·군수·구청장에게 신고하여야 한다.
㉢ 「관광진흥법」에 따라 지정된 관광특구에서 건설·공급하는 높이 150m 이상의 공동주택은 분양가상한제의 적용을 받지 않는다.
㉣ 사업주체는 분양가상한제 적용주택으로서 공공택지에서 공급하는 주택에 대하여 입주자모집승인을 받았을 때에는 입주자모집공고에 다음에 대하여 분양가격을 공시하여야 한다.

> 1. 택지비
> 2. 공사비
> 3. 간접비
> 4. 그 밖에 국토교통부령으로 정하는 비용

05 사용검사 후 매도청구 정답 ②

「주택법」 제62조【사용검사 후 매도청구 등】② 주택의 소유자들은 대표자를 선정하여 제1항에 따른 매도청구에 관한 소송을 제기할 수 있다. 이 경우 대표자는 주택의 소유자 전체의 (㉠ 4분의 3) 이상의 동의를 받아 선정한다. ④ 제1항에 따라 매도청구를 하려는 경우에는 해당 토지의 면적이 주택단지 전체 대지면적의 (㉡ 5)% 미만이어야 한다.

이론+ 사용검사 후 매도청구 등

1. 주택(복리시설을 포함)의 소유자들은 주택단지 전체 대지에 속하는 일부의 토지에 대한 소유권이전등기 말소소송 등에 따라 「주택법」 제49조의 사용검사(동별 사용검사를 포함)를 받은 이후에 해당 토지의 소유권을 회복한 자(이하 '실소유자')에게 해당 토지를 시가로 매도할 것을 청구할 수 있다.
2. 주택의 소유자들은 대표자를 선정하여 위 1.에 따른 매도청구에 관한 소송을 제기할 수 있다. 이 경우 대표자는 주택의 소유자 전체의 4분의 3 이상의 동의를 받아 선정한다.
3. 위 2.에 따른 매도청구에 관한 소송에 대한 판결은 주택의 소유자 전체에 대하여 효력이 있다.
4. 위 1.에 따른 매도청구를 하려는 경우에는 해당 토지의 면적이 주택단지 전체 대지면적의 5% 미만이어야 한다.
5. 위 1.에 따른 매도청구의 의사표시는 실소유자가 해당 토지소유권을 회복한 날부터 2년 이내에 해당 실소유자에게 송달되어야 한다.
6. 주택의 소유자들은 위 1.에 따른 매도청구로 인하여 발생한 비용의 전부를 사업주체에게 구상(求償)할 수 있다.

06 사용검사 후 매도청구 정답 ③

주택의 소유자들은 甲에게 해당 토지를 시가로 매도할 것을 청구할 수 있다.

07 주택의 공급 및 분양가격 정답 ③

관광특구에서 건설·공급하는 공동주택으로서 해당 건축물의 층수가 50층 이상이거나 높이가 150m 이상의 공동주택은 분양가상한제 적용을 받지 않는다.

08 임대주택의 건설 및 공급 정답 ⑤

① 리모델링을 시행하는 자를 제외한 사업주체가 임대주택의 건설·공급에 관한 사항을 포함한 사업계획승인신청서를 제출하는 경우 사업계획승인권자는 「국토의 계획 및 이용에 관한 법률」의 용도지역별 용적률 범위에서 특별시·광역시·특별자치시·특별자치도·시 또는 군의 조례로 정하는 기준에 따라 용적률을 완화하여 적용할 수 있다.

② 사업주체는 임대주택을 국토교통부장관, 시·도지사, 한국토지주택공사 또는 지방공사에 공급하여야 하며 시·도지사가 우선 인수할 수 있다.
③ 사업주체는 임대주택의 준공인가를 받은 후 지체 없이 인수자에게 등기를 촉탁 또는 신청하여야 한다.
④ 사업주체는 공급되는 주택의 전부를 대상으로 공개추첨의 방법에 의하여 인수자에게 공급하는 임대주택을 선정하여야 하며, 그 선정 결과를 지체 없이 인수자에게 통보하여야 한다.

09 주택의 공급질서 교란행위 정답 ①

ⓒ 도시개발채권은 주택을 공급받는 지위에 해당하지 않기 때문에 그 채권의 양도는 주택의 공급질서 교란행위에 해당하지 않는다.
ⓜ 주택상환사채의 저당은 주택공급질서의 교란을 방지하기 위하여 금지되는 행위에 해당되지 않는다.

10 주택의 공급질서 교란행위 정답 ⑤

주택을 공급받을 수 있는 조합원 지위의 저당은 공급받거나 공급받게 할 수 있다.

11 투기과열지구 정답 ①

• 투기과열지구지정 직전월의 (㉠ 주택분양실적)이 전달보다 (㉡ 30)% 이상 감소하여 주택공급이 위축될 우려가 있는 곳
• 신도시 개발이나 주택 전매행위의 성행 등으로 투기 및 주거불안의 우려가 있는 곳으로서 해당 지역이 속하는 시·도의 (㉢ 주택보급률 또는 자가주택비율)이 전국 평균 (㉣ 이하)인 곳

> **이론＋ 투기과열지구 지정기준**
>
> 1. 투기과열지구지정 직전월(투기과열지구로 지정하는 날이 속하는 달의 바로 전달)부터 소급하여 주택공급이 있었던 2개월 동안 해당 지역에서 공급되는 주택의 월별 평균 청약경쟁률이 모두 5대 1을 초과했거나 국민주택규모 주택의 월별 평균 청약경쟁률이 모두 10대 1을 초과한 곳
> 2. 다음에 해당하는 곳으로서 주택공급이 위축될 우려가 있는 곳
>   • 투기과열지구지정 직전월의 주택분양실적이 전달보다 30% 이상 감소한 곳
>   • 주택건설사업계획승인 건수나 「건축법」에 따른 건축허가 건수(투기과열지구지정 직전월부터 소급하여 6개월간의 건수)가 직전 연도보다 급격하게 감소한 곳

3. 신도시 개발이나 주택 전매행위의 성행 등으로 투기 및 주거불안의 우려가 있는 곳으로서 다음에 해당하는 곳
- 해당 지역이 속하는 시·도의 주택보급률이 전국 평균 이하인 곳
- 해당 지역이 속하는 시·도의 자가주택비율이 전국 평균 이하인 곳
- 해당 지역의 분양주택(투기과열지구로 지정하는 날이 속하는 연도의 직전 연도에 분양된 주택)의 수가 입주자저축에 가입한 사람으로서 국토교통부령으로 정하는 사람의 수보다 현저히 적은 곳

12 투기과열지구 정답 ①

주택공급이 있었던 (㉠ 2)개월 동안 해당 지역에서 공급되는 주택의 월별 평균 청약경쟁률이 모두 (㉡ 5)대 1을 초과하였거나 국민주택규모 주택의 월별 평균 청약경쟁률이 모두 (㉢ 10)대 1을 초과한 곳은 투기과열지구로 지정할 수 있다.

13 투기과열지구 정답 ④

국토교통부장관은 반기마다 주거정책심의위원회의 회의를 소집하여 투기과열지구로 지정된 지역별로 해당 지역의 주택가격 안정 여건의 변화 등을 고려하여 투기과열지구 지정의 유지 여부를 재검토하여야 한다.

14 투기과열지구 정답 ③

㉠ 주택분양실적이 전달보다 30% 이상 감소한 곳은 투기과열지구로 지정하여야 한다.
㉡ 기존 주택에 대하여는 전매제한이 적용되지 아니한다.
㉣ 시·도지사가 투기과열지구를 지정하거나 해제할 경우에는 국토교통부장관과 협의하여야 한다.

15 투기과열지구 및 조정대상지역 정답 ②

㉠ 투기과열지구의 지정에 관한 효력기간은 규정된 바 없다.
㉢ 국토교통부장관은 주택가격, 주택거래량, 미분양주택의 수 및 주택보급률 등을 고려하여 주택의 분양·매매 등 거래가 위축되어 있거나 위축될 우려가 있는 지역을 주거정책심의위원회의 심의를 거쳐 조정대상지역으로 지정할 수 있다.

16 주택의 전매행위 제한 정답 ①

㉠ 세대원 전원이 해외로 이주하여야 한다.
㉢ 수도권 안에서 이전하는 것은 제외한다.
㉣ 상속에 의하여 취득한 주택으로 세대원 전원이 이전하여야 한다.
㉥ 세대원 전원이 2년 이상 해외에 체류하여야 한다.

17 주택의 전매행위 제한 정답 ①

사업주체가 전매행위가 제한되는 분양가상한제 적용주택, 공공택지 외의 택지에서 건설·공급되는 주택 또는 토지임대부 분양주택을 공급하는 경우 그 주택의 소유권을 제3자에게 이전할 수 없음을 소유권에 관한 등기에 부기등기하여야 한다.

18 주택의 전매행위 제한 정답 ②

㉡ 수도권이 아닌 지역으로서 공공택지 외의 택지에서 건설·공급되는 주택의 소유자가 국가에 대한 채무를 이행하지 못하여 공매가 시행되는 경우에도 한국토지주택공사의 동의를 받아 전매를 할 수 있다.
㉣ 세대원 전원이 2년 이상의 기간 동안 해외에 체류하고자 하는 경우로서 한국토지주택공사의 동의를 받은 경우에는 전매제한 주택을 전매할 수 있다.

19 주택의 공급질서 교란행위 정답 ④

주택공급과 관련하여 금지되는 공급질서 교란행위를 한 자에게 지위의 무효 또는 계약의 취소, 환매, 입주자에 대한 퇴거명령, 입주자자격 제한, 행정형법 등과 같은 제재 수단을 할 수 있지만, 위반행위를 한 자의 양도차익을 전액 몰수하는 제재는 하지 않는다.

20 조정대상지역 정답 ⑤

조정대상지역으로 지정하는 날이 속하는 달의 바로 전달부터 소급하여 (㉠ 3)개월간의 해당 지역 주택가격상승률이 그 지역이 속하는 시·도 소비자물가상승률의 (㉡ 1.3)배를 초과한 지역으로서 다음 각 목에 해당하는 지역
가. 조정대상지역지정 직전월부터 소급하여 주택공급이 있었던 2개월 동안 해당 지역에서 공급되는 주택의 월별 평균 청약경쟁률이 모두 5대 1을 초과했거나 국민주택규모 주택의 월별 평균 청약경쟁률이 모두 10대 1을 초과한 지역

나. 조정대상지역지정 직전월부터 소급하여 (㉠ 3)개월간의 분양권(주택의 입주자로 선정된 지위) 전매거래량이 직전 연도의 같은 기간보다 (㉡ 30)% 이상 증가한 지역
다. 해당 지역이 속하는 시·도의 주택보급률 또는 자가주택비율이 전국 평균 이하인 지역

21 투기과열지구   정답 ③

A지역에서 주택건설사업이 시행되는 경우, 관할 시장·군수·구청장은 사업주체로 하여금 입주자 모집공고 시 해당 주택건설 지역이 투기과열지구에 포함된 사실을 공고하게 하여야 한다.

22 입주자저축   정답 ①

② 입주자저축은 한 사람이 한 계좌만 가입할 수 있다.
③ 입주자저축정보를 제공한 입주자저축취급기관의 장은 「금융실명거래 및 비밀보장에 관한 법률」에도 불구하고 입주자저축정보의 제공사실을 명의인에게 통보하지 아니할 수 있다. 다만, 입주자저축정보를 제공하는 입주자저축취급기관의 장은 입주자저축정보의 명의인이 요구할 때에는 입주자저축정보의 제공사실을 통보하여야 한다.
④ 국토교통부장관으로부터 「주택법」에 따라 입주자저축정보의 제공 요청을 받은 입주자저축취급기관의 장은 「금융실명거래 및 비밀보장에 관한 법률」에도 불구하고 입주자저축정보를 제공하여야 한다.
⑤ 국토교통부장관은 입주자저축의 납입방식·금액 및 조건 등에 필요한 사항에 관한 국토교통부령을 제정하거나 개정할 때에는 기획재정부장관과 미리 협의해야 한다.

CHAPTER 04 주택의 리모델링

| 01 | ⑤ | 02 | ① | 03 | ① | 04 | ⑤ | 05 | ⑤ |
| 06 | ② | | | | | | | | |

01 공동주택의 리모델링   정답 ⑤

① 주택단지 전체를 리모델링하고자 하는 경우에는 주택단지 전체의 구분소유자와 의결권의 각 3분의 2 이상의 결의 및 각 동의 구분소유자와 의결권의 각 과반수의 결의를 얻어야 한다.
② 증축형 리모델링을 하려는 자는 시장·군수·구청장에게 안전진단을 요청하여야 한다.
③ 입주자·사용자 또는 관리주체가 리모델링하려고 하는 경우에는 공사기간, 공사방법 등이 적혀 있는 동의서에 입주자 전체의 동의를 받아야 한다.
④ 수직증축형 리모델링의 대상이 되는 기존 건축물의 층수가 15층 이상인 경우에는 3개 층까지 증축할 수 있다.

02 공동주택의 리모델링   정답 ①

ⓒ '리모델링'이란 건축물의 노후화 억제 또는 기능 향상 등을 위한 대수선, 일부 증축의 어느 하나에 해당하는 행위를 말한다.
ⓓ 입주자대표회의가 리모델링하려는 경우에는 리모델링설계개요, 공사비, 소유자의 비용분담 명세가 적혀 있는 결의서에 주택단지 소유자 전원의 동의를 받아야 한다.
ⓔ 공동주택의 리모델링은 동별로 할 수 있다.

03 리모델링   정답 ①

② 리모델링에 동의한 소유자는 리모델링 결의를 한 리모델링주택조합이나 소유자 전원의 동의를 받은 입주자대표회의가 시장·군수·구청장에게 리모델링 허가신청서를 제출하기 전까지 서면으로 동의를 철회할 수 있다.
③ 특별시장·광역시장 및 대도시의 시장은 리모델링 기본계획을 수립하거나 변경한 때에는 이를 지체 없이 해당 지방자치단체의 공보에 고시하여야 한다.
④ 수직증축형 리모델링의 설계자는 국토교통부장관이 정하여 고시하는 구조기준에 맞게 구조설계도서를 작성하여야 한다.
⑤ 증축형 리모델링을 하려는 자는 시장·군수·구청장에게 안전진단을 요청하여야 한다.

04 청문을 하여야 하는 처분　　　　　　　　　　정답 ⑤

국토교통부장관 또는 지방자치단체의 장은 '주택건설사업 등의 등록말소(ⓒ), 주택조합의 설립인가취소(ⓔ), 사업계획승인의 취소(ⓛ), 공동주택 리모델링 행위허가의 취소(ⓖ)' 중 어느 하나에 해당하는 처분을 하려면 청문을 하여야 한다.

05 세대수 증가형 리모델링　　　　　　　　　　정답 ⑤

세대수가 증가되는 리모델링을 하는 경우에는 '리모델링 전후의 대지 및 건축물의 권리변동 명세(ⓖ), 조합원의 비용분담(ⓛ), 사업비(ⓒ), 조합원 외의 자에 대한 분양계획(ⓔ)'을 수립하여 사업계획승인 또는 행위허가를 받아야 한다.

06 리모델링 기본계획　　　　　　　　　　정답 ②

특별시장·광역시장 및 대도시의 시장은 리모델링 기본계획을 수립하거나 변경하려면 14일 이상 주민에게 공람하고, 지방의회의 의견을 들어야 한다. 이 경우 지방의회는 의견제시를 요청받은 날부터 30일 이내에 의견을 제시하여야 하며, 30일 이내에 의견을 제시하지 아니하는 경우에는 이의가 없는 것으로 본다.

PART 6 농지법

CHAPTER 01 농지의 소유

01	②	02	④	03	③	04	③	05	③
06	②	07	①	08	④	09	③	10	⑤
11	②	12	③	13	③	14	①		

01 농지 정답 ②

- ㉡ 농작물의 경작에 이용되고 있는 토지에 설치한 농막은 농지에 속하지만, 「초지법」에 의하여 조성된 초지는 농지에서 제외된다.
- ㉣ 조경 또는 관상용 수목과 그 묘목 등에 해당하는 다년생식물 재배지로 이용되는 토지는 농지에 해당한다. 다만, 조경 목적으로 식재한 것은 제외된다.

02 농업인 정답 ④

- ㉠ 가금(家禽; 집에서 기르는 날짐승) 1,000수 이상을 사육하는 자
- ㉣ 농지에 330m² 이상의 비닐하우스를 설치하여 다년생식물을 재배하는 자

03 농지소유상한 정답 ③

- ㉠ 주말·체험영농을 하려고 농업진흥지역 '외'의 농지를 소유하는 경우에 농업경영자가 아니더라도 농지를 소유할 수 있다.
- ㉣ 농림축산식품부장관과 협의를 마치고 「공익사업을 위한 토지 등의 취득 및 보상에 관한 법률」에 따라 농지를 취득하여 소유하면서 농업경영에 이용되도록 하는 경우에 농업경영자가 아니더라도 농지를 소유할 수 있다.

04 농지소유상한 정답 ③

- 상속으로 농지를 취득한 자로서 농업경영을 하지 아니하는 자는 그 상속 농지 중에서 총 (㉠ 10,000)m²까지만 소유할 수 있다.
- 8년 이상 농업경영을 한 후 이농한 자는 이농 당시 소유한 농지 중에서 총 (㉡ 10,000)m²까지만 소유할 수 있다.
- 주말·체험영농을 하려는 사람은 총 (㉢ 1,000)m² 미만의 농지를 소유할 수 있다. 이 경우 면적 계산은 그 세대원 전부가 소유하는 총면적으로 한다.

05 농지취득자격증명 정답 ③

ⓒ 주말·체험영농을 하려고 농업진흥지역 외의 농지를 소유하는 경우와 ⓜ 농지를 농업인 주택의 부지로 전용하려고 농지전용신고를 한 자가 그 농지를 취득하는 경우에는 농지취득자격증명을 발급받아야만 농지를 취득할 수 있다.

06 농지소유상한 및 농지취득자격증명 정답 ②

① 농지소재지를 관할하는 시장, 구청장, 읍장 또는 면장은 농지취득자격증명을 발급할 수 있다.
③ 농지소유에 관하여는 「농지법」에 정한 경우 외에는 특례를 정할 수 없다.
④ 농지소유제한이나 소유상한을 위반하여 농지를 소유할 목적으로 거짓이나 그 밖의 부정한 방법으로 농지취득자격증명을 발급받은 자는 5년 이하의 징역 또는 해당 토지의 개별공시지가에 따른 토지가액에 해당하는 금액 이하의 벌금에 처한다.
⑤ 지방자치단체가 농지를 소유하는 경우에는 소유상한의 제한을 받지 않는다.

07 농지의 위탁경영 정답 ①

㉠ 3개월 이상의 국외 여행 중인 경우에만 소유농지를 위탁경영할 수 있다.
㉢ 교통사고로 2개월간 치료가 필요한 경우에는 위탁경영할 수 없지만, 교통사고로 3개월 이상의 치료가 필요한 경우에는 소유농지를 위탁경영할 수 있다.
㉤ 과수를 가지치기 또는 열매솎기, 재배관리 및 수확하는 농작업에 1년 중 30일 이상을 직접 종사하는 경우 소유농지를 위탁경영할 수 있다.
㉥ 농업법인이 청산 중인 경우에 소유농지를 위탁경영할 수 있다.

08 농지의 처분의무 정답 ④

농지소유자가 선거에 따른 공직취임으로 휴경하는 경우에는 소유농지를 자기의 농업경영에 이용하지 아니하더라도 농지처분의무가 면제된다.

09 농지의 소유 정답 ③

ⓒ 농지를 취득한 자가 「병역법」에 따라 징집 또는 소집되어 그 농지를 주말·체험영농에 이용하지 못하게 되는 경우에는 처분의무사유에 해당하지 않는다.
ⓒ 세대원 전부가 소유한 면적을 합하여 총 1,000m² 미만의 농지를 소유할 수 있다.

10 농지의 타용도 일시사용신고　　　　　　정답 ⑤

「전기사업법」상 전기사업을 영위하기 위한 목적으로 「신에너지 및 재생에너지 개발·이용·보급 촉진법」에 따른 태양에너지 발전설비를 설치하는 경우는 농지의 타용도 일시사용허가를 받아야 되는 용도에 해당한다.

11 농지　　　　　　정답 ②

농지는 실제로 농작물 경작지 또는 다년생식물(과수·유실수 그 밖의 생육기간이 2년 이상) 재배지로 이용되는 토지를 말한다.

12 농지취득자격증명　　　　　　정답 ③

「한국농어촌공사 및 농지관리기금법」에 따른 농지의 개발사업지구에 있는 농지로서 대통령령으로 정하는 1,500m² 미만의 농지나 「농어촌정비법」에 따른 농지를 취득하여 소유하는 경우에는 농업경영계획서를 작성하지 아니하고 농지취득자격증명 발급을 신청할 수 있다.

13 농지취득자격증명　　　　　　정답 ③

① 시효의 완성으로 농지를 취득하는 경우에는 농지취득자격증명을 발급받지 아니하고 농지를 취득할 수 있다.
② 취득대상 농지에서 농업경영을 하는 데에 필요한 노동력 및 농업 기계·장비·시설의 확보 방안은 농업경영계획서에 포함되어야 한다.
④ 농업법인의 합병으로 농지를 취득하는 경우에는 농지취득자격증명을 발급받지 아니하고 농지를 취득할 수 있다.
⑤ 학교, 공공단체·농업연구기관·농업생산자단체가 그 목적사업을 수행하기 위하여 필요한 시험지·연구지·실습지로 쓰기 위하여 농지를 취득하여 소유하는 경우에는 농지취득자격증명을 발급받아야 한다.

14 농지의 소유　　　　　　정답 ①

「농지법」에서 허용된 경우 외에는 농지소유에 관한 특례를 정할 수 없다.

오답 NOTE

CHAPTER 02 농지의 이용 및 보전

01	⑤	02	①	03	④	04	③	05	④
06	④	07	③	08	⑤	09	④	10	①
11	⑤								

01 대리경작제도   정답 ⑤

토양의 개량·보전을 위하여 필요한 기간 동안 휴경하는 농지에 대하여는 대리경작자를 지정할 수 없다.

02 농지의 임대차   정답 ①

② 농지임대차조정위원회에서 작성한 조정안을 임대차계약 당사자가 수락한 때에는 이를 당사자 간에 체결된 계약의 내용으로 본다.
③ 농지를 임차한 임차인이 그 농지를 정당한 사유 없이 농업경영에 사용하지 아니할 때에는 시장·군수·구청장은 임대차의 종료를 명할 수 있다.
④ 60세 이상 농업인은 자신이 거주하는 시·군에 있는 소유농지 중에서 자기의 농업경영에 이용한 기간이 5년이 넘은 농지를 임대할 수 있다.
⑤ 임대차계약은 그 등기가 없는 경우에도 임차인이 농지소재지를 관할하는 시·구·읍·면의 장의 확인을 받고, 해당 농지를 인도받은 경우에는 그 다음 날부터 제3자에 대하여 효력이 생긴다.

03 농지의 임대차   정답 ④

㉠ 자기의 농업경영을 위해 농지를 소유하는 자는 3년 이상 소유한 농지를 주말·체험영농을 하려는 자에게 임대하는 것을 업(業)으로 하는 자에게 자신의 농지를 임대할 수 있다.
㉢ 임대차계약은 그 등기가 없는 경우에도 임차인이 농지소재지를 관할하는 시·구·읍·면의 장의 확인을 받고, 해당 농지를 인도받은 경우에도 그 다음 날부터 제3자에 대하여 효력이 생긴다.
㉤ 농작물 경작지의 임대차기간을 정하지 아니하거나 3년보다 짧은 경우는 3년으로 약정된 것으로 본다. 다년생식물 재배지 등 대통령령으로 정하는 농지의 경우에는 5년으로 약정된 것으로 본다.

04 농지의 임대차   정답 ③

B농지는 국유재산으로 임대차기간이 적용되지 아니하므로 3년 미만으로 할 수 있다.

05 농업진흥지역   정답 ④

ⓒ 농업진흥구역의 용수원 확보, 수질보전 등 농업환경을 보호하기 위하여 필요한 지역을 농업보호구역으로 지정할 수 있다.
ⓔ 특별시의 녹지지역은 농업진흥지역의 지정대상이 아니다.

06 농지의 전용   정답 ④

과수원인 토지를 재해로 인한 농작물의 피해를 방지하기 위한 방풍림 부지로 사용하는 것은 농지의 전용에 해당하지 않는다.

07 농지의 전용   정답 ③

ⓒ 농지전용허가를 받은 자가 관계 공사의 중지명령을 위반한 경우에는 허가를 취소하여야 한다.
ⓓ 해당 농지에서 허용되는 주목적사업을 위하여 현장사무소를 설치하는 용도로 농지를 일시 사용하려는 자는 시장·군수 또는 자치구구청장의 허가를 받아야 한다.
ⓔ 농업진흥지역 밖의 농지를 농지전용허가를 받지 아니하고 전용한 자는 3년 이하의 징역 또는 해당 토지가액의 100분의 50에 해당하는 금액 이하의 벌금에 처한다.

08 대리경작제도   정답 ⑤

농지전용신고를 한 농지는 유휴농지에 해당되지 않기 때문에 시장·군수 또는 구청장은 대리경작자를 지정할 수 없다.

> **이론+** 유휴농지
>
> 유휴농지는 농작물 경작이나 다년생식물 재배에 이용되지 아니하는 농지로서 다음의 어느 하나에 해당하지 아니하는 농지를 말한다.
> 1. 지력의 증진이나 토양의 개량·보전을 위하여 필요한 기간 동안 휴경하는 농지
> 2. 연작으로 인하여 피해가 예상되는 재배작물의 경작 또는 재배 전후에 지력의 증진 또는 회복을 위하여 필요한 기간 동안 휴경하는 농지
> 3. 농지전용허가를 받거나 농지전용협의를 거친 농지
> 4. 농지전용신고를 한 농지
> 5. 농지의 타용도 일시사용허가를 받거나 협의를 거친 농지
> 6. 농지의 타용도 일시사용신고를 하거나 협의를 거친 농지

09 농업보호구역에서의 행위제한   정답 ④

제1종 근린생활시설 중 양수장, 정수장, 대피소, 공중화장실로서 농업보호구역 안의 부지면적이 3,000m² 미만일 경우 농업보호구역에서 토지이용행위를 할 수 있다.

10 농업진흥지역   정답 ①

관광농원사업으로 설치하는 시설로서 그 부지가 20,000m² 미만인 것은 농업보호구역에 설치할 수 있는 시설에 해당한다.

11 농지의 전용   정답 ⑤

농지전용허가를 받은 자가 조업의 정지명령을 위반한 경우에는 그 허가를 취소하여야 한다.

memo

memo

memo

memo

memo

2025

에듀윌 공인중개사 기출응용 예상문제집

2차 부동산공법

고객의 꿈, 직원의 꿈, 지역사회의 꿈을 실현한다

에듀윌 도서몰
book.eduwill.net

- 부가학습자료 및 정오표: 에듀윌 도서몰 > 도서자료실
- 교재 문의: 에듀윌 도서몰 > 문의하기 > 교재(내용, 출간) / 주문 및 배송

합격하고 꼭 해야 할 것 2

에듀윌 부동산 아카데미 강의 듣기

성공 창업의 필수 코스
부동산 창업 CEO 과정

1 튼튼 창업 기초
- 창업 입지 컨설팅
- 중개사무 문서작성
- 성공 개업 실무TIP

2 중개업 필수 실무
- 온라인 마케팅
- 세금 실무
- 토지/상가 실무
- 재개발/재건축

3 실전 Level-Up
- 계약서작성 실습
- 중개영업 실무
- 사고방지 민법실무
- 빌딩 중개 실무
- 부동산경매

4 부동산 투자
- 시장 분석
- 투자 정책

부동산으로 성공하는
컨설팅 전문가 3대 특별 과정

마케팅 마스터
- 데이터 분석
- 블로그 마케팅
- 유튜브 마케팅
- 실습 샘플 파일 제공

디벨로퍼 마스터
- 부동산 개발 사업
- 유형별 절차와 특징
- 토지 확보 및 환경 분석
- 사업성 검토

빅데이터 마스터
- QGIS 프로그램 이해
- 공공데이터 분석 및 활용
- 컨설팅 리포트 작성
- 토지 상권 분석

경매의 神과 함께 '중개'에서
'경매'로 수수료 업그레이드

- 공인중개사를 위한 경매 실무
- 투자 및 중개업 분야 확장
- 고수들만 아는 돈 되는 특수 물권
- 이론(기본) – 이론(심화) – 임장 3단계 과정
- 경매 정보 사이트 무료 이용

실전 경매의 神
안성선
이주왕
장석태

에듀윌 부동산 아카데미 | uland.eduwill.net
문의 | 온라인 강의 1600-6700, 학원 강의 02)6736-0600

꿈을 현실로 만드는
에듀윌

DREAM

공무원 교육
- 선호도 1위, 신뢰도 1위! 브랜드만족도 1위!
- 합격자 수 2,100% 폭등시킨 독한 커리큘럼

자격증 교육
- 9년간 아무도 깨지 못한 기록 합격자 수 1위
- 가장 많은 합격자를 배출한 최고의 합격 시스템

직영학원
- 검증된 합격 프로그램과 강의
- 1:1 밀착 관리 및 컨설팅
- 호텔 수준의 학습 환경

종합출판
- 온라인서점 베스트셀러 1위!
- 출제위원급 전문 교수진이 직접 집필한 합격 교재

어학 교육
- 토익 베스트셀러 1위
- 토익 동영상 강의 무료 제공

콘텐츠 제휴 · B2B 교육
- 고객 맞춤형 위탁 교육 서비스 제공
- 기업, 기관, 대학 등 각 단체에 최적화된 고객 맞춤형 교육 및 제휴 서비스

부동산 아카데미
- 부동산 실무 교육 1위!
- 상위 1% 고소득 창업/취업 비법
- 부동산 실전 재테크 성공 비법

학점은행제
- 99%의 과목이수율
- 17년 연속 교육부 평가 인정 기관 선정

대학 편입
- 편입 교육 1위!
- 최대 200% 환급 상품 서비스

국비무료 교육
- '5년우수훈련기관' 선정
- K-디지털, 산대특 등 특화 훈련과정
- 원격국비교육원 오픈

에듀윌 교육서비스 **공무원 교육** 9급공무원/소방공무원/계리직공무원 **자격증 교육** 공인중개사/주택관리사/손해평가사/감정평가사/노무사/전기기사/경비지도사/검정고시/소방설비기사/소방시설관리사/사회복지사1급/대기환경기사/수질환경기사/건축기사/토목기사/직업상담사/전기기능사/산업안전기사/건설안전기사/위험물산업기사/위험물기능사/유통관리사/물류관리사/행정사/한국사능력검정/한경TESAT/매경TEST/KBS한국어능력시험/실용글쓰기/ITX자격증/국제무역사/무역영어 **어학 교육** 토익 교재/토익 동영상 강의 **세무/회계** 전산세무회계/ERP정보관리사/재경관리사 **대학 편입** 편입 영어·수학/연고대/의약대/경찰대/논술/면접 **직영학원** 공무원학원/소방학원/공인중개사 학원/주택관리사 학원/전기기사 학원/편입학원 **종합출판** 공무원·자격증 수험교재 및 단행본 **학점은행제** 교육부 평가인정기관 원격평생교육원(사회복지사2급/경영학/CPA) **콘텐츠 제휴·B2B 교육** 교육 콘텐츠 제휴/기업 맞춤 자격증 교육/대학취업역량 강화 교육 **부동산 아카데미** 부동산 창업CEO/부동산 경매 마스터/부동산 컨설팅 **주택취업센터** 실무 특강/실무 아카데미 **국비무료 교육(국비교육원)** 전기기능사/전기(산업)기사/소방설비(산업)기사/IT(빅데이터/자바프로그램/파이썬)/게임그래픽/3D프린터/실내건축디자인/웹퍼블리셔/그래픽디자인/영상편집(유튜브) 디자인/온라인 쇼핑몰광고 및 제작(쿠팡, 스마트스토어)/전산세무회계/컴퓨터활용능력/ITQ/GTQ/직업상담사

교육문의 **1600-6700** www.eduwill.net

· 2022 소비자가 선택한 최고의 브랜드 공무원·자격증 교육 1위 (조선일보) · 2023 대한민국 브랜드만족도 공무원·자격증·취업·학원·편입·부동산 실무 교육 1위 (한경비즈니스) · 2017/2022 에듀윌 공무원 과정 최종 환급자 수 기준 · 2023년 성인 자격증, 공무원 직영학원 기준 · YES24 공인중개사 부문, 2025 에듀윌 공인중개사 오시훈 키워드 암기장 부동산공법 (2025년 3월 월별 베스트) · 교보문고 취업/수험서 부문, 2020 에듀윌 농협은행 6급 NCS 직무능력평가+실전모의고사 4회 (2020년 1월 27일~2월 5일, 인터넷 주간 베스트) 그 외 다수 · YES24 컴퓨터활용능력 부문, 2024 컴퓨터활용능력 1급 필기 초단기끝장(2023년 10월 3~4주 주별 베스트) 그 외 다수 · YES24 신규 자격증 부문, 2024 에듀윌 데이터분석 준전문가 ADsP 2주끝장 (2024년 4월 2주, 9월 5주 주별 베스트) · 인터파크 자격서/수험서 부문, 에듀윌 한국사능력검정시험 2주끝장 심화(1, 2, 3급) (2020년 6~8월 월간 베스트) 그 외 다수 · YES24 국어 외국어사전 영어 토익/TOEIC 기출문제/모의고사 분야 베스트셀러 1위 (에듀윌 토익 READING RC 4주끝장 리딩 종합서, 2022년 9월 4주 주별 베스트) · 에듀윌 토익 교재 입문~실전 인강 무료 제공 (2022년 최신 강좌 기준/109강) · 2024년 종강반 중 모든 평가항목 정상 참여자 기준, 99% (평생교육원 기준) · 2008년~2024년까지 234만 누적수강학점으로 과목 운영 (평생교육원 기준) · 에듀윌 국비교육원 구로센터 고용노동부 지정 '5년우수훈련기관' 선정 (2023~2027) · KRI 한국기록원 2016, 2017, 2019년 공인중개사 최다 합격자 배출 공식 인증 (2025년 현재까지 업계 최고 기록)